U0505524

生态产品价值实现

制度体系与法律保障

张扩振 著

上海人民出版社

目录

自序

"生态系统服务"观点的提出，表明人类意识到生态系统提供的价值已经远超目前市场所展示的价格，人类需要通过制度改进，将生态系统服务所提供的生态产品的价格与其价值尽量相一致。我国则在"生态系统服务"的基础上，创造性地提出了生态产品价值实现的问题，符合生态文明发展的要求。

基于生态产品的公共物品的性质，其存在广泛的外部性，如何实现生态产品的价值，是我国面临的突出问题。我国的生态产品价值实现突出表现为政府主导推进的特征。在政府的主导下，各地虽然也有不少的生态产品价值实现的试验，但总体上企业和社会参与的积极性不高，市场化程度较低，模式较为单一。面对这些问题，基于制度经济学和法学的视角，如何进行改进或者创建新的制度，使外部成本内部化，通过市场来实现生态产品的价值，让生态保护有利可图，是本研究的核心主题。

生态产品的概念存在广泛的争议，可以分为广义的生态产品和狭义的生态产品。由于广义的生态产品中如绿色产品与普通产品无异，已经可以通过市场实现其价值，所以本研究采用的是狭义的生态产品的概念，相当于生态系统服务。生态环境遭到破坏的历史表明，人类需要转变观念，探索新的制度来维护生态系统服务。生态产品概念的提出，本身就具有制度创新的意味。这表明实现生态产品价值的目标是二维的，一方面是维护人类赖以生存的生态系统，另一方面则是把生态系统服务纳入人类的经济系统之中，使生态系统维护成为有利可图的事业。因此，生态产品价值实现把生态系统观念与经济制度结合起来，实现了保持生态系统良好运转与经济良性发展的双赢局面。

因此，生态产品的价值实现不再是单纯的生态保护的问题，而是嵌入到了经济制度体系之中。解决生态产品价值实现面临的问题，因而必须放弃单一思维而采用系统思维。故而，本研究以整体论和系统论为理论基础，将生态产品价值实现的各项制度视为一个体系。从内部看，这个体系分为价格形成系统、市场交易系统、维护保障系统，共同形成了生态产品价值实现的制度体系。

世界各国为了实现生态产品的价值，进行广泛的探索，形成了各具特色的价值实现机制。任何一种机制均在一定的制度下运转，制度因素是某些价值实现机制成功的关键原因。因此本研究采用的主要方法是制度经济学和法学的分析方法，探索生态产品价值实现的整体制度系统，分析价值实现机制的外国经验、外围制度阻碍、现有制度问题，提出解决方案。宪法和法律制度为生态产品价值实现提供了基础和保障，本研究分析了宪法对创新的支持、法治化营商环境、法治化创业教育、环境权、司法生态环境赔偿等。

如果把生态产品看作一种产品，从经济学的角度来看，存在供给和需求都不足的问题。政府的政策、学界的主流观点以及各地的实践大多把关注点放到了供给侧，似乎只要政府主导提供更多的生态产品就可以实现其价值。本研究基于经济学和制度经济学的理论，认为需求侧制度和市场化制度的创新，才是解决问题的关键。

首先，需要通过制度转变人的行为模式，增加生态产品的需求。生态产品的价值实现建立在对生态产品的理性认知基础之上。经济学理论假设每个人都是理性的，其行为都是基于理性而进行，从而使人们之间的相互行为具有了可预测性。同时，行为经济学又指出，人的许多行为看起来是非理性的，传统的经济学理性人假设并不能成立。但是，如果人的行为建立在规则或知识的基础上，以解决问题的视角展开分析，我们就可以看出，其实人的行为与其所习的规则密切相关，表面上非理性的行为，从个体的角度来说，其实是理性的，是遵循了个体获利规则的。因此，如果在一个社会中，多数个体认识到生态产品的价值，那么生态产品价值实现的制度安排就容易获得认同并被顺利实施。随着生态系统理论的普及推广，西方社会对生态产品的价值认知逐步深化。在我国，以老子“道法自然”思想为代表的人与自然和谐思想，以董仲舒“天人感应”思想为代表的整体论思维，同样也为生态产品的价值认知提供了深厚的理论积淀，成了构建生态产品价值实现机制的理论基石。人们在生态产品方面的行为规则的变化，会导致需求的增加，可以解决需求不足问题。

其次，生态产品的价值需要市场化实现，需要明晰的产权界定和保护，需要社会资本的投入。生态产品价值实现必然需要高效有序的生态产品市场，在市场中供给方和需求方可以合法有效交易。这个市场良好运转的前提是具有明确的产权。目前，我国部分生态支持产品的产权还不够明晰，在这种情况下外部性问题就难以避免，也使得生态产品的交易面临重重困难。由于诸多生态产品具有公共产品的性质，而我国公共产品的供给往往被政府或者国有企业所垄断，当生态产品出现商业机会时，政府和国有企业基于利益最大化的原则，通常倾向于将商机纳入自己的经营范围，这既不符合我国宪法关于民事主体的平等原则，也进一步加剧了生态产品价值实现的资金短缺困境。基于生态产品的多元化属性，绝大多数生态产品的价值实现应该准许社会资本的参与介入，各参与方应当得到一视同仁的待遇。绿色金融是解决生态产品价值实现资金短缺的重要机制，绿色金融的资金应该主要面向社会大众，为创新提供资金支持，将生态产品价值实现与创新创业有机结合起来。

再次，基于生态产品的生态系统服务性质，其价值实现必须以系统化方式运行。虽然，我们可以通过生态赔偿、生态补偿、碳交易、碳汇市场、生态产品交易中心等制度安排来推动生态产品的价值实现，但是如果没有其他制度的协同与支持，这些制度创新未必能够充分发挥作用，甚至在施行过程中可能会被扭曲，导致生态保护制度无法落实、生态保护者无利可图，背离了生态系统保护的初衷。因此，生态产品的价值实现需要价格形成系统、市场交易系统和维护保障系统三个子系统的相互配合，共同推动“绿水青山就是金山银山”理念的落实。在每个子系统中，基于制度变迁的视角，特别需要关注生态产品价值实现的制度阻碍。从表象上看，我们只是在推动生态产品价值实现的制度创新，但实质上，则涉及了更深层次和更大层面的制度变革，尤其是关于制度阻碍的变革。通常情况下，制度创新难度巨大，往往以失败告终。因此，我们不仅需要具有创造力的制度和企业家的努力，更需要机制创新与制度激励。生态产品价值实现的机制不能让生态保护成为一项沉重负担，而是应该让生态产品成为一项具有重大商机且有利可图的产品。

最后，生态产品的价值实现离不开创新，离不开人们对生态产品的认同，更需要司法机关的保障。生态产品是一项急需创新的事业，生态产品价值实现的制度需要创新，如何开发更多的生态产品需要创新。宪法为创新提供了激励框架，没有根本法的支持，生态产品的价值实现无法突破现有的理念和制度束缚。生态产品的价值实现很大程度上需要市场发挥作用，企业是生态产品价值实现的主体。良好的营商环境是企业创新和发展的前提。喜欢冒险的人可能会创业，生态创业教育必不可少。如果创业时把生态理念融入其中，进行生态创业，无疑有助于生态产品的价值实现。为了提高人们对生态产品的认同，人们需要认识到环境权是一项基本人权，当人们维护自己的环境权时，不仅促进了生态产品的需求，也会增加生态产品的供给。当生态环境侵权行为发生时，司法机关会判决侵权人支付生态损害赔偿金用于生态修复，生态损害赔偿金成了生态产品价值的直接体现。

2024 年 3 月 6 日

于汕头桑浦山

第一章
绪论

党的十八大以来，党和政府高度重视生态文明建设，坚持节约资源和保护环境的基本国策，坚持绿色发展，把生态文明建设融入经济建设、政治建设、文化建设、社会建设各方面和全过程。特别是 2018 年全国生态环境保护大会提出了习近平生态文明思想，为我国生态文明建设指明了方向。习近平总书记提出的“绿水青山就是金山银山”的思想，创造性地把生态环境保护与经济社会发展统一起来，成为生态产品价值实现制度建立的指导思想。2022 年党的二十大报告明确提出要牢固树立和践行绿水青山就是金山银山的理念，建立生态产品价值实现机制。在 2023 年全国生态环境保护大会上，习近平总书记强调我国生态环境保护结构性、根源性、趋势性压力尚未根本缓解，必须继续推进生态文明建设。习近平总书记提出了推进生态文明建设需要处理五个重大关系，为生态产品价值实现提供了新的指引。因此，生态产品价值实现是生态文明建设的重要环节，是落实“绿水青山就是金山银山”的思想的重要机制。生态产品价值实现理念的提出，把生态环境保护与经济发展协调起来，让生态产品成为可交易的商品，使生态环境保护融入经济系统。

生态产品价值实现是一个具有中国特色的词语，它是由中国语境下的生态系统服务功能实现的。通过文献回顾，可以发现虽然这方面的研究众多，但从制度系统和法律保障的视角进行的研究还有待加强。本章的重点是通过文献综述发现已有研究的空白和可扩展空间，找到研究的方向和目标。需要特别指出的是，由于本书写作时间历时较长，书中所涉部分案例、理论等已略显陈旧。由于总体上并不影响本书的论点和结论，并没有做及时的更新，希望读者阅读时加以注意。

一、研究缘起

在农业社会，人类的活动虽然对地球上其他生物和周围环境造成巨大的影响，但总体上没有形成对自然的破坏和威胁，且谋求与自然的和谐相处。中国古代社会“天人合一”和“天人感应”，正是这种思想的反映。

然而，在进入工业社会以后，人类的生活状态发生了巨大的变化，在技术和产品上取得了前所未有的成绩，人类对自身理性产生盲目自信，人与自然的关系不再是和谐统一，而是“向大自然宣战”和“人定胜天”。人们相信，随着对自然的征服，人类的经济可以不断地增长，物质可以极大地丰富。然而，人类对自然的征服和破坏，导致生态环境超出了自身的承载和恢复能力，恶化的自然环境不断地报复人类社会，人类社会不得不承受健康乃至生命的代价，即反噬效应。

虽然生态观点早在 18 世纪的西方已经出现，且 19 世纪初达尔文提出了以自然选择为基础的进化论。但是，人类对生态的关注却始于自然界对人类的报复。20 世纪 30 年代，英国人坦斯利提出了“生态系统”的概念，认为地球上的生物不是独立存在的，而是通过各种渠道和方式彼此联系在一起，共同形成一个自然整体。1962 年美国人卡森发表了《寂静的春天》一书[1]，在美国掀起了生态保护运动和环境监管立法的热潮，成为人类反思其征服自然行为的重要开端。

在受到大自然的报复后，国际社会各界开始自我反思并意识到生态系统的关联性。联合国的条约、宣言以及各国的宪法和法律中，都逐步加强了对生态环境的保护。以美国为例，1969—1979 年的十年间，美国国家环境保护局（EPA）等通过了包括《国家环境政策法》（NEPA）在内的 27 部法律及数百部法规，政府的传统“守夜人”形象在生态环保领域悄然改变。然而，基于人性，基于每个人对美好生活的向往，人类对经济发展的追求并没有停止，在预想的将来也没有停止的可能性。一个较为现实可行的方案就是：将生态系统提供的产品和服务纳入人类社会的经济核算系统，以经济的方式来缓解人与生态系统的关系。“生态系统服务”在 20 世纪 80 年代以后逐步被人们所接受，其定义几乎囊括了生态系统功能为人类带来的一切益处[2]，也意味着生态系统由传统经济学中无价值的纯自然之物，逐渐被认为具有明显的环境价值，并为人类社会带来各种惠益的有价之物。[3]

人类从关注环境到关注生态的认知转变，体现了人类社会从碎片

1. ［美］蕾切尔·卡森：《寂静的春天》，马绍博译，天津人民出版社 2018 年版。
2. Daily G.C., *Nature's Services: Societal Dependence on Natural Ecosystems*, Island Press, 1997.
3. 欧阳志云、王如松、赵景柱：《生态系统服务功能及其生态经济价值评价》，《应用生态学报》1999 年第 5 期。

化思维到整体化和系统化思维的进步。起初，人类社会发现了环境污染等问题，于是便头疼医头、脚痛医脚，何种污染对人体伤害大就治理该种污染源。随后，人类发现地球的整个生态是一个系统，不可分割，单独针对某一个环境问题的治理，不能从根本上解决生态问题，更不能将环境问题与经济发展人为地对立起来。

人类意识到生态系统的不可分割性和价值重要性。从 1972 年的《联合国人类环境会议宣言》（简称“《人类环境宣言》”）到 1982 年的联合国《世界自然宪章》就体现了“人与环境共生”“不可分割”思维模式的转换。生态系统服务观念的提出，表明了人类已经认识到生态系统为我们提供的价值，远远超出目前通过市场交易展示的价格，人类需要通过制度改进，把生态系统功能提供的生态产品的价值体现出来。因此，生态产品价值实现把生态系统观念与经济制度结合起来，实现了保持生态系统良好运转与经济良性发展的双赢局面。

在中国，这种认知的变化也是不断改进的。我国 1954 年《宪法》并未提及自然环境和生态资源。直到 1978 年《宪法》，我国提出“国家保护环境和自然资源，防治污染和其他公害”。此后，1982 年《宪法》进一步规定了“国家保护和改善生活环境和生态环境，防治污染和其他公害”等条款。因此，从我国宪法关于生态环境问题变迁的表述中可以看出，我国对环境和生态问题的关注与世界基本同步。

党的十八大以后，我国更加注重生态环境问题。十八大报告将“生态文明”纳入中国特色社会主义事业的总体布局。《宪法》（2018 修正）规定了“物质文明、政治文明、精神文明、社会文明、生态文明协调发展”，我国成为全球少数将生态文明与生态供给列入宪法的国家之一。习近平总书记提出“良好生态环境是最公平的公共产品，是最普惠的民生福祉。对人的生存来说，金山银山固然重要，但绿水青山是人民幸福生活的重要内容”。[1] 在“绿水青山就是金山银山”的理念指引下，我国开始逐步完善生态文明的制度。2015 年 9 月中央颁布《生态文明体制改革总体方案》，阐明了我国生态文明体制改革的指导思想和原则目标等重要内容，为系统构建生态文明制度体系提供了顶层设计。2021 年 4 月中共中央、国务院《关于建立健全生态产品价值实现机制的意见》，提出在 2035 年构建完善的生态产品价值实现机制，形成具有中国特色的生态文明建设新模式，广泛形成绿色生产和生活方式，为美丽中国建设提供有效保障。[2]

“生态产品价值实现”问题的提出，标志着我国对生态系统服务的认知上升到了新的高度。生态产品指向的是人类行为，限制的是人类对于生态资源的使用方式，其相当于在人与自然之间设立了一道阀门，阀门之外是人类社会共享的大自然，体现了人与自然的共存共生；阀门之内是人类社会对于稀缺资源的竞争性使用，体现人与人之间的竞争与协同，当人类社会的活动强度危及生态系统功能时，在人们之间划定权利与义务就成了必然选择[3]。因此，我们应对生态环境的恶化，不能仅仅依靠惩罚、禁止等行政管理措施，而需要更多的基于经济学和法学基础的正向激励机制，促使人们意识到生态系统服务的价值，并且能够通过生态产品而获得利益。这样，通过实现生态产品

---

1. 中共中央文献研究室：《习近平关于社会主义生态文明建设论述摘编》，中央文献出版社 2017 年版，第 4 页。
2.《中共中央办公厅国务院办公厅印发〈关于建立健全生态产品价值实现机制的意见〉》，《资源与人居环境》2021 年第 5 期。
3. 汪新波：《环境容量产权解释》，首都经济贸易大学出版社 2010 年版，第 74—75 页。

的价值，使社会公众意识到生态保护不是难以承受的负担，而是共享福祉的事业。

在实践中，随着人们认知观念的改变和政府的倡导，生态思维、生态文明建设的需要促使学术界和政府部门开始探索生态产品价值的实现，取得了一些成绩。

从政府行动来看，到2023年底，自然资源部公布了4批数十个生态产品价值实现典型案例；生态环境部也通过生态文明建设示范区及“两山”基地的创建来推动生态产品价值实现；最高人民法院、最高人民检察院等司法机关通过发布环境资源典型案例和司法解释的方式，来维护生态产品价值实现机制。但总体来说，各地的生态产品价值实现机制比较单一，“农家乐”的模式比较普遍，政府主导的生态修复较为常见，一些机制遇到了某些制度的约束而无法推广最终无法取得实效。[1]传统经济学理论往往忽视制度的约束和功能。然而制度的运行是有成本的，人在不同的制度下会有不同的行为偏好，制度的变迁，特别是内在制度的变迁是极为困难的。虽然我国古代不乏尊重自然、崇尚自然的文化内在制度，但在现代工业社会的影响下，人们的生态意识已经比较淡薄。我国生态环境方面的法律制度虽然已经比较健全，但其他方面的制度还没有很好地与之配合，导致整体上生态产品价值实现存在较多的制度障碍。分析研究生态产品价值实现面临的制度困境，找出制度变迁的动力机制，是目前学术上对现实问题的应对。

在学术研究层面，国内外对生态系统服务、生态产品价值实现的

1. 这里的案例与问题将在后面的章节展开论述，限于结构和篇幅，本处不作详细分析。

方式、生态环境的保护与补偿等有着较为深入的研究。[1] 对生态产品价值实现的研究具有多学科性。应当说，对于生态产品价值实现的研究，每一方面都是细致而有见地的。相关研究从经济学、政治学、社会学、法学以及环境科学等学科的角度，分析生态系统服务、生态产品的内涵与价值，研究生态系统服务的价值估算方法，探讨森林、草原、大气、河流、湖泊、海洋等的生态价值、生态保护、生态赔偿、生态补偿，探究碳排放权交易、碳汇权益交易等各种生态产品交易机制。虽然学科不同，但“不可分割”和“整体性”共识基本达成。生态系统服务是一个整体性的系统，某些因素的缺乏可能导致整个生态系统的崩溃。同样地，制度经济学和法学研究提出要实现生态产品的价值，需要一套制度体系加以维护，某些制度的缺乏或阻滞，可能导致生态产品价值无从实现，生态文明的转型、生态系统的维护、人类的美好生活等间接目标更是无从谈起。因此，各学科对生态产品价值实现的研究都在探索中，需要一种系统论的观点，研究保障生态产品价值实现的制度体系和法律保障。

本研究主要解决三个问题。第一，虽然我国已经形成各种生态产品价值实现的制度，但生态产品价值实现制度体系之外存在着大量的不适应的制度，制度体系之内也存在着这样那样的问题，制度之间的规则冲突也不罕见。本研究致力于对这些制度进行体系化的分析，努力提出相关制度彼此配合的建议。第二，生态产品概念的提出具有革命性意义，它把生态保护、生态系统服务转化为与农产品、工业品、服务产品并列的一类产品，使之可以从公共产品转化为市场化的产

1. 这些研究的具体情况会在后面的文献综述中进行分析。

品。实践中，有些政府没有理解生态产品具有的市场化意涵，使生态产品价值实现多数由政府主导，忽视了市场的功能；有些政府则把生态产品价值实现简单地变成了“农家乐”，难以实现生态产品具有的生态保护和生态系统服务的功能。本研究突出从市场化的角度来看待生态产品，注重在市场上实现生态产品价值。第三，无论是学术界还是政府，在这些年流行的供给侧改革的指引下，比较重视生态产品的供给问题。从生态系统服务的视角而言，生态产品供给增加，生态系统服务自然会有所改善。然而作为一个产品，如果没有需求，生产再多的产品也没有销路，其价值实现就变得困难。本研究重视生态产品的价值实现，重视生态产品的需求制度的建设，从企业家、消费者两个方面研究需求侧的改革。

概括而言，本研究聚焦于生态产品的价值实现，以制度体系、市场化运作、需求侧改革、法律保障四个方面为主要研究目标，以制度经济学、法学为主要的研究方法。

二、文献回顾和评述

（一）国内研究回顾

近年来，在生态文明思想的指引下，生态资源利用和生态环境保护受到理论界的高度关注，目前的研究主要集中在以下方面：

1. 生态产品的内涵、价值与理论基础研究

（1）生态产品的内涵

生态产品定义最初源于生态系统服务，但随着时间的推移，概念

逐渐发生转变，人类将其视为商品并期望在市场上兑现[1]，生态产品的含义也由此衍变。社会各界对于“生态产品”的含义看法不一，尚未达成共识。

具有代表性的观点主要有：生态产品可以视为环境保护各类举措的代名词[2]；生态产品是良好生态系统以可持续方式直接或间接满足人类生产生活需求的物质产品和服务的总称[3]；生态产品是与农产品和工业产品并列、满足人类美好生活需要的生活必需品[4]；生态产品是通过生物化学循环作用产生，凝结了不可或缺且具生态增值意识的人类劳动的商品[5]；生态产品是生态系统通过生物生产与人类生产共同作用，为人类福祉提供的最终产品或服务[6]；生态产品是人类从生态系统中获益的调节功能、支持功能和娱乐文化功能[7]。

虽然有如此多的观点，但多数中国学者接受2010年《全国主体功能区规划》中对生态产品的界定，即“生态产品指维系生态安全、保障生态调节功能、提供良好人居环境的自然要素，包括清新的空气、清洁的水源和宜人的气候等。生态产品同农产品、工业品和服务

1. 张英、成杰民、王晓凤等：《生态产品市场化实现路径及二元价格体系》，《中国人口·资源与环境》2016年第3期。
2. 潘跃：《更多优质生态产品如何供给》，《人民日报》2018年1月31日，第20版。
3. “生态产品价值实现的路径、机制与模式”课题组：《生态产品价值实现路径、机制与模式》，中国发展出版社2019年版，第8页。
4. 张林波、虞慧怡、郝超志等：《生态产品概念再定义及其内涵辨析》，《环境科学研究》2021年第3期。
5. 聂宾汗、靳利飞：《关于我国生态产品价值实现路径的思考》，《中国国土资源经济》2019年第7期。作者认为人类劳动包含了时间成本、物质成本、劳动力成本等。
6. 郑启伟：《生态产品价值实现的关键问题》，《浙江经济》2019年第21期。
7. 联合国《千年生态系统评估报告》（MA）。

产品一样，都是人类生存发展所必需的”[1]。

（2）生态产品的价值

生态产品价值的研究大体也分为两类观点，一类观点基于生态系统服务，认为生态系统服务提供的功能就是生态系统的价值，生态系统具有包括能量转换、养分循环、空气调节、气候调节以及水循环等功能，这些功能均以某种方式对人类有益或者说维持着人类的生存，从经济学价值上讲，这些功能用货币形式表现出来，就是生态产品的价值。[2]另一类观点则认为生态产品不仅具有经济价值，还有文化价值、宗教价值等，生态系统即使对人类没有直接的贡献也具有价值。[3]

另外，对于不同的生态系统的价值，也有着专门的研究。关于土地生态价值，黄中显认为，不能将土地视为单一的物理属性和经济价值的产品，而应视为兼具生态价值和社会价值的功能系统。土地生态价值边缘化的原因在于生态价值和经济价值的内在矛盾，需要重新构建不同的价值实现和利益分配机制，以期实现新的秩序与利益平衡。[4]

关于森林生态价值，李英等认为，森林生态价值涵盖了森林资源经济价值和森林生态服务功能价值，是森林生态效益演化出的无形资产。因为权利人难以有效控制受益者，导致受益者多为无偿或非等价使用，经营者与受益者之间存在不公平交易和不合理的利益关系，须

1. 李忠等：《践行“两山”理论，建设美丽健康中国——生态产品价值实现问题研究》，中国市场出版社 2021 年版，第 4 页。
2. 李忠等：《践行“两山”理论，建设美丽健康中国——生态产品价值实现问题研究》，中国市场出版社 2021 年版，第 6 页。
3. 黄如良：《生态产品价值评估问题探讨》，《中国人口·资源与环境》2015 年第 3 期。
4. 黄中显：《土地生态价值和经济价值的法律协调》，《理论月刊》2009 年第 9 期。

采取切实有效的应对措施。[1]

关于水资源生态价值，严立冬等认为，水资源产品的资产化交易和资本化运营是其价值实现的关键环节，需要完成“资源水—资产水—资本水”的再认识，重塑水的资源价值和环境价值，扭转总体价值被低估的价值悖论，尝试为水资源可持续利用探索新的价值路径。[2]

（3）生态产品价值实现理论的基础

李忠、刘伯恩等认为，生态产品价值实现的理论基础包括生态产品价值理论、产权理论、公共产品理论和外部性理论等方面。生态产品价值理论是生态产品价值实现理论的基础，产权理论和公共物品理论分别明确生态产品价值的享有者和付费者提供理论指导，而外部性理论则为生态产品价值实现采取政府和市场两种方式提供理论指导。[3]

2. 生态价值评估机制研究

生态产品的价值以生态价值评估为基础，对此学术界有着广泛的讨论：

（1）生态价值评估的必要性与重点

关于生态价值评估的定义与制度设计的必要性，虞新胜等认为，自然资源的生态价值是与人类生存和发展休戚相关的物质性基础，涵盖了生态产品与生态服务两个维度，生态价值评估须凝练至制度层

1. 李英、陈凯星、李晓：《价值实现视域下国有林区森林生态资产运营的经济学诠释》，《生态经济》2014 年第 4 期。

2. 严立冬、屈志光、方时姣：《水资源生态资本化运营探讨》，《中国人口·资源与环境》2011 年第 12 期。

3. 李忠等：《践行“两山”理论，建设美丽健康中国——生态产品价值实现问题研究》，中国市场出版社 2021 年版，第 6 页；刘伯恩：《生态产品价值实现机制的内涵、分类与制度框架》，《环境保护》2020 年第 13 期。

面，在评估主体法律地位、评估客体类型、交易标的价值评估等层面，展开全面系统的研究。[1]

关于生态评估的价值及生态核算的重点，刘焱序等认为，在生态绩效评估的过程中，应将自然资本与生态系统服务的交叉点，分别视为生态产品的存量和流量，在完善生态价值评估模型、明晰生态服务供需关系、规范生态产品价值核算、提升生态决策支持能力等方面开展重点研究。[2]

（2）生态价值评估的方式

高程等指出，须在构建生态价值评估与核算的过程中，借鉴计量经济学影子工程法等估值模型，为生态资源的产品化和资产化、生态保护与补偿标准、生态价值实现机制等提供科学的决策依据。[3]

徐梦佳等提出红线区生态分类方法，主张划定生态保护红线区并实行永久保护，积极探索与其相匹配的生态管理配套政策，采用更具可操作性的分类方法，利用价值评估模型校正不同类型生态产品的市场价格，为交易价值的公允性提供量化标准。[4]

侯鹏等基于生态系统的双重属性及综合评估模型等领域的短板，提出充分运用劳动价值论和机会成本价值论等理论，系统梳理生态价值的全要素评估方法、全流程核算体系、均衡管理研究路径、基础标

1. 虞新胜：《生态利益实现的制度困境及其破解》，《长白学刊》2021 年第 4 期。
2. 刘焱序、傅伯杰、赵文武等：《生态资产核算与生态系统服务评估：概念交汇与重点方向》，《生态学报》2018 年第 23 期。
3. 高程、王金亮、刘广杰：《区域生态资产价值评估研究——以抚仙湖流域为例》，《环境科学导刊》2018 年第 2 期。
4. 徐梦佳、王燕、邹长新：《生态保护红线区生态资产价值评估》，《生态与农村环境学报》2018 年第 6 期。

准与应用体系、会计账户管理等领域，构建高效稳定的生态价值评估体系。[1]

3. 生态环境的监管机制研究

（1）生态环境监管机制的问题

张宝指出生态环境监管制度在法治实践中，体现为政府之于生态损害的索赔机制，旨在规避生态监管的“公地悲剧”。在环境利益是否属于国家利益、政府索赔诉讼与社会公益诉讼的关系、行政机关索赔磋商与民事诉权主体等诸多视角，主张以“确权”的自然资源实现“无主”的生态价值。[2]

陈海嵩认为，生态保护领域法治实践的另一难题是生态执法，这也被公认为是导致生态资源利用的救济短板。基于制度逻辑的立场，须反思生态监管制度的变迁历程和生态价值的实现机制，通过组织化和法治化路径弥补运动式执法的弊端，推进生态监管转型的纵深发展。[3]

（2）生态环境监管机制的完善

刘伟玮等提出，要建构良性生态监管制度，须在坚持法律理性的前提下，兼顾经济理性与生态理性，既要实现经济利益、生态利益、社会利益之间的动态均衡，也要实现制度供给与市场需求之间的动态均衡，以交易监管和监督救济为重点，厘定监管目标与效益评价体系，实现生态多元化综合监管机制的规范构造。健全生态保护防控制

1. 侯鹏、付卓、祝汉收等：《生态资产评估及管理研究进展》，《生态学报》2020 年第 24 期。
2. 张宝：《生态环境损害政府索赔权与监管权的适用关系辨析》，《法学论坛》2017 年第 3 期。
3. 陈海嵩：《我国环境监管转型的制度逻辑——以环境法实施为中心的考察》，《法商研究》2019 年第 5 期。

度、建立“1+N”生态监测制度、构建生态评估及预警制度、健全生态保护执法制度、完善考核督察问责制度、健全公众参与监督制度和构建生态监管保障制度等。[1]

吕忠梅认为，为了更好地实现生态产品的价值，对生态环境进行监管特别需要强调对监管者的监管。由于地方政府环境保护责任落实的缺乏、市场机制的缺位、公众参与的不足，地方政府在追求国民生产总值增长过程中容易与企业达成一致，牺牲环境保护的公共职能。为此，立法者必须重新审视环境保护法的立法理念，努力完善“监管监管者之法”。[2]

4. 生态损害赔偿制度与补偿制度研究

（1）生态损害赔偿机制

程雨燕针对生态损害赔偿的制度缺陷，初步设计出相关标准和规范框架。在生态价值机制的重新构建和制度设计中，应当对以生态为载体而引致的财产损失、人身伤害和精神损害进行全面综合的赔偿与救济，优先考虑制度的可行性、性质、原则、目标等基础问题，提出生态价值赔偿的框架和路线图。[3]

张梓太关注政府索赔困境，提出以问责机制监督护航生态赔偿机制。基于行政问责的基层效应、波及效应和严厉效应，生态维权索赔时面临两难困境。应当依法完善问责机制，积极推动生态产品价值索

1. 刘伟玮、全占军、罗建武等:《新时期生态监管职能解析及制度体系构建建议》,《环境科学研究》2019 年第 8 期。
2. 吕忠梅:《监管环境监管者：立法缺失及制度构建》,《法商研究》2009 年第 5 期。
3. 程雨燕:《环境行政处罚研究：原则、罚制与方向》，武汉大学 2009 年博士学位论文。

赔的维权与救济措施，以生态问责机制监督并护航损害赔偿机制。[1]

陈幸欢从生态司法与生态执法的角度指出，损害赔偿额度细化规则的缺位，导致司法解释与行政规范性文件脱节、审判权受限于鉴定权、法院判决履行渠道匮乏等困境，应当以环境审判指导性案例为样本，统一专业术语并界定赔偿范围，厘定救济规则的原则和进路，提高生态司法与执法的公信力。[2]

（2）生态损害补偿机制

关于生态价值补偿机制的价值评估方法及目标、手段，周宏等认为，作为制度性安排，生态补偿机制须以生态和谐为目标，基于生态系统服务价值和生态保护成本等因素，综合采取法律和经济措施，动态调整公共政策以均衡各方利益。[3]

关于不同类型的生态资源和生态补偿方式，黄顺魁认为，不同类型的生态资源，具有不同的外部性影响，从产权、价值、空间、时间四个维度，阐述生态资源属性对生态补偿的要求，并据此选择不同的生态补偿方式和价值实现路径。[4]

（二）国外研究回顾

生态产品的概念由我国首创并提出，在本质上，与西方学术界生

1. 张梓太、程飞鸿：《索赔与问责：生态环境损害赔偿制度设计的两难选择》，《中国应用法学》2019 年第 1 期。
2. 陈幸欢：《生态环境损害赔偿司法认定的规则厘定与规范进路——以第 24 批环境审判指导性案例为样本》，《法学评论》2021 年第 1 期。
3. 周宏、李国平、林晚发：《生态价值评估方法与补偿标准应用情况研究》，《调研世界》2014 年第 11 期。
4. 黄顺魁：《生态资源属性对不同生态补偿方式的影响》，《现代管理科学》2016 年第 12 期。

态系统服务的理念相类似。生态系统服务的观点缘起于日益严峻的生态环境，迫使人们正视生态问题，并意识到生态系统对于人类的珍贵价值，针对生态系统服务的探索及生态产品的价值实现，西方学术界较早展开了理论研究与政策探索。

1997 年，生态学家格雷琴·戴利（Gretchen Cara Daily）等将“生态系统服务”定义为人类能够从生态系统获得的效益，包括直接或间接增加人类福祉的生态功能或生态过程，这是西方学术界最为常用的概念。[1]

2005 年，联合国公布《千年生态系统评估报告》，其由 95 个国家的 1300 多名科学家历时 4 年完成，作为阶段性研究成果，其将生态系统服务的含义界定为人类从自然生态系统中获得的收益，既包括食物、木材等有形产品，也包括气候、洪水等调节服务，还包括娱乐、美学等精神收益和文化服务，以及土壤培育、光合作用等支持服务。[2]

2012 年，美国国家环境保护局在其构建的“国家生态系统服务分类系统”中，将生态系统服务的概念扩展至涵盖生态系统提供的物质产品和非物质服务中，并于其后构建的“生物多样性和生态系统服务政府间平台”，从多个学科的维度和研究范式，对生态系统为人类提供的产品和服务展开了全面系统的剖析，并建议用“自然界对人类社会的贡献”一词，代替生态系统服务的概念。

2017 年，科斯坦萨（Costnaza）等根据此前 20 年间政府机构和

1. Daily G.C., *Nature's services: societal dependence on natural ecosystems*, Island Press, 1997, pp.3–4.
2.《千年生态系统评估报告》发布，这项由 95 个国家 1300 多名科学家历时 4 年完成的研究表明，人类赖以生存的生态系统有 60% 正处于不断退化状态，地球上近 2/3 的自然资源已经消耗殆尽。

学者专家的主流观点，经过综合对比和分类，选取具有典型意义和普适性的定义和指标，将生态系统服务细化为供给服务、调节服务、支持服务和文化服务四大类型，并在学术界得到广泛认可。[1]

国外研究生态产品价值实现机制的学者并不多，且主要侧重于经济方向与生态方向两个领域。

首先，在经济研究方向，迈里克·弗里曼（A. Myrick Freeman）在新古典经济学的研究过程中，采用经济学的相关理论，开展了对生态环境与自然资源价值的系统性评估[2]；乔西（Jowsey）结合不同类型生态资源的特点，以人类社会对资源的消耗和对环境的污染为视域，针对不同类型生态资源的开发成本与维护费用展开研究。[3]

其次，在生态研究方向，以 1992 年《21 世纪议程》发布为标志，追求生态资源的可持续性发展逐渐成为解决社会经济与环境保护之间冲突的应然配套措施，以降低能耗的集约型经济发展模式为契机，世界各国关于生态产品价值实现机制的研究取得长足进展。波茨·鲁思、维拉·卡伦和戴尔·艾伦（Potts Ruth、Vella Karen & Dale Allan）提出自然资源资产治理的概念框架，以公众参与和发展协作为切入点，论述体制变革的制度导向。[4]莫根德·伊曼纽尔和科拉沃尔·奥卢瓦托英（Mogende Emmanuel & Kolawole Oluwatoyin）在借

1. Costanza R, De Groot R, Braat L & et al., *Twenty years of ecosystem services: how far have we come and how far do we still need to go?* 28 Ecosystem services, 1–16(2017).
2. [美] A. 迈里克·弗里曼：《环境与资源价值评估——理论与方法》，曾贤刚译，中国人民大学出版社 2002 年版，第 4—6 页。
3. Jowsey E, *A new basis for assessing the sustainability of natural resources*, 6 Energy 32, 906–911(2007).
4. Potts R, Vella K, Dale A & et al., *Exploring the usefulness of structural-functional approaches to analyse governance of planning systems*, 2 Planning theory 15, 162–189(2016).

鉴现有制度分析框架的基础上，以国际协作为背景，提出了诸多生态构思。[1]

（三）研究评述

综合现有研究发现，无论是西方学术界的生态系统服务，抑或我国的生态产品，都是一脉相承，其宗旨均是为了反映生态资源的稀缺性并实现其价值，同时为复杂的自然资源系统存量、质量和变化提供统一的测度标志，为生态产品纳入国家财富体系提供链接，为可持续发展提供评价依据。

西方发达国家比我国更早地面临生态困境，也更早关注到生态系统服务的价值，对工业化导致的生态问题率先作出了学术反馈，在生态实践中也取得了丰硕的成果。以此为契机，西方学术界于 20 世纪末，在生态产品价值及生态系统服务领域展开了深入的学术研究和政策探索，结合不同类型生态资源的价值属性，以人类社会对资源的消耗和对环境的污染为视域，以均衡和系统的视角，在多个维度对生态系统服务展开剖析，其相关成果极具学术价值与说服力，对于本选题的研究具有非常重要的借鉴意义。

国内学术界关于生态产品价值实现机制的法学研究，偶有涉及也依附于经济学和环境学等学科，且国内学者关于生态领域的研究成果多在 2015 年后，近几年呈现出爆发的趋势。同时，相关生态探讨大多集中于传统经济学视角，偶有法学类文章也多限于某一部门法领

---

1. Mogende, Emmanuel, Kolawole & et al., *Dynamics of local governance in natural resource conservation in the Okavango Delta*, Natural Resources Foru, 3 Blackwell Publishing Ltd 40, 93–102(2016).

域，且理论研究较多而实证分析较少，多聚焦于某一特定类型或特定区域的生态物种，或集中于某一价值阶段或细分领域。

整体而言，国内外的研究往往聚焦于生态产品价值实现的某个方面的问题，这无疑是相关研究的精细化、专业化的体现。例如学者对生态产品价值实现的各种机制，包括生态产品价值评估、生态修复制度、生态赔偿制度、生态补偿制度、生态产品交易制度等，进行了深入的研究。但是生态系统是一个整体系统，人类修复、维护这个系统也需要系统思维，否则可能导致难以估计的后果。系统论、整体观应该成为生态产品价值实现的理论基础之一。国内外对于如何系统性推进生态产品价值实现的成果还比较缺乏，这正是本研究要突破的核心领域。

三、研究思路与章节安排

本研究以整体观和系统论为理论基础，将生态产品价值实现的机制视为一个完整体系：从内部看，这个体系分为价格形成系统、市场交易系统、维护保障系统，共同形成生态产品价值实现的制度体系。从外部看，一方面这个制度体系是整个经济制度体系的一部分，体现市场机制运行与政府制度供给的结合；另一方面这个制度体系与生态系统相结合，共同维护地球的生态系统。除了制度体系，本研究还重点分析生态产品价值实现的法律保障，从宪法、环境权、营商环境、生态创业教育、生态损害赔偿等几个方面进行具体分析。

从理论基础到部分分析再到整体分析是本研究的基本思路。首先，从逻辑上看，本研究首先分析生态产品及其价值实现的理论基础，提出以系统论和整体观为基础，以制度经济学、法经济学为主要方法，展开后续研究。其次，对价格形成系统、市场交易系统、维护保障系统三个子系统进行详细分析，分析侧重从国外生态产品价值实现的机制经验、国内生态产品价值实现的制度阻碍、国内生态产品价值实现机制的法经济学评估三个方面探寻生态产品价值实现的较优机制和制度环境问题。再次，基于前述的理论基础和较优机制的筛选，最终落实到如何把上述机制整体化，构建出与我国内在制度相符，适应外在制度的机制，并且提出改善生态产品价值实现的制度环境的建议，为生态产品价值实现提供高效稳定且可持续的制度安排。最后，对生态产品价值实现的法律保障的一些领域进行分析，研究生态产品价值实现的宪制基础、供给根基、权利机制、商业支撑、资金源与新探索。

本研究第一章是绪论，主要说明为何以及如何研究生态产品价值实现这一主题。

第二章是生态产品价值实现的基础理论。主要包括四个方面：

第一，生态产品的内涵、价值构成、实现方式。生态系统本身不是人类生产的产品，但对于人类来说具有不可替代的价值，人类活动使生态系统遭到破坏，人类亦可以通过生态产品价值实现的方式恢复生态系统服务。人类恢复、利用生态系统服务所做的工作把生态系统提供的服务用人类产品加以支持，目的是使生态支持产品能够在市场上与其他的人类产品进行交换，体现生态系统的价值。本书采用的生态产品概念属于狭义的生态产品概念，基本与生态系统服务相同。《关于建立健全生态产品价值实现机制的意见》（中办发〔2021〕24号）侧重于物质产品，属于狭义的生态产品。

第二，实现生态产品价值的目的理论。实现生态产品价值的目的是维护自然环境和生态系统，实现人与自然的和谐共处。这一目的的理论基础，从中国传统文化的角度而言有“天人合一”“天人感应”等理论，在西方有“系统论”“均衡论”等理论，上述理论指出了生态产品价值实现的目的。

第三，生态产品价值实现法学研究的方法论基础。关于生态系统服务或者生态产品，经济学特别是环境经济学、资源经济学以及生态经济学等都进行了较为深入的研究，这些研究为本研究提供启示。本研究是经济学的研究，同时加入法学视角，重点探讨对法规则的经济成效。这方面做得比较好的一是制度经济学，比如科斯的社会成本问题理论就是典型的关于法规则的讨论，因此制度经济学的相关理论可以成为本研究的基础。二是微观经济学的成本分析和计量统计分析，其是经济学分析的基础工具，在法经济学分析中必不可少。

第四，生态产品价值实现的制度设计。生态产品价值实现不是单纯的经济问题，涉及广泛的制度体系，分析这些制度之间的关联极为必要。本研究将生态产品价值实现视为一个制度体系，这个体系有三个子系统，分别是价格形成系统、市场交易系统、维护保障系统。这三个系统对应《意见》的六个机制，即生态产品调查监测机制和价值评价机制属于价格形成系统；经营开发机制和保护补偿机制属于市场交易系统；价值实现保障机制和推进机制属于维护保障系统。《意见》的六个机制涉及三个系统中的主要制度，当然还有其他制度，比如市场制度、政府制度等基础制度，程序、技术等微观制度也是极为重要的。第一章的内容构成后续章节的基础，为后续章节提供了理论分析的框架和系统化的思维定式。

第三、四、五章分别对价格形成系统、市场交易系统和维护保障系统三个子系统展开法经济学分析。这三章的结构基本相同，均分为四个部分展开研究。

第一部分是系统的基础逻辑，对每个子系统展开法理学和法经济学分析。主要聚焦于从法理学的角度分析子系统的意义，从法经济学的角度解读何种经济理论能够更好地解释子系统的规则体系和运行状况。

第二部分着重分析系统的国外经验。在生态产品的价值实现方面，西方国家在处理生态环境保护问题的过程中积累了丰富的经验，也建立了比较成熟的制度。这一部分对不同国家的生态产品价值制度进行法经济学的比较分析，探寻既具有成本优势，又能够与我国制度相容的生态产品价值实现制度。

第三部分研究我国生态产品价值实现的制度阻碍。我国经济健康稳健的可持续发展态势，形成一系列推动经济增长的内在规则和外在制度。其中，有些制度忽视了生态产品的价值，导致经济增长和环境保护的不协调，制度的施行者也往往具有路径依赖，即使提倡并践行“绿水青山就是金山银山”的理念，上述制度仍然具有惯性作用，阻碍了生态产品的价值实现。本部分聚焦于阻碍生态产品价值实现的制度，并从法经济学的角度展开解构和梳理，既指出其对于生态产品价值实现形成哪些具体阻碍，又指出其在完整经济系统中的不经济性以及对外部性的漠视。应当指出的是，这些制度阻碍是指生态产品价值实现制度体系外的阻碍，并不是生态产品价值实现制度本身的问题，制度本身的问题将在现行制度评估中分析。

第四部分评估我国现行的生态产品价值实现的制度。党的十八大以来，我国将生态环境保护提升至前所未有的高度，提出了建设美丽中国的长远目标。为更好地实现生态产品的价值，建立了一系列制度并展开探索。这些制度一方面取得一些成效，另一方面也存在不少问题。对于存在的问题，提出改进的意见。需要指出的是，一般认为，制度是由规则构成的静态规范，而机制则是人在制度中的动态运作。本书一般采用制度的提法，但涉及制度的动态运作时，会用机制这个概念。

第六章是承上启下的一章，主要是分析生态产品价值实现与生态文明、生态法治的关系，为后面的生态产品价值实现的法律保障研究作宏观铺垫。前述章节论证生态产品价值实现的理论基础，指出价值实现子系统可供选择的国外经验，研究生态产品价值实现的体系外制度阻碍和规范评估，主要分析生态产品价值实现的具体制度构成。本章则对生态产品价值实现的整体系统进行分析，主要探讨生态产品价值实现三个子系统的相互关系、整体制度体系的绩效，讨论生态产品价值实现与生态文明、生态法治之间的关系。

第七章分析营商环境的变迁趋势。生态产品价值实现需要企业家发挥主体作用，需要良好的营商环境。营商环境的变迁趋势显示，有利于生态产品价值实现的营商环境正在形成。我国正处于从工业文明向生态文明的转型过程之中。为适应生态文明的扩展，需要不同于工业文明的新规则，在商业领域则需要推动从制造到创造的新的营商环境规则。产权保护、市场规制（平等竞争）、公共服务（法治、金融、教育）是营商环境规则的支柱，产权是基石，市场是动力，服务是基础，在不同的理念之下，这些营商环境规则展现出不同的形态。以2006年我国提出建设创新型国家为分界线，营商环境规则从推动制造逐步转向培育创造，其深层原因正是文明的转型。

第八章探讨生态产品价值实现的动力机制之一，环境权的尊重、保护和促进。把环境权纳入宪法和法律之中，承认环境权的人权地位，可以有效推动生态产品的需要。生态产品价值实现需要将其纳入法律系统的权利话语。通过对环境权的确立、尊重、促进和保护，使环境权成为人民认可和为之奋斗的基本人权，这可以不断增加对生态产品的需求，使之成为推动生态产品价值实现的重要动力。在编撰生态环境法典的过程中，需要把环境权作为核心权利，写入促进生态产品价值实现企业创新的条款，推动环境权与生态产品价值的双重实现。

第九章分析生态创业教育法治化问题。生态创业教育不仅能提高人们的生态意识，还可以指导创业者以生态产品价值实现为思路进行创业。为适应生态文明的发展趋势，提供更好的生态产品应该成为创业的重要方向。实现这一目标的方式之一就是强化生态创业教育。各国生态创业教育有科教主导型、企业主导型和政府主导型三种模式。基于我国生态创业教育所面临的困境，可以尝试构建“学校 + 政府 + 企业”多渠道的生态创业教育联合机制，以期将生态优势转化为经济发展动力，又反作用于生态环境，达到突破创业教育的桎梏，实现生态可持续发展的目的。

第十章探讨生态产品维护保障的新领域，人文遗迹。人文遗迹是生态系统服务提供的功能之一，可以满足人们的审美、娱乐等需要，需要通过法律加以保护。人文遗迹在生态损害赔偿诉讼中是否适用惩罚性赔偿，本章在分析适用惩罚性赔偿的必要性和可行性的基础上，讨论赔偿数额如何确定、责任聚合时如何处理、与私益惩罚性赔偿关系如何调整、惩罚性赔偿金如何管理和使用等问题。

第十一章讨论生态产品维护保障的资金源之一，生态环境损害赔偿金。生态产品维护保障需要资金支持，而生态环境损害赔偿金是其重要来源。环境损害赔偿责任的承担，除经过磋商通过协议商定之外，多数环境损害赔偿责任的分配是司法判决的结果。环境公益诉讼产生的赔偿金的性质、归属、使用方案等均为立法空白，司法实践中的各类处理方式也积弊甚多。如何合理、合法、最大化地利用该笔资金反哺生态环境，已成为亟须解决的难题。在《慈善法》（2023 年修正）的基础上，构建慈善信托制度下的公益基金会成为可行的路径，也能为当下环境损害赔偿金的最优化利用提供合理方式。

第二章

生态产品价值实现的基础理论：西方经济理论与中国传统思想的互补

生态产品是独具中国特色的概念，伴随着我国生态文明建设和生态价值理念而提出，源于我国政府的一系列政策文件，具有鲜明的中国特色和时代烙印；同时，既凝聚了中国智慧和文化底蕴，也融合了国外的学术成果和思路逻辑，具有一定的理论积淀和实践基础。本章在分析生态产品内涵、价值构成、实现方式的基础上，探讨生态产品价值实现的基础理论。生态产品价值实现的基础理论既包括传统经济学的一般理论，这些理论构成了法经济学分析的基础，还包括本研究侧重的制度经济学理论，同时还有本研究提出的制度体系依据的系统论和整体论。中国的传统思想提供的智慧支持是本章分析的重点之一。这些理论一方面成为后续章节分析的理论方法，另一方面构成研究的整体逻辑基础。

一、生态产品价值实现的界定

（一）生态系统服务

虽然我国在 20 世纪 80 年代就提出了“生态产品”概念，但那时对生态产品的认识并不够成熟。随着学者对生态系统服务概念的引入，由《全国主体功能区规划》对生态产品进行了定义，这个概念才逐步被广泛接受，并在学术界形成大体一致的看法。因此，在分析生态产品及其价值实现之前，首先要分析何谓生态系统以及生态系统服务。

生态系统指在一定空间和时间范围内，各种生物间以及生物群落与其无机环境间，通过能量流动和物质循环相互作用的统一体。[1] 该定义是《全国主体功能区规划》给出的，基本符合生态系统的含义。生态系统的概念是由英国学者坦斯利在 1936 年提出的，其认为生态系统由生物群体和栖息环境两部分组成，有一定的食物链，有物质循环和能量转化的功能，具有一定的自我调节和修复能力。生态系统的所有组成部分，如动植物、微生物、光热等都是相互依赖且联系的，共同形成了一个不可分割的整体。

生态系统具有一定的结构和功能。生态系统结构（ecosystem structure）指构成一个生态系统的动植物个体和群落，及其代际和空间分布与非生物资源。[2] 生态系统具有数量庞大的结构要素。当某个

1.《国务院关于印发全国主体功能区规划的通知》（国发〔2010〕46 号）。

2. ［美］戴利、法利：《生态经济学：原理和应用》，金志农等译，中国人民大学出版社 2013 年版，第 89 页。

比较独立的要素被投入复杂的生态系统中，就会产生一种自发的秩序。例如，将一个不属于某地区的物种引入，可能对原有生态系统造成不可逆转的灾难，这种灾难其实就是在形成一种新的不同秩序，而这种自发产生的秩序现象，我们则可以称为生态系统的整体性。上述整体性形成的功能是某一种或几种结构要素单独无法实现的，我们也无法从单一结构要素的理解来预测生态系统的秩序及变迁。

整体的生态系统具有一定的功能，该功能称为生态系统功能（ecosystem functions），主要包括能量转换、养分循环、空气调节等功能，而生态系统服务虽然主要是生态系统功能的体现，但由于生态系统功能与生态系统服务无法一一对应，两者并不能等同。

由于世界人口持续增加、人们对自然资源的需求未曾削减，导致我们居住的空间在各方面产生剧烈变迁，包括农业、森林、生物多样性、人类健康以及传统景观等，均因人类活动影响而承受强烈冲击。面对这样的情形，生态系统服务与生物多样性的保护成为必要。因此，自然保护专家与环境科学家期望借由生态系统服务概念的转化，传达生态系统服务的重要性以及维持生态系统目前状态与功能的价值。

生态系统服务（ecosystem service）是生态系统为人类社会所提供的服务功能，格雷琴·戴利将生态系统服务定义为“通过自然生态体系以及其中的物种支撑并满足人类生活之条件与过程”[1]；科斯坦萨等则定义为“生态系统提供直接或间接能够促进人类福利的货品与服务”[2]。联合国《千年生态系统评估报告》广义定义生态系统服务，认

1. Daily G.C., *Nature's Services: Societal Dependence on Natural Ecosystems*, Island Press, 1997.
2. Costanza R, d'Arge, Robert R, et al., *The value of the world's ecosystem services and natural capital*, Nature 387, 253–260(1997).

为其就是人们从生态系统获取的利益；该报告提出生态系统服务之理论架构，描述生态系统与人类福祉间的联结，并应用于评估生态系统承载力。报告将生态系统服务分为四类（见图 2-1）：1. 供给服务（provisioning services）：指生态系统提供的物质生产；2. 调节服务（regulating services）：自然作用具体地表现在气候与大气组成的调节、灾害减缓、环境净化与物质循环的调节等；3. 文化服务（cultural services）：由生态系统获取的非物质益处，人们通过精神充实、认知能力的发展、反思、娱乐及审美经验而获得；4. 支持服务（supporting services）：生态系统提供其他服务（包括供给、调节和文化）必需的功能，不同于供给、调节和文化服务，支持服务对人类福祉的影响是间接且需长时间才能显现效果。[1]

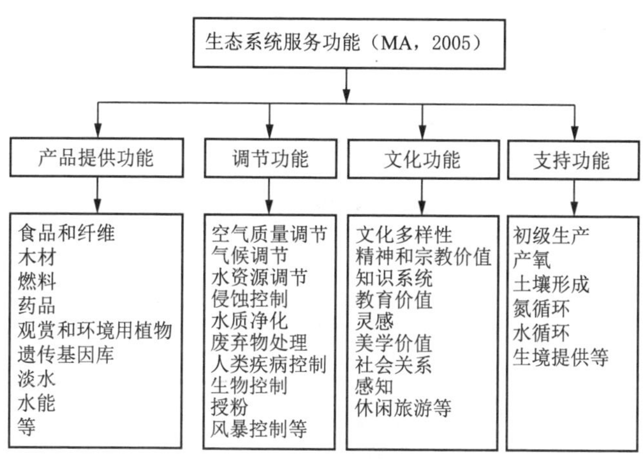

图 2-1　MA 生态系统服务类型

1. Millennium Ecosystem Assessment, *Ecosystems and Human Well-being: Synthesis*. Island Press Washington DC, 2005.

国内外学者对生态系统服务的主要分类可以用表 2-1 表述如下：

表 2-1　国内外主要生态系统服务功能分类体系

作者	年份	主要生态功能分类	体系	特点
Costanza et al.	1997	大气调节、气候调节、扰动调节、水分调节、水供应、侵蚀控制、土壤形成、营养物质循环、废物处理、传粉、生物控制、栖息地、食物供应、原材料、基因资源、娱乐、文化	17 类	最早的分类体系，体系完整，应用范围很广
Daily	1997	将生态系统服务功能分为缓解干旱和洪水、废物降解、产生和更新土壤、植物授粉、农业害虫的控制、稳定局部气候、支持不同的人类文化传统、提供美学和文化、娱乐等	13 类	分类较小，但类型内部的研究比较详细
孙刚等	2000	生物生产、调节物质循环、土壤的形成与保持、调节气象气候及气体组成、净化环境、生物多样性的维持、传粉播种、防灾减灾和社会文化源泉	9 类	对各类别进行简单的概括
联合国《千年生态评估报告》（MA，2005）	2005	供给服务（食物、淡水、燃料、纤维、基因资源、生化药剂）；调节服务（气候调节、水文调节、疾病控制、水净化、授粉）；文化服务（精神与宗教价值、故土情结、文化遗产、审美、教育、激励、娱乐与生态旅游）；支持服务（土壤形成、养分循环、初级生产、制造氧气、提供栖息地）	4 种 23 类	分类体系系统性强，覆盖度广
生物多样性与生态系统服务经济学（TEEB）	2010	提供服务（包括食物、水、原料、药用和遗传、观赏植物资源）；监管服务（监管空气质量、气候、水土流失、水质、土壤肥力、极端事件、水流、授粉和生物控制）；生态系统服务生态系统和生物多样性的经济学分类的栖息地，像迁徙物种的生命周期的维护（栖息地）和维护（基因库保护）；文化和审美服务（审美信息、娱乐和旅游的机会、文化艺术和设计的精神体验和供应认知发展的信息）	4 种	分类比较全面，注重文化等服务功能的测度

续表

作者	年份	主要生态功能分类	体系	特点
Rocco Scolozzi et al.	2012	气候大气调节、干扰的预防、淡水的调节和供应、废物的吸收、营养调节、珍稀物种栖息地的保护、娱乐、美学和舒服性、土壤保持和形成、授粉	10类	分类较为全面，但不够详细
Burkhard et al.	2012	生态完整性（无生命的非均质性、生物多样性、生物水流、代谢效率、获得能量、减少养分损失、存储容量）；调节生态系统服务（调节当地气候、调节全球气候、防洪、地下水补给、空气质量监管、侵蚀监管、调控营养、净化水、授粉）；提供生态系统服务（作物、牲畜、饲料、捕捞渔业、水产养殖、野生食物、木材、木头燃料、生物能源、生化和医学药剂、淡水）；文化生态系统服务（娱乐与审美价值、生物多样性的内在价值）	4种29类	分类比较系统、全面，体系较为复杂

这些对生态系统服务的分类中，联合国《千年生态系统评估报告》的影响最大。原因在于该报告架构图提供了明确的生态系统服务定义与完整内涵。就其属性而言，有些生态系统服务是有形的，例如供给系统中的食物、纤维、淡水等；有些是无形的，例如调节服务中的侵蚀调节、气候调节等以及文化服务中的美质与地方感等；有些服务能以较快的速度提供给人们，例如供给服务；但有些服务（例如支持服务）则需要比较长的时间才能惠益人类社会。不论是何种形式，通过评估该报告提出的生态系统服务能够知道，生态系统以直接或间接的方式满足人类的日常饮食、生活品质与生命延续的需求，支撑人类文明的永续存在。

人类是生态系统的一部分，也是影响生态系统运作的决定性角色。《千年生态系统评估报告》制定的生态系统服务架构着眼于生态与人类的互动，具体说明生态保护对人类存续的必要性，清楚地传递了生态保护是维持人类经济、社会首要前提的信息，说明生态系统失去正常运作，人类将损失来自生态系统提供的各项必要存活条件，换言之，生态性越高的环境，越能拥有丰富的生态系统服务，对人类越显出存在价值。评估报告提出的生态系统服务架构，能够彰显生态环境的生态功能与价值，故作为生态系统服务的功能类别较为合适，这也是本研究认同的生态系统服务的分类方式。

生态系统服务的功能在现代支撑人类文明存续的方式，不仅是提供氧气、水等基础生存物质，更重要的是，人类利用生态系统服务功能生产产品，使人类过上了更为便利的生活。这些产品包括通过把生态系统提供的物质作为原料生产的各类工业产品，或者在生态系统服务的支持下生产的农业产品，或者利用生态系统服务的文化功能生产的休闲旅游服务。这些产品利用生态系统的服务功能维持了人类的生存，可以称为生态衍生产品。生态衍生产品不同于生态支持产品，前者利用了生态系统服务的功能，后者则是维持了生态系统。

（二）生态产品的内涵、特征与分类

1. 生态产品内涵新解

准确界定生态产品的定义与内涵，是其价值实现机制研究的理论前提和逻辑起点。从文献综述可知，学者对生态产品有着不同的定义，总体而言，这些定义存在以下的问题：

首先，研究对象涵盖范围宽泛，导致定义外延极广且模糊，界定为具有生态系统服务功能的自然要素，而自然要素几乎涵盖人类社会之外的所有要素。虽然增加了“维护生态安全、确保生态调节功能、提供良好生活环境”等定语，且尝试以列举方式限制上述定义的扩展，但定语的含义仍不清楚，不能从根本上解决范围过广、概念混乱等问题，混淆了生态产品与相关概念的异同。

其次，关于生态产品的生产劳动属性定义不清。如前所述，“产品”通常被理解为“生产出的物品”，寓意通过市场交换实现价值。在目前的生态产品理论中，没有定义必须包括生物生产和人类劳动的劳动形式，甚至没有意识到生物生产也可以创造价值。由于生物生产是区分生态产品和经济产品的主要依据，导致包括人类劳动力在内的纯经济产品被误认为生态产品，限制了关于价值来源和社会关系的研究。

最后，生态产品与自然资源的界限定义模糊。在目前的概念中，诸如“宜人气候”等自然资源存量被列入生态产品范围，混淆了生态产品流量与自然资源存量间的界限，涵盖了人类社会无法改变或控制的自然资源。规模巨大的自然资源存量[1]被纳入生态产品范畴，而其价值往往仅取决于地理区位等因素[2]，不具备稀缺性且无法被人类控制，故仅有使用价值而无经济价值，无法体现出人类活动的影响或成效，掩盖了其他生态产品对人类福祉的贡献。

学术界对生态产品概念的分析有着很大争议，虽然有不完美之处，但这些解读有着一定的参考意义。关于生态产品内涵的分歧，其实质是生态产品与生态支持产品、生态衍生产品混淆的结果。

2010年国务院发布的《全国主体功能区规划》给出了生态产品

1. 如资源、阳光温度、海洋成分等。

2. 刘江宜、牟德刚：《生态产品价值及实现机制研究进展》，《生态经济》2020年第10期。

的官方定义："生态产品指维系生态安全、保障生态调节功能、提供良好人居环境的自然要素，包括清新的空气、清洁的水源和宜人的气候等。"[1]结合《全国主体功能区规划》上下文可以看出，这个定义与生态系统服务类似。之所以称为产品，乃是"从需求角度，这些自然要素在某种意义上也具有产品的性质"[2]，与一般的农业产品、工业产品、服务产品等传统产品有着很大区别。一般的产品是为满足消费者的需要，而由组织制造的物品或者提供的服务。由于生态产品类似于生态系统服务，生态系统提供的服务并非组织提供，而是由大自然提供。"保护和扩大自然界提供生态产品能力的过程也是创造价值的过程，保护生态环境、提供生态产品的活动也是发展。"[3]组织能够提供的是维持、优化或者修复大自然的生态系统的生态支持制度、权利和产品。因此，生态支持产品不同于生态产品，生态产品是一个拟制的产品，目的是让人们认识到其价值。生态产品或者说生态系统服务的特性决定了其价值实现的难度，生态支持产品则不存在这个问题。

生态产品的价值实现有两条路径，一是制度路径。相关主体逐步形成生态支持的权益和制度，创设生态支持权益、生态支持制度，例如排污权、碳排放权、碳汇、生态补偿制度、生态赔偿制度等。这主要由政府提供，构建了生态产品价值实现的制度条件。在生态系统维持较早的国家，生态支持权利和制度多数是自发形成的，在生态系统维护追赶的国家，生态支持权利和制度多数是由国家学习他国的制

1.《全国主体功能区规划》（国发〔2010〕46号）。

2.《全国主体功能区规划》指出："人类需求既包括对农产品、工业品和服务产品的需求，也包括对清新空气、清洁水源、宜人气候等生态产品的需求。"

3.《全国主体功能区规划》（国发〔2010〕46号）。

度，通过政策和法律创设的。二是生态支持产品路径。在生态支持制度的推动和企业创新性探索下，生态支持产品逐步发展。生态支持产品主要由市场提供，形成一条产业链，包括生态修复、权益交易、绿色服务等。这条产业链一方面维护生态系统服务，体现生态产品的价值，另一方面也满足了消费者的需要，使生态保护纳入经济系统。生态产品由生态支持制度、生态支持权益、生态支持产品三个要素来实现其价值。生态赔偿制度、生态补偿制度、生态教育制度等作为生态产品价值实现的基础性制度，维持和促进生态产品的价值；生态支持权益、生态支持产品等作为生态产品价值实现的权利、物品、服务形态，通过市场交易实现生态产品的价值。其中生态支持产品不同于生态产品，人类组织生产的产品只是支持性产品，不是生态产品本身。鉴于学术界对生态产品的定义极为混乱，不妨把生态系统服务意义上的生态产品称为生态自然产品。

如果说生态系统服务提供的产品是生态产品，另外需要界定的概念是生态支持产品。结合国内关于生态产品定义的政策文件，探索不同区域生态实践中的价值实现机制，联系国内外学术研讨来分析其内涵，生态支持产品的定义需满足以下条件和特征：

其一，明确与生态标签产品[1]等纯粹经济产品的界限。人类社会生产的绿色农产品和生态工业产品等生态标签产品，不属于生态支持产品的范畴。农产品作为人类社会的首种生态产品，具有较高的竞争性和排他性[2]，源于良好的生态环境而具备较高的使用价值和生态

1. 源于欧盟 1992 年出台的生态标签（Eco-label）体系，又名“花朵标志或欧洲之花”，获得生态标签的产品常被称为“贴花产品”，是欧盟官方认可的绿色产品。

2. 马建堂：《生态产品价值实现路径、机制与模式》，中国发展出版社 2019 年版。

溢价，但其已被列入第一产业，为减少歧义或重复计算，明确研究的针对性和目的性，故将其排斥出局。生态工业产品通过清洁生产和循环利用等途径减少生态资源的消耗，可视为排放权、用能权、碳排放权的反向负荷，可减少污染物或温室气体排放，其由于信息不对称等原因，价值或溢价的实现通常需借助第三方认证，但即便如此，其本质上仍不具备生物生产功能，属于纯粹的经济产品。因此，以绿色化和智能化为标志的生态标识产品，不宜纳入生态支持产品范畴。

其二，明确生态支持产品既包括人与自然间的关系，也包含人与人之间的社会关系。在传统的生态系统服务研究中，生态系统被视为生态服务的生产者，而人类社会则是生态服务的消费者，该理论仅反映人与自然间的关系，并不涉及人与社会间的关系，为其理论缺陷埋下伏笔。因此，将生态支持产品表述为人类劳动和生物生产的共同结果，意味着将生物生产纳入了劳动的范畴和形式，或是将其视为与人类劳动并列的价值创造源泉，既赋予了生态支持产品独立于生态系统服务的社会关系，也为研究生态产品的价值实现机制提供了经济学基础。同时，对于人类劳动的内涵采取了扩张解释，将其从开发利用、生产加工、流通消费等形式，扩展到生态治理、环境保护、污染防治甚至是资源运营领域，涵盖了准公共产品的范畴，充实了人类劳动和生物生产作为生态产品价值来源的实践基础。

其三，生态支持产品的定义应该满足以下特征：一是具有自然属性，属于自然要素并源于一定的生态系统结构或过程，能提供一系列生态服务并参与生态系统的动态平衡；二是具有价值属性，包含生产劳动过程，作为产品的本质属性，是由人类生产的物品，能满足一定需求且有价值的物品或服务[1]；三是具有消费属性[2]，作为商品的本质属性，包括市场化物质产品和非物质服务，兼具使用价值和价值，能最终为人类使用或消费；四是具有法律属性，其生产目的是在市场中合规交易[3]，权属清晰或便于开展确权登记，可依法流通并实现价值交换，可作为法律调整或保护的对象；五是具有可量化性，其稀缺性可被量化为市场价格或交换价值，不能无限扩充生态产品范畴，须能被人类社会合理计量并有效测算估值。

因此，生态支持产品是指在生态系统生物生产和人类合法劳动[4]协同作用下，通过维持生态系统服务的方式，为人类持续提供使用或消费的优质终端商品或服务，包括居住环境、生态安全、物质原材料、精神文明等人类福祉的直接物质或非物质消费支出等。需要指出的是，人类劳动的最终目标仍是发挥生态系统的服务功能，而并非制造人类人造的生态产品。例如，生态修复等附加了人类的劳动，但其最终目标依然是促使生态系统为人类社会提供服务和福祉。

除了生态支持产品外，还有一个容易混淆的概念是生态衍生产品。通过生态支持产品的生态支持功能，生态系统得到了改善和维护。利用良好的生态系统开发的产品可以称为生态衍生产品。生态衍生产品包括生态必需品、生态农产品、生态工业品、生态服务。[5]有

1. 张林波、虞慧怡、李岱青等:《生态产品内涵与其价值实现途径》,《农业机械学报》2019 年第 6 期。
2. 潘家华:《生态产品的属性及其价值溯源》,《环境与可持续发展》2020 年第 6 期。
3. 少量自用不影响其性质。
4. 人类的合法劳动包括人类投入的时间成本、物质成本和劳动力成本等因素。
5. 李忠等人把这类产品称为生态产品产业链延伸产品。参见李忠等:《践行“两山”理论，建设美丽健康中国：生态产品价值实现问题研究》，中国市场出版社 2021 年版，第 5 页。

时生态支持产品和生态衍生产品是结合在一起的。比如，人们通过改善河流周边生态环境的方式来净化水质获得饮用水。改善河流周边环境就是生态支持产品，洁净的饮用水就是生态衍生产品。

因此，生态产品从狭义上讲就是生态系统服务，这是政府文件的定义，只是为了体现其需求上的价值改称为生态产品；中等意义上的生态产品是指生态支持产品，是为了维护和修复生态系统功能人类提供的产品；广义的生态产品则包括生态衍生产品和生态支持产品，这是有些政府把“农家乐”当作生态产品的原因，因为“农家乐”属于生态衍生产品。本文提到的生态产品主要是从狭义的角度出发，另外也会部分探讨生态支持产品和生态衍生产品。从生态产品价值实现的角度，生态产品应是狭义的生态产品，只有这种生态产品的价值难以衡量和实现，其他意义上的生态产品不存在这个问题。从市场化交易的角度，生态产品应是生态支持产品，因为只有生态支持产品才是与人类劳动结合的可交易产品。如果要在市场中实现生态产品的价值，必须重视生态支持产品。从利益激励的角度，生态产品包括了生态衍生产品。很多时候提供生态支持产品无法获得利益，为了让生态保护有利可图，必须将生态支持产品和生态衍生产品结合起来。生态支持产品只是中间产品，生态衍生产品才是产生效益的产品。比如在生态环境部公布的案例中，不少是修复生态然后进行生态旅游的案例，[1]就体现了两者的关系。

生态产品、生态支持产品、生态衍生产品的关系见图 2-2：

1. 参见《生态产品价值实现典型案例（第一批）》《生态产品价值实现典型案例（第二批）》。

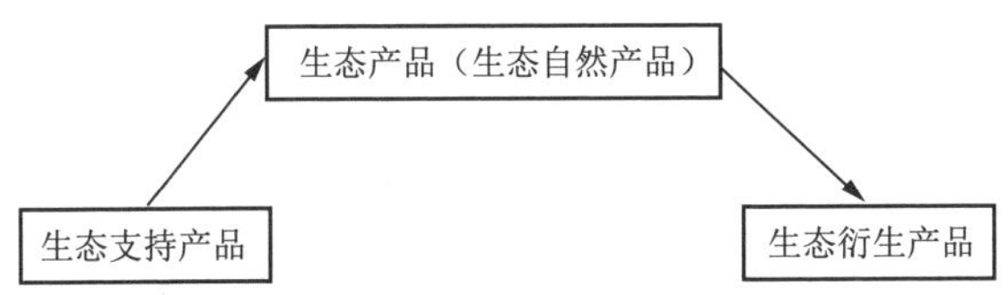

图 2-2　生态产品、生态支持产品、生态衍生产品的关系

2. 生态产品的特征

基于上述的生态产品的内涵，生态产品具有如下的特征：

（1）公共物品性。生态产品建立在自然要素物质基础上，具有公共物品的本质属性，即非竞争性和非排他性，因此，大多数学者往往将生态产品视为一种公共物品。通常，在消费某种生态产品时，消费者无法排除他人同时消费，也不影响该种生态产品的效用。但是，由于社会资源消耗和生态环境破坏，生态系统运营效率降低导致生态产品的供给能力削弱，对于消费能力较弱的群体，生态产品的稀缺性凸显。

（2）难以计量性。大多数生态产品的消费是自由和开放的，对于个体消费者具有不可计量性。清新空气和清澈蓝天等生态产品与自然资源不同，无法用吨、立方米等计量单位测量，任何人都可以使用与消费，因其不具备普通商品的排他属性，更不能如普通商品精确计算消费剂量和效用。

（3）整体性。生态产品依赖于自然资源及其运转模式。在产品供给领域，生态产品通常面向某一区域的全体成员同时提供，这与经济学上的外部性一以贯之。整体不可分性与部分生态产品形态的无形化紧密相关，宜人的气候及其变化具有显著的全球性，也具有典型的整体性表征。

（4）时空属性。生态产品的空间与代际分布不均。就空间分布而言，不同地区生态产品的类型、质量、流动性具有显著差异，导致地理分布不均且差异极大。就代际分布而言，生态产品是生态系统长期运行的产物，具备可持续性特征，不仅要满足当代社会的需要，还要关注子孙后代的福祉。

3. 生态产品的分类

（1）三分法

对于生态产品如何分类，有着不同的看法。有些学者认为，我国生态产品价值实现主要遵循政府主导、市场优先、政企混合三类途径。从生态产品价值实现机制的主体差异和产品的消费属性着手，分别对应不同的价值实现路径和实践模式，在传统二分法[1]的基础上，基于需求视角将碳汇、排污权、用能权等生态权益列为准公共性生态产品，与公共性生态产品、经营性生态产品并列为三大类[2]（见表 2-2）。

表 2-2　生态产品的类型及价值实现机制

生态产品类型	价值实现路径	价值实现模式	政府角色
公共性生态产品	政府主导	生态保护补偿等	参与方
准公共性生态产品	政企混合	生态资源指标及产权交易、生态修复与综合治理	中介方
经营性生态产品	市场优先	生态产业化经营等	引导方

1. 张林波、虞慧怡、李岱青等：《生态产品内涵与其价值实现途径》，《农业机械学报》2019 年第 6 期。
2. 张林波、虞慧怡、郝超志等：《生态产品概念再定义及其内涵辨析》，《环境科学研究》2021 年第 3 期。

这种分类中比较特别的是经营性生态产品。他们认为，经营性是人类劳动参与程度最高的一种生态产品，包括可直接参与市场交易的农林产品、畜牧产品、矿泉水[1]等，与第一产业密不可分的物质原料，涵盖旅游文化和健康休养等依托生态资源的精神文化服务，因其来源于生态环境质量较好的区域而具有较高的使用价值。经营性具有与传统农产品和旅游服务等经济产品相似的属性，具有排他性和竞争性，在产权清晰的前提下，市场主体可以通过常规的市场交易实现其价值，市场在其生产流通与价值交换的过程中起决定性作用[2]。其中一部分属于生态衍生产品，一部分是纯粹的农产品和工业产品，内容较为混杂。

（2）二分法

二分法根据是否界定产权或者产权公共所有还是私有，分为公共生态产品和私人生态产品。公共生态产品又分为纯公共生态产品和准公共生态产品。对于服务于大区域的公共生态产品，具有非竞争性和非排他性，例如清洁的空气，称为纯公共生态产品；对于服务于小区域的公共生态产品，或具有竞争性但不具有排他性，或不具有竞争性但具有排他性，例如城市水源地，称为准公共产品。私人生态产品是产权能够界定，具有竞争性和排他性的生态产品，如排污权、碳排放权等。[3]

---

1. 生物质能是自然界中有生命的植物提供的能量，其以生物质作为媒介储存太阳能，属再生能源。见“科普中国”科学百科词条。
2. 潘家华：《生态产品的属性及其价值溯源》，《环境与可持续发展》2020 年第 6 期。
3. 李忠等：《践行“两山”理论，建设美丽健康中国：生态产品价值实现问题研究》，中国市场出版社 2021 年版，第 51 页。

二分法把生态产品放在生态产品的产业链中，认为保护和修复绿水青山是产业链的上游，生态农产品等生态标识产品是产业链的下游，中游是生态产品参与市场交易。二分法把生态产品与生态标识产品、绿色产品等区分开来，强调生态产品的公共属性。

以上述分类为基础，本研究采用三分法。生态系统服务提供的功能定义为生态自然产品，是价值实现的目标；把保护和修复生态的产品定义为生态支持产品，是价值实现的手段；利用生态自然产品形成的产品定义为生态衍生产品，是价值实现的激励。三者均可以构成生态产品。本研究在使用生态产品这个词时，提到价值实现、价值评估时，均指狭义的生态产品，即生态自然产品、生态系统服务；在分析市场交易、维护保障时，三者均包括在其中。

（三）生态产品的价值形态及其实现模式

1. 生态产品的价值形态

从需求的角度讲，对于人类而言生态产品的价值不言而喻，没有生态产品，人类将无法存活。生态产品的价值有多种表现形态。联合国《千年生态系统评估报告》对生态系统服务功能的划分，与人类的福祉相关。这些福祉也体现了生态产品的价值。人类福祉与生态系统服务的关系见图 2-3：[1]

1.《生态系统与人类福祉：评估框架》，张永民译，中国环境科学出版社 2006 年版，第 80 页。

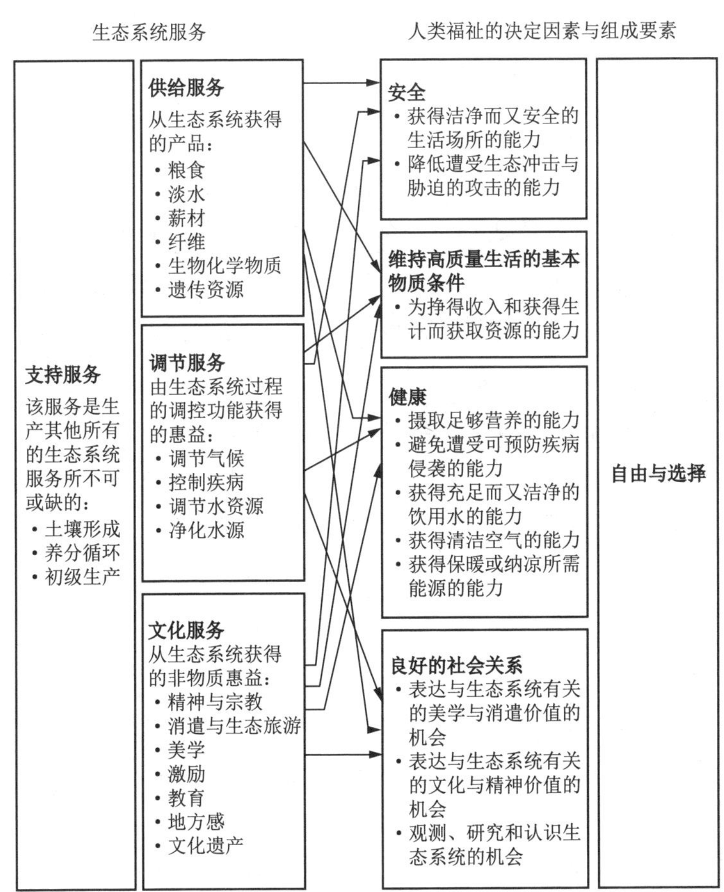

图 2-3　人类福祉与生态系统服务的关系

这表明生态产品与安全、维持高质量生活的基本物质条件、健康、良好的社会关系等人类需要有着密切关系。

人类的需要正是体现了生态产品的价值。生态产品的价值具有鲜明的多元化特点，体现在生态、伦理、政治、社会、文化、经济等多个方面，它既有使用价值，也存在非使用价值，即生态价值、文化价值等。人类在谋求生态、社会、经济三大类效益统一[1]的过程中，提高了自身对生态产品价值的多元化诉求。

生态产品的使用价值是指人类为维护生态系统、满足其需要而付出劳动，使生态产品能够进行交易、能够为人类所使用而体现的价值，这主要表现在生态支持产品和生态衍生产品上。这种价值往往以人类劳动的多少来衡量价值的大小。比如人们通过建设一些基础设施来开展生态旅游活动，满足人们对休闲放松的需要而体现了生态产品的价值，生态产品的使用价值与旅游开发和服务劳动相关。

生态产品的生态价值和文化价值是生态产品的非使用价值。生态产品的生态价值是指生态产品使生态系统能够正常提供其服务，使人类能够生存和繁衍。生态系统提供的宜人气候、清澈的蓝天、清洁的水源等是人类不可或缺的，这些服务由于其缺乏稀缺性导致虽然具有极高的价值而难以具有使用价值，这主要表现在生态自然产品上。如果忽略生态产品的生态价值，就会导致人类对生态环境的破坏。生态产品的生态价值是生态产品价值实现的关键。

生态产品的文化价值是指人类有着不同的群体生活在不同的地域，不同地域的人们为适应生态环境的不同而产生了不同的行为规则、文化艺术作品，这是生态产品文化价值的体现。生态系统是这些文化的载体，如果载体发生了沧海桑田的变化，其文化也将逐步消失。例如我国山川河流具有不同的生态系统，提供了不同的生态产品，出现了独特的山水文化。

---

1. 黎祖交：《关于建立生态产品价值实现机制的几点思考》，《绿色中国》2021 年第 5 期。

2. 生态产品价值的实现模式

生态产品的价值实现就是通过建立各种制度，形成制度规则体系，通过系统性运行机制来实现生态产品的各种价值。除使用价值外，生态产品价值实现的重点是生态价值与文化价值的实现。生态产品价值实现的核心功能是维护生态系统服务的良好运作，保持文化的传承。

根据学者的研究，生态产品价值实现的模式主要有以下几种（见表 2-3）：

表 2-3　生态产品价值实现模式分类

资金来源 Fund sources	特点 Characters	适用范围 Application fields	优势 Advantages	局限 Limitations
公众付费 Public pays	受益者直接付费；较高的参与积极性	适用于俱乐部产品（生态旅游）、公共池塘资源（碳排放权）	高效筹集资金；较低的交易成本；市场化程度高	对管理水平要求较高，涉及监管、组织能力；对市场化程度要求高
公益组织付费 NGO pays	公益组织全权组织管理；最新的管理理念和充足的资金保障	适用于纯公共物品（生物多样性、气候调节等），但土地产权明晰，制度健全	全新的管理理念的植入；较高的社会关注度	缺少法律依据；监督力度不够
政府付费 Government pays	政府代表土地所有者开展项目，规模较大，广泛适用	适用于对国家生态安全重要的纯公共物品（水质净化、水土保持、生物多样性、气候调节等）	资金充足，推进快	交易成本较高，涉及多目标（减贫、就业）
多元付费 （公众—公益组织—政府） Multi-pays	多方参与，制度健全，资金充足；参与积极性高	适用于典型性、对全球生态安全重要的纯公共物品（水质净化、生物多样性保护、气候调节）	多方参与；资金充足	国际资金依赖，未有科学的退出机制

这些模式是国内外探索的比较成功的生态产品价值实现机制。然而要使生态产品价值获得较好的实现，单一的机制往往难以成功，而且使各种实现机制得到广泛的认可和实施，并不那么容易，需要从整体性思维进行探索。

二、生态产品价值实现的经济学依据

生态产品价值实现涉及很多的理论问题，由于本研究主要从法经济学特别是制度经济学的角度分析，这里的理论依据主要基于分析经济学理论，包括传统经济学理论和制度经济学理论两个方面。

（一）传统经济学理论

1. 价值理论

价值理论主要有两种：一种是马克思主义的劳动价值论，一种是西方经济学的效用价值论。

为什么商品可以按照使用价值的一定比例交换？马克思主义的劳动价值论认为，交换的商品包含一个共同的东西，即商品的价值，这是浓缩在商品中的人类抽象的无差别劳动。作为凝聚人类抽象劳动的商品，劳动是交换的价值基础，它指引社会按照劳动价值的比例，交换两种性质完全不同的商品。在货币产生以后，交换价值转化为价格。商品价格是货币与商品之间的比例关系，是商品价值的货币表现形式。[1] 在自由竞争的市场中，商品的市场价格通常由商品的价值（即

1. 牟永福：《政府购买生态服务的合作模式——基于京津冀协同发展的视角》，《领导之友》2017 年第 21 期。

消耗的抽象劳动）和商品的效用决定。

首先，商品的价值决定了商品市场价格的下限。商品市场价格的最低限度由商品在生产中消耗的抽象劳动决定。如果商品的市场价格低于其生产过程中消耗的抽象劳动，则商品生产过程中消耗的抽象劳动不能完全由销售商品的市场价格补偿，即使短期内销售商品的市场价格可以低于生产商品所消耗的抽象劳动，长期追求利润最大化的生产者也必须保障商品的市场价格超过生产商品所消耗的抽象劳动。只有当商品的市场价格高于生产商品所消耗的抽象劳动时，生产者才会继续生产。从这个意义上讲，商品生产中消耗抽象劳动所形成的商品价值决定了商品市场价格的下限。其次，商品的效用决定了市场价格的上限。每个消费者通常首先对商品的效用进行主观评估，然后将其与商品的市场价格进行比较。只有当商品的效用超过市场价格时，消费者才会作出购买决定。从这个意义上说，商品的效用决定了市场价格的上限。最后，商品的市场价格还受到商品供求关系的影响：当商品供小于求时，价格上涨；当商品供过于求时，价格下跌；当供求关系趋于平衡时，价格相对稳定。

生态产品中凝结的人类劳动主要有两个方面，一是人类在获得自然资源和生态要素时凝结的人类劳动，二是人类在对生态系统进行保护和修复时凝结的人类劳动，这两类人类劳动的价值均应该在生态产品交易中得到体现。

西方经济学的效用价值论是从物品满足人类的欲望或人对物品效用的主观心理评价角度来解释价值及其形成过程的经济理论。联合国《千年生态系统评估报告》的生态系统服务与人类福祉的关系正是这种价值理论的表现。因为生态产品可以满足人类的从生存、安全到人际交往等从低到高的各种需要，因此生态产品就具有了价值。

2. 公共物品理论

1954年，美国著名经济学家萨缪尔森在其发表的《公共支出的纯理论》一文中第一个明确阐述了公共物品的概念[1]，提出只有允许同时消费的、具备非竞争性的、所有人共享的物品，才可以被称为公共物品；1959年，现代财政学之父马斯格雷夫提出将界定公共物品的标准归结为公共物品需要具备的非竞争性和非排他性两大属性，也就是说如果一个物品或者资源同时具有非排他性和非竞争性两大特征，在被一个人消费的时候，无法排除其他任何一个人的消费，也允许其他任何一个人的消费，那么其就属于公共物品。

学术界依据非排他性和非竞争性两大客观属性标准，判断何为公共物品，对公共物品进行客观性定义，形成了公共物品、私人物品两大产品分类方式。但是在1965年，公共选择理论的创立者布坎南反驳了萨缪尔森和马斯格雷夫的观点，指出实际情况中大量存在的不是同时具有非排他性和非竞争性的公共物品，而是介于公共物品和私人物品之间的"准公共产品"[2]。于是自20世纪70年代以来，学术界逐渐形成公共物品、私人物品和准公共物品三大分类方式[3]。

公共物品最令人头疼的是其容易产生"搭便车"[4]的社会问题。搭便

1. ［美］P.A. 萨缪尔森、W.D. 诺德豪斯：《经济学：下》，梁小民译，中国发展出版社1992年版，第1198页。
2. 吴仲平、周公旦：《公共产品理论视角下公共图书馆社会合作路径选择》，《图书馆》2020年第10期。
3. 秦才欣、陈海红、钱东福：《基于公共产品理论的基本医疗服务政策演变分析》，《中国卫生政策研究》2021年第10期。
4. 由美国经济学家曼瑟尔·奥尔森于1965年发表的《集体行动的逻辑：公共利益和团体理论》（*The Logic of Collective Action Public Goods and the Theory of Groups*）一书中提出。

车行为一方面妨碍市场的自动调节，另一方面影响公共政策的有效执行，而且搭便车的人过多，就意味着有许多人在同时消费着某一种物品或资源，这样的行为最终会导致公共物品的供应不足，引发“公地悲剧”。正如“灯塔效应”所示范的，绝大部分的消费者都不愿意让他人不付成本而坐享自己的利益。然而，鉴于公共物品的非排他性和非竞争性，公共物品一旦被生产出来，就可以让每一个人“搭便车”。“开车”的人如果不但获得不了收益，而且还弥补不了成本，那么谁又愿意“开车”，或者谁又能坚持一直“开车”呢？这就是公共产品被市场排斥的关键原因。如何增加愿意“开车”的人数，或让“开车”的人愿意继续“开车”？如何让上车的人不再“空手套白狼”？这些问题在生态产品价值实现的过程中同样无法回避，需要进行妥善的分析处理。

3. 外部性理论

自 20 世纪初期外部性（externality）概念被提出以来，学术界产生了诸多对于外部性的定义，其中比较经典的是萨缪尔森对于外部性内涵的解释。萨缪尔森以外部性的产生主体为立足点，对外部性进行界定，认为外部性是指某些生产或消费的行为将无法补偿的成本或利益强加于其他群体的情况。用一句话理解，外部性是一种市场失灵，属于某个团体的经济行为对另一个团体产生的非市场性的影响。当某些人或组织实施的某个行为或交易，对其他人或组织产生了非预期的损失或福利。对于损失，行为实施者未给予受影响者补偿；对于福利，受影响者未给予行为实施者补偿，这时就产生了外部性[1]。所以，

1. 秦立建、胡波、苏春江：《对社会保险费征管的公共政策外部性理论审视——基于中小企业发展视角》，《税务研究》2019 年第 1 期。

外部性存在的实质原因就是经济主体之间的利益存在交叉，但是存在交叉的利益又没有实现利益的分享或成本的共担。

关于外部性的分类，根据不同的划分标准，外部性可以分为不同的类型。依据影响效果划分，外部性可以分为外部经济和外部不经济，其中外部经济也称正外部性（positive externality），外部不经济也称负外部性（negative externality）[1]。例如，企业在河流上游植树，帮助防止水土流失，减少河流泥沙积累，那么对下游的所有人产生的是正外部性；但是，如若企业在河流上游排污，那么河流下游的所有人都将受到企业排污产生的负外部性的负面影响。

在正外部性中，社会收益大于私人收益；在负外部性中，社会收益小于私人收益。但是，无论是正外部性的情况还是负外部性的情况，其私人成本都无法实现与社会成本的趋同，也就无法实现资源的最有效利用，无法实现资源配置的帕累托最优。而且，这种成本外溢或收益外溢的现象，对于外部性的产生主体、接受主体乃至整个市场的运转、社会的发展，也都是不经济的、不友好的。外部性问题一方面会加剧社会的矛盾，在一定程度上加重两极划分，形成马太效应[2]；另一方面会减损市场主体开展经济活动的热情，影响各产业的均衡发展。在生态产品价值实现过程中，由于生态系统的公共产品属性，其存在的外部性问题尤为显著，外部性问题会影响生态资源利用的合理、公平、可持续。所以，架构体系，设立制度，让外部性产生主体

1. [美]赫尔曼·戴利、乔舒亚·法利：《生态经济学：原理和应用》，金志农等译，中国人民大学出版社 2013 年版。
2. 李宗克：《国家治理中的外部性问题及其对策》，《中国延安干部学院学报》2018 年第 5 期。

承担起自身应当承担的成本，也获得自身应当获得的利益，是极其有必要的。

（二）制度经济学理论

1. 博弈理论

博弈论（game theory）又称为策略理论，由冯·诺伊曼与奥斯卡·摩根斯特恩在 1944 年合著的《博弈论与经济行为》[1] 一书中首先提出。博弈论是一种经济理论，其应用范围广泛，零和博弈、纳什均衡、囚徒困境等理论更是广为人知。博弈论被用来分析人与人之间互动交往时采取的策略，把社会科学之于人类行为规律的分析提升到了一个新的高度，也为规制理论和制度变迁理论夯实了基础。

国内外学者从生态系统的角度出发，观察到人类行为对于生态环境的灾难性影响，意识到生态系统提供的服务之于人类社会，具有不可替代性和重要性，并致力于通过各种措施和途径保护生态环境，而生态产品价值实现就是其中的一个重要环节。那么，这种转变是如何发生的呢？博弈论给出了自己的答案。我们观察一个人的行为，会发现人们在解决问题的时候特别依赖规则[2]。例如：当解决如何驾驶机动车时会依赖驾驶规则、当与他人互动的时候会讲求策略、依据对方行为来田忌赛马似的决定自己行为。需要指出的是，策略一般而言是具有情境性和临时性，规则却具有较为恒定的特征。虽然策略是因与他

1. [美] 冯·诺伊曼、摩根斯坦：《博弈论与经济行为》，王建华、顾玮琳译，北京大学出版社 2018 年版。
2. 规则可以分为两类，一类是通常所称的制度规则，另一类是知识，由各种规则组成的某种规律性认识。

人协作或较量而临时采用的，但每个人都会有路径依赖，都倾向于采取在以前类似情况下曾经使用且较为有效的策略。当某一个人采用的较优策略被反复使用，同时也可能被他人观察到并进行学习和扩散，这时策略就变为了规则。比如，象棋大师在下棋时创造的有效策略，被人通过书籍等媒体传播后，就可以成为人们在下棋时遵循的规则。

人类社会的各种制度和规则的最终目标，是保障每个人都能过上美好幸福的生活，或许正如《世界人权宣言》所述，“促成较大自由的社会进步和生活水平的改善”[1]。生态产品价值实现理念的出现，就是为了达成上述目标。制度经济学家认为，制度是人与人之间博弈的均衡，是人与人之间互动的约束。人只能在现有的制度约束下活动，否则与他人的互动就会陷入困境，个人也会受到各种压力，因此需要激励来使人们遵守这些制度。一个人虽然不可能不受周围所有制度的约束，却可以在某一个或某一些方面不遵守规则，以自己创造或者学习的不同规则行事，这便是制度变迁的前提。当不遵守当前规则而采用其他规则的人足够多，人与人之间的博弈就会形成新的均衡，新的制度也就应运而生了。制度是人与人之间博弈的约束和均衡，人与人之间的博弈也会改变规则，继而形成制度变迁。经由无数人的多次重复博弈，通过生态产品价值实现的方式使保护生态环境有利可图的制度就出现了[2]，我们可以通过博弈的视角来观察并解读其形成过程。

1.《世界人权宣言》序言。

2. 戴利和埃利森指出：“有关记录清楚地表明，保护自然环境不能只靠仁爱或慈悲。”“有一个重大的尚未回答的问题：已经对地球造成太多伤害的逐利的行为，是否可以被用来拯救地球。”经由不断地博弈，这种制度正逐步产生。参见［美］戴利、埃利森：《新生态经济：使环境保护有利可图的探索》，郑晓光、刘晓生译，上海科技教育出版社 2005 年版，第 14、18 页。

最简单的博弈模型是二人博弈。从博弈结果来看，还可以分为零和博弈和非零和博弈。在正常的交易情况下，两人的简单交易是非零和博弈中的正和博弈。举一个最简单的例子，一个人去另一个人开的饭馆吃饭，吃饭的人获得了食物，饭馆老板通过服务获得了盈利，这是典型的正和博弈，也正是基于正和博弈的激励，工商业才逐渐独立于农耕文明，并在人类社会发展过程中壮大起来。当博弈的范围扩展到多人博弈，并考虑制度约束时，情况就发生了变化。在这种情况下，饭馆老板必须面对其他食物提供者的竞争，同时还需要考虑制度成本。如果食物价格太高，吃饭的人就会变少，饭馆可能会亏损；如果食物价格太低，包括制度成本在内的各种成本却较高的情况下，饭馆也可能会亏损。因此，在充分竞争的情况下，饭馆老板最简单的策略是降低成本，而最有效的降低成本的方法是组织创新和技术创新。因为饭馆老板通过组织创新可以有效降低生产成本，通过技术创新则可以有效规避同质化竞争，进而通过差异化获得更多的利润。

2. 制度理论

人类社会经过长时间的发展，形成了一系列由规则组成的制度来调整人的行为。人类的进步不仅是因为人类发明了虚拟物[1]，更为重要的是这些虚拟物通过制度连接起来运转，使人类的大规模合作成为可能。

斯蒂芬·沃依格特认为，制度是“众所周知的规则，借助不断重复的互动行为得以结构化，在违反规则时可以实施制裁或威胁制

1. 例如生态产品，无论生态还是产品都在现实中没有对应物，只是人类发明出来对生态系统提供的服务的一种概括，这种概括不能为动物所理解。参见［以色列］尤瓦尔·赫拉利：《人类简史：从动物到上帝》，林俊宏译，中信出版集团 2017 年版，第 36 页。

裁”[1]；青木昌彦指出，制度是“一种均衡，是与人们之间关于博弈如何进行的共有信念，制度变迁即共有信念的不断瓦解”[2]；诺思提出，制度是“一个社会的博弈规则，或规范地讲，其是人为设计的、形塑人们互动关系的约束，构造了政治、社会或经济领域交换的激励”[3]。从上述观点可以看出，制度由规则组成，它是人们互动博弈的约束和激励。制度是内生的，人为设计的，通过结构化过程[4]得以强化、复制和瓦解。

制度在规范人的行为中有重要的意义，一般认为，制度具有如下的功能[5]：第一，有效协调和增进信任。制度由规则组成，规则被个体行为所遵循，通过共同遵循某个制度，就可以形成秩序。例如，人们遵循交通规则在街道上驾驶汽车，就会形成交通秩序，这时交通制度就有效地协调了人的行为。制度还可以通过增进知识和劳动分工，帮助人们克服认知局限。由于制度的相对稳定性，它可以减少人们的投机行为，增强人与人之间的信任。第二，保护个人自主的领域。制度可以协调不同个体的行为，如果要促进整个社会状况不断改善，其基础是每个人的知识和能力都能够发挥作用并协同。保护个人的自治空

---

1. ［德］斯蒂芬·沃依格特:《制度经济学》，史世伟、黄莎莉、刘斌、钟诚译，中国社会科学出版社 2020 年版，第 8 页。
2. ［日］青木昌彦:《制度经济学入门》，彭金辉、雷艳红译，中信出版集团 2017 年版，第 54 页。
3. ［美］道格拉斯·诺思:《制度、制度变迁与经济绩效》，杭行译，格致出版社 2014 年版，第 3 页。
4. 关于结构化问题，参见［英］安东尼·吉登斯:《社会的构成——结构化理论纲要》，李康、李猛译，中国人民大学出版社 2016 年版，第 16 页。
5. ［澳］柯武刚、［德］史漫飞、［美］贝彼得:《制度经济学：财产、竞争、政策》，柏克、韩朝华译，商务印书馆 2018 年版，第 155—161 页。

间，特别是对个人自由和产权的制度性保护，是个人进行自由创造的前提。没有个体的创新，人类社会就会原地踏步。第三，防止和化解冲突。个体有自由的空间，导致人与人之间的冲突在所难免，这时制度可以提供某种裁决机制来解决这些冲突。内在制度的习俗，外在的司法程序、仲裁制度等都是解决冲突的制度安排。第四，化解权势的压迫性，为个体提供选择。社会中，总是会有着较多权势的人以及没有权势的弱势者，权势者可能会对弱势者进行压迫。制度可以有力控制权势者的压迫，并为弱势者提供退出的自由选择，在不同社会群体间建立权势平衡，确保下层群体拥有“杠杆”并借此从上层权势集团得到支持。只有权势扩散，才有稳定而持久的经济发展[1]。

生态产品价值实现由一系列的制度推进，这些制度涵盖了生态产品从生产到交易的全过程。生态产品首先需要产权制度，这是激励人们不断创新以实现生态系统服务价值的基础，政府有义务保障市场主体的产权，生态补偿和生态赔偿是其主要表现形式。生态产品还需要市场制度，通过市场人们可以通过价格信号来寻找市场价差，克服信息的局限性，进而实现经济协调。生态产品的生产和交易过程难免会产生纠纷，各种制度为非暴力解决争议提供了可靠途径。生态产品的价值实现表现为通过制度建立权势平衡，例如，面对大企业的生态破坏和环境污染，普通居民可能无能为力，通过政府的制度安排可以对导致生态损害的相关企业的压迫性行为进行限制。

---

1. Powelson J.P., *Centuries of Economic Endeaavor*、*AnnArbor*, University of Michigan Press, 4–11(1994).

3. 制度变迁理论

诺思在他提出的制度变迁理论中明确指出，当条件存在限制的情况下，因为竞争压力和欲望的驱动，企业家或者组织往往会不断地进行学习，进而在激烈的市场环境之中谋求生存之道。同时，通过学习而挖掘潜在利润，在权衡成本和收益之后，作出能够为其个人或组织带来最大净收益的行动决策。在制度变迁理论中，制度变迁的主体便是广义层面的企业家[1]，经济变迁的长期结果是由企业家短期决定不断累积演变而来的。制度变迁会受到企业家的巨大影响，如若结合当前制度安排获取的利润十分有限，甚至无法获取利润，企业家往往会打破当前框架制度，并寻求突破以推动制度创新[2]。

生态产品价值实现制度安排的出现有赖于两方面的原因：一方面，当人们不断遭受生态环境的报复后，其行为规则在博弈中也发生了改变，从忽视生态环境的征服模式转变到注重生态环境的保护模式；另一方面，企业家们在发现生态系统提供的产品和服务不可能是永久免费的时候，就会将生态系统视为一种产生潜在利润的资源，而通过生态系统和资源利用的制度创新，可进一步获取更多的利润。

4. 交易费用理论

人们在遵循制度规则而作出行为的时候，发现制度的运行是有费

1. 在制度变迁理论中，企业家并不是单纯指工商企业的领导者，而是各种具有创造精神的人，这种精神被称为企业家精神，实际就是创造、冒险精神。由于企业家和企业家精神可能被误解，本文以创造精神代替企业家精神的称谓。

2. 诺思指出，“制度变迁的直接工具是政治或经济的企业家，他们试图在最能盈利的机会上实现最大化”，“当现存规则不允许这样做时，则通过间接的方式——投入资源去改变规则或其实施的成本与收益”。参见［美］道格拉斯·诺思：《制度、制度变迁与经济绩效》，杭行译，格致出版社 2014 年版，第 117、103 页。

用的，即学术界所称的“交易费用”。交易费用的理论由科斯在《企业的性质》和《社会成本问题》中提出[1]。一般认为，交易费用包括信息搜集成本、缔约成本、监督成本等[2]。在不同的制度之下，交易费用是不同的。例如，在一些发展中国家，腐败横行，设立一个企业来实现生态产品价值就会费用高昂，阻碍企业家的积极性；相反，在一般发达国家，生态产品价值实现的机制通常运行良好，这与较低的交易费用密切相关。因此，在构建生态产品价值实现的制度时，必须考虑降低交易费用，否则这种新的制度安排会由于无利可图而无法正常运转[3]。

交易费用理论与传统经济学的产权理论密切相关，不同的产权安排会有不同的交易费用，也会有不同的制度样态。在生态产品价值实现过程中，产权制度直接关系到主体责任是否清晰、主体权利是否明确、主体利益是否实现，关系到生态产品能否实现其功能，生态系统是否得到保护和恢复，因此需要特别慎重安排。

三、生态产品价值实现制度体系构建的基础与架构

（一）制度体系构建的理论基础

生态产品价值实现制度体系的构建主要基于西方的系统论和中国的整体论。

---

1. ［美］科斯：《企业、市场与法律》，盛洪、陈郁译，格致出版社 2014 年版。
2. ［澳］柯武刚、［德］史漫飞、［美］贝彼得：《制度经济学：财产、竞争、政策》，柏克、韩朝华译，商务印书馆 2018 年版，第 171 页。
3. 科斯三定理可见［美］R.H. 科斯：《社会成本问题》，《财产权利与制度变迁产权学派与新制度学派译文集》，上海三联书店 1991 年版。

1. 西方的系统论

系统论由奥地利生物学家贝塔朗菲（L. V. Bertalanffy）在第二次世界大战期间提出，是运用逻辑和数学方法研究一般系统运动规律的理论，其与信息论、控制论同时兴起，揭示了事物间相互联系的内在规律性[1]。整体观是系统论的核心思想[2]，关联性、结构性、时序性等是所有系统的共同特征。系统论还具有层次性、开放性、目的性等原理，以及系统结构功能相关律、信息反馈律、竞争协同律等规律[3]。系统论是人类认知历程的飞跃。此前的研究通常局限于部分问题，或者说将大问题转化为小问题，认为把某一部分的问题研究清楚了，整体性的问题就自然解决了。但是系统论认为，部分不同于整体，在理想状态下，整体应当大于局部之和，整体的功能也与部分的功能完全不同，整体演化具有规律性等认知，促使人类社会的科学研究水平大幅提升，而生态系统就是系统论研究领域中的重点问题。

生态产品价值实现的目的是维持生态系统的服务功能，单一的制度可以使这项功能发挥得更好，也可能成为其阻碍。例如，司法生态损害赔偿制度对生态修复有重要作用，但在压力体制的配合下，司法机关可能走向极端，把生态无关的人文遗迹纳入保护范围，不仅会侵害到公民的权利，还会使生态损害赔偿异化；或者司法生态损害赔偿过度严苛，导致某些物种大量繁殖，产生难以预料的生态后果。如果

1. [美] 冯·贝塔朗菲：《一般系统论：基础、发展和应用》，林康义、魏宏森译，清华大学出版社 1987 年版，第 4 页。
2. 傅国华、许能锐主编：《生态经济学》，经济科学出版社 2014 年版，第 67 页。
3. 魏宏森、曾国屏：《系统论：系统科学哲学》，清华大学出版社 1995 年版，第 4 页。

有比较好的对司法机关监督的制度，这种情况就会减少。再比如，在生态产品的交易过程中，生态产品的价值评估是基础。如果生态产品价值评估没有良好的制度托底，即使交易制度再发达，生态产品的交易依然不会频繁。因此从系统论的关联性、结构性、时序性角度出发，必须使生态产品价值实现的制度相互关联，形成某种结构，使生态产品从产生到交易均有制度支持。

2. 中国的整体论

中国古代的传统文化思想虽然可以分为不同的流派，典型的如道家、儒家、墨家等，但在看待世界的视角上，基本上都秉持了一种“有机”的整体观念，集中体现在诸如“天人感应”“道法自然”等观点之中，也深刻影响了中国的传统文化。例如，在绘画艺术上，山水画是主流，山水画中人与山水融为一体，人并不是在自然中突兀的存在；在诗歌艺术上，山水、自然变化等往往是永恒的主题，体现出了人与自然的共存共情和共舞共生；在医疗文化上，中国传统医学强调人体是一个整体，对各种病症的诊治一般是基于人的整体，而不是针对某个器官。上述领域的有机整体观念，源于对人与自然界的看法。中国古人的基本观念是人与自然应该和谐相处，人的行为应该遵循自然规律，自然不是被征服的应然对象，人类应当顺应自然。同样地，人与自然是有机整体的观念是很多古代思想家的共同看法。

道家代表人物老子的《道德经》将人的行为与自然现象相比拟，体现了“道法自然”的理念，其认为最有道德的人类似于水，即“上善若水。水善利万物而不争，处众人之所恶，故几于道。居善地，心善渊，与善仁，言善信，正善治，事善能，动善时。夫唯不争，故无尤”[1]，世人如果能够像水一样就可以达到“上善”。老子的上述思想表明，人如果能够向自然学习，就可以达到至善的状态；整个国家的治理如果向自然学习，也可以达到善治的状态。

儒家学派把人与自然关系说得较为明确的是董仲舒。在罢黜百家，独尊儒术后，董仲舒的思想对后世影响巨大，成为中国古人看待人与自然关系的基本思路。董仲舒将自然与社会、政治、人生结合并解释说明，创立了包容万千的体系，即“天人感应”。这一体系由三个组成部分，分别是“天人相类”说和“人副天数”说、“阴阳五行”说、“祥瑞”说和“谴告”说[2]。董仲舒认为，天和人是一样的，人的行为来源于天，天是人类的祖先。这就是“天人相类”的学说。董仲舒所谓的“天”，实际就是大自然的代名词。既然“天人相类”，董仲舒进一步推导出“人副天数”，即人体的构成与自然的形态相类似。对于人与自然的类似之处，董仲舒认为人是天的副本，即：“天以终岁之数成人之身，故小节三百六十六，副日数也。大节十二分，副月数也。内有五藏，副五行数也。外有四肢，副四时数也。乍视乍瞑，副昼夜也。”[3]此外，董仲舒不仅认为人体与自然类似，更进一步认为人的行为也应该是天的副本。他指出：“人之血气，化天志而仁。人之德行，化天理而义。人之好恶，化天之暖清。人之喜怒，化天之寒暑。人之受命，化天之四时。人生有喜、怒、哀、乐之答，春秋冬夏之类也。……天之副在乎人，人之情性，有由天者矣。”[4]董仲舒的

1. 老子：《道德经》。
2. 俞荣根：《儒家思想通论》，商务印书馆 2018 年版，第 638 页。
3. 董仲舒：《春秋繁露・人副天数》。
4. 董仲舒：《春秋繁露・为人者天》。

"人副天数"思想，比老子的"道法自然"思想更进一步，认为人的所有行为不过是自然规律的副本。

从生态产品的角度而言，人类通过自身行为满足基本的生活需要，这种行为应该符合自然规律，人们理应敬畏自然、敬畏规律。既然人的行为应该符合自然规律，如果人违反了这些规律行为将会怎样呢？董仲舒创建了"祥瑞"说和"谴告"说，借此说服世人遵循"天意"。该学说的基本原理包括：如果人的行为符合天意，上天就会降下祥瑞加以证明和表彰，用百姓的话讲就是"瑞雪兆丰年"；反之，如果人的行为违背了天意，天会降下灾祸加以警示，用通俗的话讲就是如果人有恶行，则会"天打五雷轰"。因此，该学说用一句话概括就是"天人感应"。董仲舒指出："凡灾异之本，尽生于国家之失。国家之失乃始萌芽，而天出灾害以谴告之。谴告之而不知变，乃见怪异以惊骇之。惊骇之尚不知畏恐，其殃咎乃至。以此见天意之仁而不欲陷人也。"[1] 董仲舒的"天人感应"的学说，针对的原本是国家或帝王，但是这种学说经由后世发展，成了指导每一个中国人行为的重要思想渊源。

（二）制度体系构建的基本逻辑

实现生态产品价值的目的，是维护自然环境和生态系统，实现人与自然的和谐共处。这一目标的理论基础，从中国传统文化的角度来看，有"天人合一""天人感应""道法自然"等整体观念，在西方有"生态系统理论""系统协同理论"等系统论，这些理论共同指向了生

1. 董仲舒：《春秋繁露 · 必仁且智》。

态产品价值实现的目的。通过上述理论可以得到以下结论：

第一，人与自然和谐共处，而不应仅仅是征服自然和改造自然。生态系统给予人类社会价值难以衡量的服务，这些产品如果人工制造，不仅可能性极低，而且无法为全球人口提供生存的机会。人类社会只有通过制度创新，将生态系统提供的服务价值纳入现有的人类社会价格体系，实现生态产品的价值，这才是人与自然和谐相处的正确方式。

第二，人类不过是整个地球生态的组成部分，人类对生态系统的破坏和改变，最终可能导致整个生态系统的分崩离析。如果生态系统崩溃，人类社会也注定将消亡，人类依据其本性所追求的物质和精神的产品，以及它们带来的美好生活也将不复存在。基于此，从某种意义上讲，人类社会的所有物质产品都是基于生态系统提供的资源，实现被人类忽视的生态系统服务的价值，只是人类的产品价值体系的自我纠正和调适的过程，是人与自然之间更具体系化和系统性的协同表现。

第三，从系统论的角度而言，实现生态产品价值的需要由相互联系、相互支撑的制度体系构建；从制度变迁的角度来论，生态产品价值实现中很多制度具有创新性，部分新制度是移植的国外先进规则，另一部分是由企业家的创造或建构的，还有一部分是由政府推动的强制变迁，它们都必须嵌入原有的制度体系才能发挥作用；从博弈论的角度分析，新制度要嵌入旧的制度体系，一定会面临诸多障碍，只有通过不断博弈，新制度才能够带来帕累托最优，可以更多地节省交易成本，促使一些人的处境变好并至少没有使其他人的处境变坏，新制度才能拥有广泛的群众基础并最终确立。

就我国而言，生态产品价值实现还处于初步发展阶段，很多制度尚在探索之中。制度变迁理论认为以下四种情况出现时，政府可能成为解决问题的主体：一是较之私利的市场，政府的架构相对完善；二是具有大量的外部收益和现有产权；三是重组衍生的利益不可分割，但每个人貌似对该收益不感兴趣；四是总收益没有增加，而是在平等原则上将现有收益二次分配[1]。对于生态产品价值实现的制度安排，这四种情况都符合我国的现状和生态系统服务的内核。基于我国政府在经济活动中具备强有力的作用，所以制度的建立大多由政府推进，我国生态产品价值实现的制度由政府创新是一种可行的选择。虽然如此，我们还必须知道，政府的制度安排既可能产生正面效益，也可能带来负面影响，并不能保证是较优的选择，通过对国外制度和国内已有制度进行详尽分析和研究，至少可以提高政府制度高效优化的概率。

生态产品的价值实现涉及行为规则、制度、机制的变革。人类是服从规则的动物，人类对生态系统的影响的变化也来自行为规则的变化。因此，行为规则是生态产品价值实现的基础。为了实现某个目标，可以把人类的行为规则整合为制度，比如生态补偿制度就是由习惯等内在制度和法律规章等外在制度构成的规则集合。机制是机构与制度的组合，是人们为了某个目标形成组织，遵循制度的运作过程。制度是静态的，机制则更强调动态性和应对性。单一的静态的制度和动态的机制往往只能服务于较小的目标。由于生态产品价值实现涉及

1.［美］兰斯·戴维斯、［美］道格拉斯·诺思：《制度变迁与美国经济增长》，张志华译，上海格致出版社 2019 年版，第 25—27 页。

更广泛、更宏观的行为协同，必须形成大的整体性制度体系才可以达到这个目标。

（三）制度体系的基本构架

本研究一方面聚焦于生态产品价值实现的整体制度体系，把这个系统分为价格形成系统、市场交易系统、维护保障系统三个子系统，使研究具有整体性的宏观特征；另一方面聚焦于每个子系统中的具体制度和运作机制，使研究精细化和具有可操作性。因此，本研究的对象宏观上是生态产品价值实现的制度体系，微观上是生态产品价值实现的制度。

基于此，生态产品的价值实现必须依赖制度体系的形成。这个制度体系以经济活动得以顺利运转的生产过程和交易过程为基础，分别是以产权明晰为基础的价格形成系统，以市场价格为导引的市场交易系统，以政府之手为主导的维护保障系统。为了寻找较为有效的规则制度，每个系统的分析首先需要建立起其基本的运行原理，然后探寻国外较优的制度，研究现有制度之于新制度可能的阻碍，对正在进行的某些实验性的制度评估其效益，最终探索出适合我国国情的较优制度。

1. 价格形成系统

生态产品作为生态系统服务的产物，多数是大自然的产物。大自然给人类提供了两项服务：一是需要人类通过劳动把自然提供的资源进行开发改造，生产人类需要的产品，这一项服务被称为“资源服务”；二是自然提供的如大气层、水循环、碳循环、废弃物净化等，这种服务可以称为“生态服务”。由于生态服务不需要人类劳动，因此在此前很长时间，通常被认为是免费，并没有交易价格。但是，如果任由这种情况发生，基于外部性原理和“公地悲剧”的教训，生态系统就会被破坏，因此生态系统提供的生态服务将无法维持。人类社会必须创新制度建设，将生态产品的价值纳入现有的经济系统，让生态产品形成价格且能够被交易。如此，方能符合由人类有限理性决定的行为模式，改变人类行为所遵循的规则，从而达到生态系统服务永续发展的合理预期和效果。

生态产品价格形成需要有明晰的产权界定和对生态产品科学的价值评估。虽然生态产品多数是公共产品或者准公共产品，这些产品往往难以界定产权，这将要么导致交易成本过高难以实现交易，要么导致对生态系统维护的激励机制不足。然而，难以界定产权并不代表不能用创造财产权利的方式来实现交易。目前的排污权、碳排放权等就是被创造出来的可以交易的财产权利。这需要人类智慧设计更多的交易成本较低的产权制度来实现价格形成。生态产品的价值评估有很多方法，比如常规市场评估法、隐含或替代市场评估法、假想市场评估法等[1]，这些评估法都是科学的方法，但都不是完全的市场方法，与实践中形成的成交价格还有一定的距离。因此，如何把科学方法与市场价格形成结合起来，是一道制度难题。

2. 市场交易系统

所有产品的市场交易都依赖市场的运转，这也正是我国建立生态产品交易中心等有形市场的原因。当然，现实远比有形市场复杂。通常，市场是由某种物品或服务的买卖双方组成群体，买方群体决定产

1. 赵桂慎主编：《生态经济学》，化学工业出版社 2021 年版，第 239—242 页。

品的需求，卖方群体决定产品的供给[1]。因此，供给和需求构成市场运行的主要力量，进而形成供需均衡的市场法则。对于生态产品而言，对其的需要并不缺乏。如果需要不能转换为市场中的需求量，即买方没有意愿或没有能力购买一定数量的物品，市场就无法运转，进而催生了一项制度安排，即将人的需要转换为市场的需求。生态资源权益交易就属于类似的制度安排，例如碳排放权、碳汇权益、排污权等制度，人为创造了某类生态产品的市场需求。

在多数情况下，生态产品主要由生态系统提供。这不同于一般产品由某些厂商提供，生态系统提供的生态服务具有免费性质，导致该种服务无法转换为有效供给量，即愿意且能够出售的数量。免费的服务会导致对其的滥用，最终使得生态系统被破坏而无法为继。“生物圈 2 号”实验的失败[2]，表明在现有条件下，人类不能模拟出类似地球且可供人类长期生存的生态环境。出于可持续发展的考虑，需要设计制度将某些免费的优良生态系统服务转换成付费的供给，如此人们才会珍惜现有的生态系统。例如，以制度支持生态旅游和生态农业的发展、征收环境税（即庇古税）体现生态的价值等，就是将生态系统服务与生态衍生产品、生态支持产品链接起来的重要制度。

3. 维护保障系统

从纯粹经济学的角度而言，有了价格形成系统和市场交易系统，

1. [美] 格雷戈里 · 曼昆:《经济学原理：微观经济学分册》，梁小民、梁砾译，北京大学出版社 2015 年版，第 71 页。

2. 地球被称为“生物圈 1 号”，美国一些学者在 1984 年开始设计建造了模拟地球生态环境的“生物圈 2 号”。建造完成后，一些人进入“生物圈 2 号”生活，但不久不得不出来，“生物圈 2 号”实验失败。具体参见郭双生、孙金镖:《美国生物圈 2 号及其研究》,《中国航天》1996 年第 4 期。

生态产品的价值就可以实现。但是，生态产品的特殊性和相关制度的初创性，导致即使存在上述两个系统，生态产品的价值实现仍存在困难。这就需要维护保障制度系统发挥作用。维护保障系统一方面为价格形成系统和市场交易系统提供支撑，保障其能够顺利运转；另一方面则是以政府之力来加快制度变迁的过程，是政府作用于市场的抓手。

维护保障系统通常包括以下三个方面：第一，基础性维护制度。基础性维护机制主要是对生态产品价值实现过程中的价格形成系统和市场交易系统提供基础性的保障，进而化解潜在的纠纷。例如，建立生态环境损害赔偿的行政执法机制和司法诉讼机制，为生态产品价值实现提供金融服务的绿色金融机制，对生态产品的产权提供界定的行政机制和司法机制等。第二，促进性保障制度。此种机制主要是激励政府以创新的方式建立各种制度，并借此来实现生态产品的价值。例如，将生态产品总值指标纳入政府考核的范围，政府统筹相关制度供给的系统性等。第三，内生性诱发制度。如果人们对维护生态系统、保护生态环境没有足够的认识，没有将生态观念内化为个体行为应遵循的规则，生态产品价值实现的强制性制度变迁很难落实。一方面，内生性诱发制度能够诱使一些生态产品价值实现的规则自发出现；另一方面，也促使强制性变迁制度更好地内嵌到已有的制度之中。例如，企业、社会组织和个人的生态积分制度，对生态环境意识的教育制度等，都是典型的内生性诱发制度。

第三章
生态产品的价格形成系统：产权制度与价值评估的结合

价格形成有政治经济学和西方经济学的解释。在政治经济学中，价格由价值决定，理论基础是劳动价值理论。在西方经济学中，对微观消费者，主要是效用理论，包括总效用和边际效用。价格由供求决定，是市场出清的结果。[1]

如前文所述，在产品类型上，生态产品是公共产品。生态产品根据产权是否得到界定或者产权是公共还是私有，可以分为公共生态产品和私有化生态产品。产权得到较好界定或者私有化的生态产品，通过市场机制、市场交易，价格在市场机制中会自主形成。公共生态产品属于公共物品，公共物品具有非竞争性和非排他性，非排他性的存在是人们不愿意供给公共物品的原因，因为“搭便车”人们没有动力从事这项工作，也即欠缺激励，无法单纯用市场机制激励人们供给或保护。公共生态产品供给环节的问题使其无法形成供求关系，进而导致公共生态产品的价格形成存在困难，其价格无法单纯运用市场机制

---

1. 李世福：《世界价格理论研究成果综述》，《太原师范学院学报》（社会科学版）2007 年第 1 期。

形成市场价格。它们的价值实现依赖政府或者组织，其价格则需要通过价值评估形成。例如，通过生态保护补偿、生态环境损害赔偿进行保护的土壤、河流、森林等，只有对其进行评估后才能确定生态保护补偿或生态环境损害赔偿中的具体金额。

此外，公共生态产品具有特殊性，它的价格形成不能简单用市场交易的视角观之。生态修复、生态补偿、生态环境损害赔偿、环境保护等行为在一定程度上可以增加公共性生态产品的供给。这些行为的意义不只如此，还与生态产品的价格形成相关。给予生态修复企业土地使用权供其运营，附着在土地上的生态价值会反映在企业提供的服务价格上，这时生态价值与价格有了联系；出于恢复生态价值的需要进行生态补偿，请求侵权人赔偿其行为造成的生态环境损害，可以看作是生态产品价值在价格上的反映；个人或组织的生态环境保护行为主要是减少污染、增加供给，其投入是生态产品价值的一部分。总之，公共生态产品价格形成研究是要维护和实现生态产品的价值，探讨恰当的制度以形成反映其价值的价格。

一、生态产品价格形成制度系统的基本逻辑

价格调节供求，引导消费者和企业行为，使其在追求个人利益的同时增进社会利益。[1] 价格之于市场的作用可见一斑。在经济学发展

1.［美］达龙·阿西莫格鲁、戴维·莱布森、约翰·李斯特:《微观经济学》，温义飞译，中信出版社 2021 年版，第 187 页。

的过程中，产生了许多价格理论，但这些都是表象，这些价格理论都存在一个前提，以科斯、张五常为代表的新制度（产权）经济学派窥见了这个前提——产权。

（一）生态产品价格形成的基础制度：产权制度

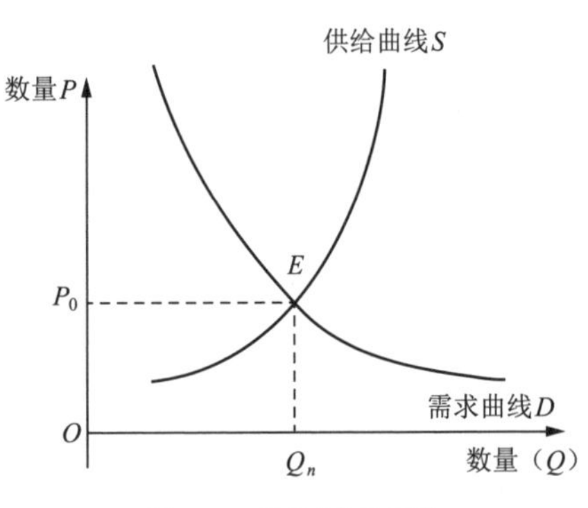

图 3-1　供给需求曲线

价格形成的理论中供求定价论和成本加成定价论是较为重要的理论，在学术界影响较大。供求定价论认为，市场上的买方和卖方会分别依据价格决定购买或供给商品、服务的数量，买卖双方的需求曲线和供给曲线均会因为买卖双方的数量或规模、买卖双方对未来的信心等因素向左或向右移动，但商品或服务的价格是决定需求或供给曲线沿着自身运动的唯一原因。需求曲线和供给曲线有一个交点被称为竞争均衡点，相应的交点价格被称为竞争均衡价格（见图 3-1）。[1]《关于

1.［美］达龙・阿西莫格鲁、戴维・莱布森、约翰・李斯特：《微观经济学》，温义飞译，中信出版社 2021 年版，第 70—96 页。

建立健全生态产品价值实现机制的意见》强调要“深化生态产品供给侧结构性改革”“激励各地提升生态产品供给能力和水平”“推进生态产品供给方与需求方、资源方与投资方高效对接”，[1] 这些论述的基点与供求决定论不无联系。

对生态产品而言，这一理论在适用上的困难在于如何确定供给方和需求方，特别是作为需求方的消费者。虽然通过供给侧改革可以改善生态支持产品和生态衍生产品的供给，但生态产品的消费者有时却难以确定。供给如果不能同需求直接相连，供给需求曲线就不适用，价格形成就成为问题。

成本加成定价论的观点亦有解释力，生产商不是慈善家，他们都在逐利，会在生产一件商品的成本及适当利润之上决定其售价，亏本的买卖极少发生。生态产品的研究者在谈及定价时，也有诸如此类的考虑。多年以前，有学者在论及我国土地、矿藏、森林、草原、水域等存储性自然资源价格时，认为这些自然资源价格低的原因是没有包含资源补偿价值和生态价值，只有劳动的耗费。[2] 有研究者对一些地区在水权转让过程中只考虑取水成本、节水工程建设成本等做法提出了批评意见。[3] 有学者认为我国目前水权价格整体水平偏低，大多数定价只考虑成本，鉴于存在不同类型的水权交易模式，提出了不同的定价机制以解决这些问题，同时期望这些机制是可供借鉴并能够推广

1. 中共中央办公厅、国务院办公厅：《关于建立健全生态产品价值实现机制的意见》（中办发〔2021〕24号）。
2. 张光文：《关于自然资源价格的形成及体系的探讨》，《现代经济探讨》2001年第6期。
3. 刘峰、段艳、邓艳：《我国水权交易价格形成机制研究》，《中国水利》2014年第20期。

的。[1] 以上这些批评或倡导都指向了“成本决定价格”的理论。

然而，这两种理论都建立在产权明晰基础之上的，如果产权不明，市场一定是混乱的，交易无法实现。在市场交易中，“价格是一个决定胜负的准则，而私有产权是决定这准则的游戏规则”[2]。

因此，生态产品价格形成的基础制度是产权制度。什么是产权？经济学所指的产权包括所有权、占有权、使用权、收入权和转让权。[3] 张五常提出，产权的出现存在两个条件，一是资源稀缺，二是人与人之间的竞争。[4] 生态产品是一种稀缺性资源，面对稀缺性的资源，人类会相互竞争，追求个人利益的最大化，因为这两种情况的存在，需要产权作为一种合约（规则）约束人的竞争行为。在明确产权的基础上，各种交易才有可能实现，价格也将随之形成，生态产品的价格形成亦是如此。有关产权制度是交易基础的观点也有文章阐明，“只有在产权制度确立后，明确了人们可交易物品权利的边界、类型及归属问题，而且能够被有关交易者乃至社会识别和承认，交易才能够顺利进行”[5]。同时，作为产权的基石，在价格形成和价值实现视域下，生态产品所有权的法律性质和权利归属，是生态产品法律属性的逻辑起点。目前学术界中关于生态产品产权的争议观点见表 3-1 所示。

---

1. 田贵良等：《多种水权交易模式下的价格形成机制研究》，《价格理论与实践》2018 年第 2 期。
2. 张五常：《经济解释》（卷一：科学说需求）中信出版社 2019 年版，第 109 页。
3. 同上书，第 155 页。
4. 同上。
5. 蒲志仲：《资源产权制度与价格机制关系研究》，《价格理论与实践》2006 年第 6 期。

表 3-1　生态产品所有权法律属性之争议观点

学　说	法律属性	代表观点
“公权说”或“行政权力说”	公权力或行政权力	生态产品所有权主体的全民性、客体的公共性决定了其公权力或行政权力属性，体现了国家主权对生态产品产权权属构成的决定性，更体现了公有制国家对国内事务的权力集中和国内资源的集中支配权。
“双阶构造说”	公权力与私权利	生态产品所有权蕴含着宪法所有权与民法所有权的双阶构造，在内容和效力上表现出双重性的权能结构，既具有私法性的权能，又具有公法性的权能。
“三层构造说”	公权力、私权利与义务	生态产品所有权包含三层结构：一是私法权能，与物权法上的所有权一致；二是公法权能，主要包括国家之于生态产品的立法权、管理权与收益分配权；三是宪法义务，国家代表人民的利益行使私法和公法的权能。

基于以上观点，可以看出生态产品的产权特征有：

第一，生态产品是一种稀缺资源。经济学中的“物品”一词含义非常之广，产品、商品、服务、空气等均是物品，它分为两类，经济物品和免费物品，经济物品的定义是多胜于少，免费物品的定义是有胜于无。[1] “‘多胜于少’是经济物品的定义，也是‘缺乏’的定义。”[2] “凡是人们愿意付出代价来争取多一点的物品，都是缺乏的、不足够的，那就是经济物品了。在市场上，消费要付出的代价就是价格。所以我们可以说，凡是有价格的物品都具有缺乏性，即使在共产主义社会，市场并不存在，也没有价格，但代价还是要付出的。所以我们又可以说：没有价格的物品也可能是经济物

1. 张五常：《经济解释》（卷一：科学说需求）中信出版社 2019 年版，第 101—103 页。
2. 同上书，第 103 页。

品，它们是缺乏的——既然缺乏（人们需要多一点），代价也就无可避免。”[1]

生态产品是作为一种经济物品存在的，因为是经济物品（eocnomic goods），所以也具有稀缺性。接近生态系统服务的生态产品可细分为几类：一是空气、土壤、水源等自然环境产品；二是湿地、森林等起着调节气候，维护生态环境作用的生态安全产品；三是资源开发权益和污染排放权益产品；四是可满足文化、旅游需求的景观产品，如风景名胜区。[2] 这个分类包括狭义的生态产品和生态支持产品与生态衍生产品。需要说明的是，狭义的生态产品这个概念虽然用了“产品”这个经济学术语，但与工业产品、农业产品并不相同。生态产品实质上是自然生态系统提供的具有一定产品功能属性的自然要素。生态产品是一种经济物品，却并不是真正的产品。

生态产品都具有稀缺性，即使狭义的生态产品也是如此。生态产品的稀缺性使其有了产权界定的需要和价格形成的基础。其一，空气、土壤、水源等自然环境产品。就空气而言，虽然没有价格，不需要购买，但当人们所处环境的空气变得污浊时，消费者自然就会产生对新鲜清洁的空气的需求。就土壤而言，《全国土地利用总体规划纲要（2006—2020 年）》中有一个目标——守住 18 亿亩耕地红线。[3] 就水源而言，张利平等人在 2008 年根据水利部全国第二次水资源评价

1. 张五常：《经济解释》（卷一：科学说需求）中信出版社 2019 年版，第 104 页。
2. 张林波等：《生态产品概念再定义及其内涵辨析》，《环境科学研究》2021 年第 3 期。
3.《全国土地利用总体规划纲要（2006—2020 年）》，2008 年 10 月 24 日，中国政府网，http://www.gov.cn/guoqing/2008-10/24/content_2875234.htm。

的结果指出，我国的水资源存在以下特点：人均占有率低，地区分布不均，污染严重等。[1] 此外，南水北调工程解决的就是我国水资源分布不均的问题。

其二，在湿地、森林等自然要素中，湿地具有水文功能、生物地球化学功能和生态功能。[2] 第二次全国湿地资源调查主要结果显示，全国湿地总面积 5360.26 万公顷，较第一次调查时减少了 339.63 万公顷。[3]《第三次全国国土调查主要数据公报》显示，湿地面积为 2346.93 万公顷。[4] "十四五"规划提出要将湿地保护率提高到 55%。[5] 森林提供产品、调节功能、文化功能和生命支持的功能。[6]2019 年我国的森林覆盖率为 23.2%，"十四五"规划提出要将森林覆盖率提高到 24.1%。[7] 正是因为人类对湿地、森林等有需求，才加强保护，而想要获得湿地、森林的这些服务，人类就要付出代价。

---

1. 张利平、夏军、胡志芳：《中国水资源状况与水资源安全问题分析》，《长江流域资源与环境》2009 年第 2 期。
2. 陈宜瑜、吕宪国：《湿地功能与湿地科学的研究方向》，《湿地科学》2003 年第 1 期。
3. 《第二次全国湿地资源调查主要结果（2009—2013 年）》，国家林业和草原局网站，https://www.forestry.gov.cn/main/65/content-758154.html。
4. 《第三次全国国土调查主要数据成果发布》，2021 年 8 月 26 日，人民网，http://politics.people.com.cn/n1/2021/0826/c1001-32209334.html。
5. 《中华人民共和国国民经济和社会发展第十四个五年规划和 2035 年远景目标纲要》，2021 年 3 月 13 日，中国政府网，http://www.gov.cn/xinwen/2021-03/13/content_5592681.htm。
6. 赵同谦等：《中国森林生态系统服务功能及其价值评价》，《自然资源学报》2004 年第 4 期。
7. 《中华人民共和国国民经济和社会发展第十四个五年规划和 2035 年远景目标纲要》，2021 年 3 月 13 日，中国政府网，http://www.gov.cn/xinwen/2021-03/13/content_5592681.htm。

其三，资源开发权益的稀缺性源于自然资源的稀缺。比较难以证明的是污染排放权益，但固定到各企业的排放配额，排污权交易和碳排放权交易的出现使这一权益变得稀缺。

其四，至于文化、旅游服务，如果不具有稀缺性，便没有开发旅游资源一说。总之，如果不是稀缺，如果不是“多胜于少”，我们就没有必要花那么大力气去预防大气污染，坚守耕地红线，发展水利设施，保护林地湿地，发掘自然资源，发展生态农业，开发旅游资源……在获取这些生态产品的过程中，我们或多或少都付出了代价。

第二，由于生态产品的稀缺性，人与人之间必然产生竞争行为。竞争指“一种经济物品有多于一人的需求”。[1] 这里的竞争不同于生态产品作为公共物品的非竞争性。公共物品的非竞争性是指某人对公共物品的消费并不影响其他人的供应。也就是在给定的生产水平下，为另一消费者提供这一物品所带来的边际成本为零。公共物品的非竞争性是从生产者的角度来说的，而这里的竞争是对优质生态产品的消费者竞争。有学者认为，竞争是人的一种特性，人只有不断地改造世界，创造自身需要的各种物品，才能继续生存和发展，为此人类必须不断适应客观世界，改变自己，可以说，竞争是人类的一种存在方式。[2] 老子云：“夫唯不争，故天下莫能与之争。”这也是对人与人之间存在竞争的阐释。老子所谓“不争”，不是放弃，而是要以协同

---

1. 张五常：《经济解释》（卷一：科学说需求）中信出版社 2019 年版，第 105 页。
2. 秦维红：《论竞争是人的本性》，《北京大学学报》（哲学社会科学版）2002 年第 5 期。

共存而立于不败之地。对生态产品的竞争有利于生态产品的价值实现，但这种竞争与合作并存，人们通过“不争”的合作实现对生态系统服务的维护。

第三，产权作为一种规则约束人的竞争行为。“在社会的经济竞争中，无论是法律、纪律或风俗，都是以有约束性的办法来界定人与人之间的权利。这种权利界定就是产权制度。”[1]“产权制度是竞争的游戏规则，也就是约束竞争的一种局限条件。”[2]张五常所说的产权制度既指明某人有什么权益，还表明某一经济物品的权益应当分配给谁，它是一种约束人与人之间竞争的规则。在这竞争无处不在的世界之中，法律就是游戏规则，虽然在法律之外，也有其他约束竞争的规则，但法律制度是所有约束竞争的规则中最为重要的规则。

在生态产品价格形成乃至价值实现的过程中，人与人之间免不了要进行各种交易行为，这时就需要一个约束交易的规则。科斯开创性地指出：“在零交易费用的情况下，资源配置不受法律规定影响的观点也表明：在正交易费用的情况下，法律在决定资源如何利用方面起着极为重要的作用。”[3]可见，人类生活在一个有交易费用的世界，在这个世界中，法律具有决定资源利用的重要作用。作为规则的法律制度设计得当，将成为节约交易费用的重要保障。法律明确生态产品的产权（各种权利、权利享有人和权利行使规则），基于产权的明确，

1. 张五常：《经济解释》（卷一：科学说需求）中信出版社 2019 年版，第 107 页。
2. 同上。
3. ［美］罗纳德・科斯：《企业、市场与法律》，陈昕编、盛洪、陈郁译，格致出版社 2014 年版，第 140 页。

权利人可以与他人从事各种交易，促成生态产品的价格形成和价值实现。

对于生态产品而言，有些生态产品能够界定产权，比如一些自然资源，森林、草原等，可以根据自身特点对其所有权、使用权、收益权等进行界定。有些生态产品则难以界定产权，比如清洁的空气、宜人的气候等。这些生态产品虽然无法界定产权，但依然可以运用创设其他财产权利的方式来形成价格，比如排污权、碳排放权等。因此，传统的产权理论依然可以适用于生态产品价格形成之中。

（二）生态产品定价的参考方法：价值评估

国内外学术界对生态产品的价值评估方法进行了广泛研究，形成不同的评估方法（具体方法见表 3-2）。在国外，对生态产品（生态系统服务）价值进行评估的研究由来已久，早在 1997 年，罗伯特·科斯坦萨（Robert Costanza）就对世界生态系统服务的价值进行了评估，该文认为整个生物圈的价值（其中大部分在市场之外）估计在每年 16 万亿—54 万亿美元的范围内，平均每年 33 万亿美元。[1] 这个数字是当年全世界全年收入的总和。[2] 该文也掀起一股相关领域的研究热潮。我国也有大量的类似研究，欧阳志云、赵同谦、王效科等人先后对我国的陆地生态系统服务经济价值、森林生态系统服务价值、陆地地表水生态系统服务价值、草地生态系统服务价值和水生态系统服务

1. Costanza R, d'Arge, Groot R, et al. *The value of the world's ecosystem services and natural capital*, Nature 387, 253(1997).
2. [美] 希尔:《生态价值链：在自然与市场中建构》胡颖廉译，中信出版社 2016 年版，第 136 页。

价值作了评估。[1]

表 3-2　生态产品定价方法

思　路	方　法	含　义
成本计算	成本法	生态建设（保护）成本与机会成本之和
生态服务价值评估	生态系统生产总值核算法	生态系统产品价值、调节服务价值与文化服务价值之和
	当量因子法	根据生态系统服务价值基础当量表计算生态系统服务价值
	能值法	计算出某一生态系统所包含的能值，利用当地能量利用与货币之间的转化关系计算生态系统的价值

国内学术界一般认为，对生态产品进行价值评估是其在市场交易中价值实现和价格形成的前提。王斌认为，实现生态产品的价值，需要对生态系统服务的功能进行评估，转化为经济价值。[2]黎元生认为，生态产品如需在市场上交易，就必须建立包括生态价值评估、生态产

1. 欧阳志云、王效科、苗鸿：《中国陆地生态系统服务功能及其生态经济价值的初步研究》，《生态学报》1999 年第 5 期；王效科、冯宗炜、欧阳志云：《中国森林生态系统的植物碳储量和碳密度研究》，《应用生态学报》2001 年第 1 期；赵同谦等：《中国陆地地表水生态系统服务功能及其生态经济价值评价》，《自然资源学报》2003 年第 4 期；赵同谦等：《中国草地生态系统服务功能间接价值评价》，《生态学报》2004 年第 6 期；欧阳志云等：《水生态服务功能分析及其间接价值评价》，《生态学报》2004 年第 10 期。也有学者对生态产品价值核算做了新探究，可见刘耕源等：《生态产品价值实现机制的理论基础：热力学，景感学，经济学与区块链》，《中国环境管理》2020 年第 5 期；佟玲玲等：《基于享乐价格——结构方程双模型的西宁城市湿地生态系统服务价值及影响因素研究》，《生态学报》2022 年第 11 期。
2. 王斌：《生态产品价值实现的理论基础与一般途径》，《太平洋学报》2019 年第 10 期。

权制度等在内的制度体系。[1] 王前进等人认为，评估生态系统服务价值可为生态补偿提供参考。[2] 李宏伟等人认为，价值核算是生态产品交易中价格形成、收益分配和生态补偿的依据。[3]《关于建立健全生态产品价值实现机制的意见》认为，价值评估的最后一步是要将它应用到生态保护补偿、生态环境损害赔偿、经营开发融资、生态资源权益交易等方面。由此可见，价值评估对于价值实现和价格形成具有基础性作用。

但是，生态产品的价值评估也有两大难点。其一，评估得出的价格不是一个市场价格。价格是经济学的概念。“价是一个消费者对某物品在边际上所愿意付出的最高代价。”[4] “市场价格反映的是商品对‘边际购买者’的价值，也就是商品对‘边际购买者’的有用性。”[5] 只要物品价格上涨，边际购买者就会放弃购买行为。经济学中的价格是通过市场交易实现的，价格如何形成的前置问题是市场如何形成，交易如何形成。“市场是指一群从事商品和服务交易的经济主体以及进行交易的规则和协议。”[6] 市场始于供需双方的交易，双方各取所需，

---

1. 黎元生：《生态产业化经营与生态产品价值实现》，《中国特色社会主义研究》2018 年第 4 期。
2. 王前进等：《生态补偿的经济学理论基础及中国的实践》，《林业经济》2019 年第 1 期。
3. 李宏伟、薄凡、崔莉：《生态产品价值实现机制的理论创新与实践探索》，《治理研究》2020 年第 4 期。
4. 张五常：《经济解释》（卷一：科学说需求），中信出版社 2019 年版，第 160 页。
5. ［美］希尔：《生态价值链：在自然与市场中建构》，胡颖廉译，中信出版社 2016 年版，第 126 页。
6. ［美］达龙·阿西莫格鲁、戴维·莱布森、约翰·李斯特：《微观经济学》，温义飞译，中信出版社 2021 年版，第 71 页。

在交易过程中，供需双方需按照一定的规则进行，这一交易一般体现为卖方提供商品或服务，买方支付一定数量的货币。生态产品交易还没有成熟的市场，没有市场价格进行参照。这导致生态产品价值评估的主观性很强，对同一产品用不同方法甚至用同一方法会评估出不同的价格，这使得生态产品的交易面临更多的阻碍。

其二，评估价格也难以体现生态产品的巨大价值。生态产品的价值丰富，单一的价格计算方式很难体现其全部价值。按照功能分类，不同的生态产品具有生态价值、经济价值和文化价值；按照时间分类，生态产品有短期价值和长期价值。就各类功能价值而言，我们可以利用诸如重置成本、旅行成本、模糊估价等非市场化的方法计算。例如，一片森林具有提供水源并维持生物多样性的生态价值，用于提供木材的经济价值，供人观赏的文化价值。我们可以计算修建一座水厂，种植等量的树木，修建一座公园所需要的成本，这一成本的货币价格就是重置这片森林的价格。就短期价值和长期价值而言，生态产品的价格既要反映它的当前价值，还要体现它的长远价值，但这非常困难。仍以森林举例，它不仅对当代人有巨大价值，对我们的后代也一样。如此一来，它的价值应该如何评估，如何把它未来的价值融入价格之中、使用年限多长适宜等问题都是非常棘手的。

总之，生态产品价值评估得出的价格存在缺陷，如果政府将评估后的价格应用至生态保护补偿、生态环境损害赔偿、经营开发融资、生态资源权益交易等方面，虽然操作性较强，但这个价格存在争议，不仅可能无法维持生态系统服务，还可能对公民权利造成损害。

二、国外生态产品价格形成的经验与启示

（一）国外生态产品价格形成的经验[1]

1. 卡茨基尔流域生态修复案例

卡茨基尔流域是纽约市的水源地，在 20 世纪 90 年代因为工业发展和农业用地增加导致该流域水质开始恶化。针对这一问题，官方认为应当建立水过滤系统，但费用高昂，约为 60 亿—80 亿美元；环保组织提出购买流域周边的土地，从源头解决问题，这一方案要花费 10 亿美元，但比起建造净水厂还是能省下不少钱。基于理性，购买土地的方案获得支持。从价值评估来看，官方运用了替代工程成本法计算出水净化系统的价格是 60 亿—80 亿美元，环保组织运用生境等价法计算出恢复生态功能的费用为 10 亿美元，同样是保障纽约市的水源供给，修复流域的方案显然更经济，也更利于保护和实现生态产品的价值。这一案例采取的是政府路径，由纽约市政府负担购买流域周边土地，补贴农民和牧民等费用，卡茨基尔流域水污染问题还存在可能的路径——市场路径。一是资产证券化，将流域保护做成证券，保护流域所节约的成本将使投资者获利。二是私营化，将流域保护工

1. 本部分案例主要参考自美国经济学家希尔的著书，详见［美］希尔：《生态价值链：在自然与市场中建构》，胡颖廉译，中信出版社 2016 年版。更多国外案例及经验，还可参考高晓龙等：《生态产品价值实现研究进展》，《生态学报》2020 年第 1 期；［美］戴利、埃利森：《新生态经济：使环境保护有利可图的探索》，郑晓光、刘晓生译，上海科技教育出版社 2005 年版；李忠等：《践行“两山”理论 建设美丽健康中国：生态产品价值实现问题研究》，中国市场出版社 2021 年版。

作全部交给一家私营公司运营，这家公司可用其经营流域所提供的各项生态产品向政府收费，这家公司还可以从资本市场募集资金用于流域保护。[1] 市场路径的方案是为政府纾解财政困境，还可以为供给水资源提供足够的经济激励，私营水公司为了能够从供给水产品中获利，就必须保障水的品质，比起建造净水设施，保护流域这一较为经济的方案会被它选择。

这个案例中，修复沿河生态这一生态支持产品的价格是通过生态衍生产品饮用水的价格、修复生态的成本以及与工业净水系统的成本的比较得出的。由于生态支持产品的价格较低，所以获得了市场的选择，同时饮用水的价格部分反映了生态产品的价值。

2. 非洲的生态旅游保护区制度

非洲的野生动物资源丰富，那里的一些国家除了以国家自然保护区的形式保护野生动物外，还有商业农场和狩猎区，经营商业农场和狩猎的公司将辖区内的自然资源加以保护供游客参观、游玩，从而获得收益。由于土地用作生态旅游的收入更高、更稳定，土地所有者也愿意将土地使用权转让给这些公司。以津巴布韦为例，研究表明，截至 1990 年，该国的商业农场和狩猎区的面积大于国家公园。将土地纳入国家公园、商业农场等范围，可能涉及征收或征用私人所有的土地，这时需要运用评估方法确定补偿金额，这一评估方法较为简单，只需计算土地保持原有用途的收益即可得出较为准确的补偿金额。这一价值实现模式可供动物、植物等生物多样性丰富、独特性高，但相

1. 比如，黄山、峨眉山采取的就是上市融资模式，参见周蓓：《公共旅游资源景区投资模式及其改革思路探讨》,《生产力研究》2011 年第 3 期。

对贫困的地区参考。发展生态旅游业有一点非常重要，经济组织的所有制结构影响自然资源保护的效果。如果土地所有者或管理者个人无法分享运营生态旅游业的收益，那么发展生态旅游业将会困难重重。保护生态系统的人要获得收益，这样才能激励他们做出保护行为。保护生态旅游资源的社会收益如果大于个人收益，则需要缩小个人收益与社会收益的差距，使个人获得收益就是缩小这一差距。

这一制度中生态产品的价格形成方式比较简单，直接评估所有者收益。这一制度能够施行的关键是有明晰的产权。

3. 美国的排污权设定制度

有些国家通过产权界定形成交易市场，在交易市场形成生态产品的价格。排放二氧化硫、二氧化碳等温室气体对大气有害。为解决大气污染问题，美国率先建立二氧化硫排放权交易制度，由监管部门设定排放总量，并将一部分排放许可证配发给企业，没有获得许可证的企业不得排放二氧化硫，并且这一许可证可在特定的交易场所交易。这是在运用科斯的产权思路解决温室气体排放问题，这一举措在没有产权的领域确定了产权，监管部门将排放许可证给一部分企业而不是全部企业，势必会造成排放许可证供不应求的景象，有排放需求但没有许可证的企业会想办法减少温室气体的排放，或者购买许可证，这便能形成供需交易市场，有许可证的企业由于许可证可带来盈利，进而可能提高清洁生产能力，将许可证用以售卖获利。由此我们看到产权制度的神奇功效。排污权交易制度对于我国并不陌生，交易场所已在多地建立起来，但比起实际的交易场所，更重要的是形成一个供需均衡的交易市场。

通过许可证等方式形成某种权益，然后基于权益的稀缺性形成交易市场，在市场交易中形成生态产品的价格，生态产品的价格可以应用到其他交易中，比如生态损害赔偿、补偿等，这比起评估形成的生态产品价格更没有争议，更容易让人接受。

4. 公众参与制度

美国、英国、巴西、澳大利亚、加拿大、日本各国，通常采取自下而上的激励治理模式，值得我们借鉴（见表 3-3）。

表面上看生态产品价值实现的公众参与制度与价格形成没有关系，但事实绝非如此。由于生态产品的公共物品的性质，公众的参与一方面会直接影响到生态产品的价格，在生态产品的价值评估中，公众通过建议和意见的方式影响评估的价格；另一方面，通过参与提高了公民的生态意识，激发公民对生态产品的需求增加，从而间接影响到生态产品的价格。

（二）生态产品价格形成外国经验的启示

以上案例表明，生态产品的供给存在外部性问题，供给的困难自然引发价格形成困难。外部性是行为的私人成本与社会成本之间存在差异，使一个行为呈现正外部性或负外部性，负外部性这类“损人利己”的行为需要制度加以解决。卡茨基尔流域排污的私人成本远远小于污染所引发的社会成本；生态旅游可以保护生态资源，保护生态资源的社会收益显然大于私人收益；排放温室气体的私人成本也远远小于社会成本。为解决外部性问题，制度需要做的是让私人成本与社会成本、私人收益与社会收益尽量相等。为此，庇古的做法是税收或补贴，科斯的观点是明晰产权，这两种做法在以上案例中都有运用，比如补贴卡茨基尔流域的农民或牧民，确定二氧化硫的产权，这是用补贴或产权进行的激励。此外，修复流域和建立生态旅游区还涉及土地征收，其价格需要一定的评估方法确定，价值评估的功用不单是在生态补偿、生态修复等确定生态产品价格时起到作用，它还可以影响政策落地。因此，建立价值评估和激励制度是外国经验给我们的主要启示。

1. 价值评估可以影响决策行为

对生态产品的价值进行评估有助于使决策者认识到生态产品的价值可能远超我们的想象，从而影响个人、企业和政府的行为或决策。在卡茨基尔流域修复案例中，两种方案的目的只有一个——保障水源供给，既然做好保护即可，何须耗费更大财力修建净水厂，因此，纽约市政府选择了生态修复，这个案例首先因为当局发现了流域的巨大生态价值，其经济价值不只是提供水源，还在于节约财政资金，进而影响了当局的决策。埃里克·戈麦斯·巴格图恩（Erik Gómez-Baggethun）等在研究结论中指出，货币估值有助于使生态系统服务得到政策支持。[1] 一篇关于英国土地利用的文章将生态系统服务纳入经济决策的考量当中（因为生态系统服务功能恶化）。该研究表明，仅考虑市场价格的土地利用决策会降低全国范围内农业和可货币化的生态系统服务价值的总和。[2] 国内也有学者有此认识，李忠就在其著作中提出“突出价值核算的决策应用功能”，而且这一步在完善核算体

1. E Gómez-Baggethun, Groot R D, Lomas P L, et al., *The history of ecosystem services in economic theory and practice: From early notions to markets and payment schemes*, 6 Ecological Economics 69, 1216(2010).
2. Bateman I J, Harwood A R, Mace G M, et al., *Bringing Ecosystem Services into Economic Decision-Making: Land Use in the United Kingdom*, 5 Science 341, 48(2013).

系之后。[1] 在价值评估完成之后，重要的是影响决策，对生态产品价值的评估结果需要体现在个人、企业和政府的行为或决策中，方能发挥保护绿水青山，实现生态价值的作用。

2. 激励机制是价格形成的关键

许多国家在生态产品价格形成方面形成了一些激励机制，主要激励模式见表 3-3：

表 3-3　部分国家激励路径与模式选择

国　家	激励内容	激励途径	具体方式
美国	参与规划决策和管理运营，对被采纳的环评草案和环评方案予以奖励	政府信息公开且公开听证会信息	建立伙伴关系、成立咨询委员会
英国	参与决策并取得委员资格	公众研讨会	成立信托机构和国家公园委员会
巴西	保护地的确定、保护地管理计划、特许经营计划	公众有偿协商	成立理事会并与非政府组织共同管理
澳大利亚	保护地设立、管理计划制定	通知、咨询、协商	作为公园之友共同管理并建立伙伴关系
加拿大	授权拟定保护地的经营管理计划	讲习班、调查表、意见听取会、研讨会	成立咨询委员会
日本	嘉奖参与自然保护地管理和环境影响评估的社会主体	发起运动、信息传播会议、书面评论	成为合作伙伴并有偿服务

生态产品价格形成在国外主要是以市场形成的方式进行，这种形成方式的前提是存在生态产品的供给与需求的市场。激励机制正是市

1. 李忠等：《践行“两山”理论　建设美丽健康中国：生态产品价值实现问题研究》，中国市场出版社 2021 年版，第 25—28 页。

场形成的关键，也成为生态产品价格形成的关键。对于价格形成，税收或补贴是一种直接激励，产权是一种间接激励，直接激励可直接促成生态产品形成一个合理价格，而间接激励则需要一定的反应过程才能形成合理价格。比如，对供水征收将用作水源保护的污水处理费用，那么水的价格将会提高，这一价格的形成机理明显；如果将供水的权利交由私营企业经营，出于盈利需要，企业同样需要保护水源，这一成本将反映在它提供的水产品价格上。可见，直接和间接的激励都有助于生态产品的价格形成。

激励机制既包括纯粹的政府购买生态产品，这是用激励机制促使个人产出优质的生态产品，也包括让保护生态系统成为一项有利可图的事业。国外实践表明，用激励机制引导人们的行为，有助于绿水青山向金山银山转变，并能够产生巨大的生态效益和经济效益。激励机制的典型例子就是生态补偿，这一做法就是把因人类行为外部化产生的环境问题，通过物质激励改变人的行为，以期获得优质的生态产品。在生态旅游案例中，如果旅游区当地的居民无法获得收益或分享旅游带来的收益，社会收益可能难以得到保障，因为私人缺乏保护自然资源的动力，进而可能出现破坏自然资源的现象。1967 年源于纳米比亚的法律规则——个人有权获得途经其土地上的迁徙动物之规定[1]，表明人们此前一贯的做法可能是猎杀途经他们土地的野生动物。由于生态旅游业的出现，野生动物具有了经济价值，这一规定可以促进土地所有者将捕获的动物卖给旅游企业。在

1. [美] 希尔:《生态价值链：在自然与市场中建构》，胡颖廉译，中信出版社 2016 年版，第 70 页。

有关生态补偿的研究中，伊恩·贝特曼（Ian Bateman）等在文章中提到，要使英国农民因提供广泛的生态系统服务而获得奖励。[1]凯尔西·杰克（Kelsey Jack）等撰文指出了以往基于奖励机制的生态补偿制度中有哪些可供借鉴的经验，还指出，激励机制通过改变个人面对的经济激励来解决外部性问题，同时允许个人决定是否改变其行为以及在多大程度上改变其行为，税收、补贴、交易许可证等均是激励机制。[2]

激励机制源于对个人自私的假定。个人会争取其利益的最大化，经济学基于自私的假定演变出了“看不见的手”，它通过推断人的行为来解释现象。自私这个假定本身不重要，重要的是它能够解释很多现象。理解了现象缘何发生，我们能够得出解决问题的办法。国际著名生态学家格雷琴·戴利在其著作中指出：“从某种意义上说，人类也许必须把环境当作自己最宝贵的财产，不仅是精神意义上的，而且是实实在在的商业意义的。”[3]这正是从人类会追求个人利益这一观点出发而得出的论断。陈云于1961年下乡调研后提出把猪分给农民私养，只因他发现农民自家的猪的生活环境和伙食都要比公社的猪好。[4]纯粹的道德和生硬的法律的约束力有限，如何发挥制度的最大效用，

1. Bateman I J, Harwood A R, Mace G M, et al. *Bringing Ecosystem Services into Economic Decision-Making: Land Use in the United Kingdom*, 5 Science 341, 49(2013).
2. Jack B K, Kousky C, Sims K R E, *Designing payments for ecosystem services: Lessons from previous experience with incentive-based mechanisms*, 28 Proceedings of the National Academy of Sciences of the United States of America 105, 9465(2008).
3. ［美］戴利、埃利森：《新生态经济：使环境保护有利可图的探索》，郑晓光、刘晓生译，上海科技教育出版社2005年版，第62页。
4. 《老一辈革命家如何搞调查研究》，2019年4月1日，求是网，http://www.qstheory.cn/dukan/qs/2019-04/01/c_1124302907.htm。

须以理性人的“自私基因”作为激励措施的出发点，引导公众在追求私利的同时增进社会利益。

三、生态产品价格形成的制度阻碍分析

制度，或者说规则广泛存在于社会中，为人们所遵守并作为行为准则的可称为行为规则，为人们所倡导但没有变成行为准则的可称为文本规则，两者之间有很大的鸿沟，文本规则若要转化为行为规则需要反复的社会实践。“绿水青山就是金山银山”就是为人们所倡导但尚未转化为行为规则的文本规则。探究生态产品价格形成是要让其价格尽量体现其价值，维护生态产品的生态价值，在生态环境允许的情况下发掘生态产品的经济价值。目前的制度安排无法实现这一目标，因而需要做出改变，需要我们发掘现有制度中的阻碍因素，创新制度形式，为这一目标的实现扫清制度障碍，努力促成文本规则向行为规则转变。

为更好地分析制度，本研究对制度阻碍的分析主要集中于生态产品价值实现的外围制度，对生态产品价值实现的主要制度的分析则在制度评估中进行。价格形成、市场交易和维护保障三个制度系统均是这样分析。但由于外围制度和主要制度的区分有时比较困难，难免出现一些争议。

（一）生态产品的政府定价制度的局限

我国的自然资源为国家所有，一些资源的价格形成方式沿袭了计

划经济时代的做法，即政府定价，这里以水资源为例进行说明。

水资源是典型的生态产品，我国对水资源价格的研究较为丰富。21 世纪初，学术界对建立水权市场的呼声很高，[1]2014 年 7 月我国开始试点水权交易，统一的水权交易所业已成立。虽然水权交易得以实现，但有研究者认为水权价格存在问题。张凯认为我国的农业水价偏低，他还认为水价认知存在偏差和水价结构不合理。[2]田贵良等也认为我国的水权价格整体偏低，水权定价大多停留在成本层面。[3]根据《城镇供水价格管理办法》，城镇供水价格原则上由政府定价，计价方法为准许成本加合理收益。水资源作为一种公共产品主要由政府供给，似乎理应由政府定价，但我国在定价时出于民生需要，考虑更多的是成本，而没有突出其生态价值。如果政府定价不合理，便无法得到水资源的合理价格。

城镇供水是供水企业与需求方直接对接，在这一步骤之前还有水权交易。[4]我国目前存在三类水权交易，区域水权、取水权和灌溉用水。中国水权交易所的交易信息显示，截至 2022 年 1 月，灌溉用水户水权交易项目最多，为 1937 个，取水权交易项目为 219 个，区域

---

1. 可参见汪恕诚：《水权和水市场——谈实现水资源优化配置的经济手段》，《中国水利》2000 年第 11 期；胡继连等：《我国的水权市场构建问题研究》，《山东社会科学》2002 年第 2 期；张维、胡继连：《水权市场的构建与运作体系研究》，《山东农业大学学报》（社会科学版）2002 年第 1 期。
2. 张凯：《市场导向下不同水权交易模式价格形成机制研究》，《水资源开发与管理》2021 年第 4 期。
3. 田贵良等：《多种水权交易模式下的价格形成机制研究》，《价格理论与实践》2018 年第 2 期。
4. 在我国，由于水资源属于国家所有，因而有学者认为水权仅指对水资源的使用权。参见张维、胡继连：《水权市场的构建与运作体系研究》，《山东农业大学学报》（社会科学版）2002 年第 1 期。

水权交易项目最少，仅为 12 个。[1] 对城镇供水有影响的是取水权交易和区域水权交易，然而在取水权交易中，取水权人之间仅可交易其节约下来的水资源，[2] 区域水权交易是县级以上地方人民政府或者其授权的部门、单位之间对分配到的结余水资源的交易，这两种前置交易本可能因交易而影响处于后置地位的城镇供水价格，但由于城镇供水价格由政府定价，这一价格连锁反应机制不能产生效果。灌溉用水交易代表的是农业水价，它是灌区内部用水户或者用水组织之间进行的交易，所交易的是政府主管部门授予一定额度的用水权益，这相当于将灌区农业用水进行了产权确认，可交易的用水权益有利于提高水资源利用效率。农业水价实行分级价格制度，大中型灌区骨干工程农业水价原则上由政府定价，大中型灌区末级渠系和小型灌区农业水价，可实行政府定价，也可实行协商定价。[3] 此外，这三类水权交易的对象分别为结余水资源、节约水资源和用水权益，这种交易更多的是在鼓励节约用水。

由此可见，我国虽有取水权交易和区域水权交易，但它们并不会影响城镇供水价格，定价为政府所掌控，农业水价也基本以政府定价为主，水权交易所可能带来的价格形成效果几乎没有，市场中的竞争机制对水资源的价格形成没有起到任何作用，以生产水资源成本为主要考虑的定价机制对于缩小个人成本与社会成本之间的差距也没有帮

---

1. 中国水权交易所交易信息，中国水权交易所网站，https://www.cwex.org.cn/publiccms/webfile/gkcjInfo/index.html。
2. 参见《水权交易管理办法》第三章取水权交易。
3. 参见《国务院办公厅关于推进农业水价综合改革的意见》（国办发〔2016〕2 号）。

助，这是当前水资源价格形成的一大问题。[1]

除了水资源外，风景名胜区、自然保护区、国家公园与生态产品的保护和供给息息相关，管理体制为国有的景区价格一般也为政府定价。政府定价制度是典型的计划经济的做法，这种做法难以反映生态产品的价值。对于政府而言，基于管制的需要，很容易采用这种定价方式，这成了生态产品价格形成的重要制度阻碍。

（二）价格形成的治理体制的局限

我国是自上而下的治理模式，由党和政府推动社会各项事业的开展，这种治理模式在上下级政府的关系上表现为上级将人事任免、考核管理的权力归集于手中，下级则负责管理辖区内的治安、就业、经济等具体事项，学术界将其表述为逐级代理制。[2] 如此，官员是上级的代理人，官员需要做到并做好对上级负责。党的十八大以来，生态事业被放置在前所未有的地位，十八届三中全会提出探索编制自然资源资产负债表，对领导干部实行自然资源资产离任审计，于是生态环境、环境保护事业成了地方政府的一个重点工作方向。在这种体制下，如果上级的考核设置不到位，下层的官员便不会有动力从事保护生态环境、供给优质生态产品等工作。在生态产品价格形

1. 解决问题的措施学界多有论述，比如将基准价格引入水权交易，参见田贵良：《治水新思路下用水权交易的基准价格研究》，《价格理论与实践》2022 年第 1 期。又如基于水费承受能力确定灌溉用水交易价格，参见陈艳萍、朱瑾：《基于水费承受能力的水权交易价格管制区间——以灌溉用水户水权交易为例》，《资源科学》2021 年第 8 期。
2. 周雪光：《权威体制与有效治理：当代中国国家治理的制度逻辑》，《开放时代》2011 年第 10 期。

成过程中，如果有定价权的政府对政府定价、政府指导价的生态产品设计的价格不适当，合理价格便无法形成；作为生态产品所有权人的政府，如果其在产权设计、制度安排上不适当，合理价格也难以形成；作为政策制定，官员升迁考核的上级政府，如果制定的政策，考核方式不适当，生态产品的价格形成所需的其他要件也无从获得。

四、生态产品价格形成的现有制度评估

分析了生态产品价格形成的外围制度阻碍后，下面分析生态产品价格形成的主要制度。分析围绕制度规范的内容和制度的运行状况两个方面展开。由于生态产品价格形成涉及很多制度，分析以主要制度为对象。主要制度分为两类，一是关键制度，二是一般制度。生态产品价值评估制度是生态产品价格形成的关键制度，是生态产品价格形成的核心，没有了关键制度，生态产品价格形成就面临极大困难。对生态产品市场交易制度和生态产品维护保障制度的分析也遵循这个思路。

“经济学是以推断人的行为解释现象的科学。”[1] 运用经济学的视角研究规则，是研究在某种规则设计下，人会如何选择，作出何种行为。这种规则设计下，人的选择是否符合立法的初衷。国内学术界对制度障碍有较多研究，李宏伟等指出，要健全自然资源产权制度，对

1. 张五常：《经济解释》（卷一：科学说需求），中信出版社 2019 年版，第 93 页。

生态产品的供给要强化激励措施。[1]曾贤刚认为，对于能够界定产权的生态产品，将其变成私人产品，通过市场供给即可。排污权交易、水权交易、碳汇交易和林权制度即属于这一类。[2]孙庆刚等认为，保护与发展可以共同实现，加强生态涵养区与城镇的联系，完善基础设施，提高开放程度，可以激励生态涵养区的民众提供优质的生态产品。[3]李宏伟和曾贤刚的文章均是从产权入手解决生态产品价值实现和供给问题，孙庆刚提出的是使个人有所收益，通过拉平社会收益与个人收益保障优质生态产品的供给，这些观点与上文的国外经验启示是一致的。通过国外经验得知，用经济学的方法研究生态产品价格形成相关的规则，有三点比较重要，一是价值评估制度，这是价格形成的关键制度；二是产权制度；三是价格形成的影响制度。本研究将从这三点出发，评估生态产品价格形成的现有制度。

（一）生态产品价格形成的关键制度

一般而言，除非出现极端自然灾害，生态系统不会自我毁灭，生态系统问题都是由人类活动造成的。环境影响评估制度就是将人类活动（规划和建设项目）对环境可能造成的影响进行评价，它与生态产品价值评估有些类似，环境影响评价制度在我国施行有近二十年。2002年制定的《环境影响评价法》规定有规划和建设项目的环境影

1. 李宏伟、薄凡、崔莉：《生态产品价值实现机制的理论创新与实践探索》，《治理研究》2020年第4期。
2. 曾贤刚、虞慧怡、谢芳：《生态产品的概念、分类及其市场化供给机制》，《中国人口·资源与环境》2014年第7期。
3. 孙庆刚、郭菊娥、安尼瓦尔·阿木提：《生态产品供求机理一般性分析——兼论生态涵养区"富绿"同步的路径》，《中国人口·资源与环境》2015年第3期。

响评价两类，这两类的环评报告书均需包括它们对环境可能造成的影响。针对规划的环评报告书，法律规定设区的市级以上人民政府或者省级以上人民政府有关部门在审批专项规划草案时，应当将环评结论及审查意见作为决策的重要依据，如未采纳该意见，须作出说明；建设项目的环评报告书中还要包括经济损益分析。[1]可以说，立法对于开发利用规划与建设项目之于生态环境的影响早有考虑。环评报告中的经济损益分析可以看作生态价值评估的雏形，但与生态产品价值实现需要的价值评估还有一段距离。

此后，我国有了生态系统生产总值（GEP）指标。GEP 指标可全面反映生态系统为人类提供的生态系统产品价值、生态调节服务价值和生态文化服务价值。[2]十八大报告提出，要把资源消耗、环境损害、生态效益纳入经济社会发展评价体系。2013 年中国首个生态系统生产总值（GEP）项目在内蒙古库布齐沙漠实施。[3]海南省于 2021 年 9 月公布海南热带雨林国家公园体制试点区生态系统生产总值（GEP）核算成果，并编制有《海南热带雨林国家公园体制试点区生态系统生产总值（GEP）核算技术方案》。[4]浙江省编制了《生态系统生产总值（GEP）核算技术规范　陆域生态系统》（DB33/T 2274-2020）。丽水

1.《环境影响评价法》2002 年版与最新版法律条文在这些内容上没有变化。专项规划涵盖工业、农业、畜牧业、林业、能源、水利、交通、城市建设、旅游、自然资源开发。

2. 欧阳志云等：《生态系统生产总值核算：概念、核算方法与案例研究》，《生态学报》2013 年第 21 期。

3.《中国首个生态系统生产总值（GEP）项目启动》，2013 年 2 月 26 日，今日中国网，http://www.chinatoday.com.cn/ctchinese/news/article/2013-02/26/content_520224.htm。

4.《海南热带雨林国家公园体制试点区生态系统生产总值（GEP）核算成果新闻发布会》，2021 年 9 月 26 日，海南省人民政府网，https://www.hainan.gov.cn/hainan/szfxwfbh/202109/41224c3e80e54e599495d90aea896ba3.shtml。

市制定出台全国首个山区市生态产品价值核算技术办法，编制发布全国首份《生态产品价值核算指南》（DB3311/ T139-2020）。丽水市将GEP指标应用在三个方面，一是将其纳入国民经济和社会发展规划，作为发展目标；二是将其纳入领导干部考核办法中，压实领导干部的责任；三是将其融入财政、金融政策，激活经济价值和金融属性。[1]深圳市于2014年以盐田区为试点，在国内率先开展城市GEP核算，2021年公布了《深圳市2020年度生态系统生产总值（GEP）核算报告》。[2]深圳市2021年6月修订的《深圳经济特区生态环境保护条例》规定，将该指标作为生态文明建设目标考核、生态保护补偿等的重要依据，所有的这些努力都是为了不以损害环境为代价发展经济。

分析我国自然资源部发布的四批典型案例可以看到，一方面，在政府为主导型路径下，对生态产品的价值设定主要采取市场价值法、费用成本法、生境等价法、替代工程费用成本法、影子价格法、工作机会成本法、旅行费用法、享乐价值法、条件价值法、支付意愿法等。另一方面，在市场经济主导型路径下，对生态产品的价格设定主要有两类方法：一是经济价值换算法，即将传统的经济价值计量方式和系统，作为与生态产品交换价值的计量依据，其弊端是无法突出生态产品的服务性和社会性，其价值被低估的概率较大；二是协商议价法，这种办法需要依赖于某一行业基准或交易惯例，并以其为生态价格核算结果的参照依据，方能发挥减少交易成本的功效。目前，比较典型的是类似于“基准地价”模式，但其易受主观判断和动态调整的

1. 高世楫、俞敏：《GEP核算是基础，应用是关键》，《学习时报》2021年9月29日，第7版。
2.《深圳在全国率先建立GEP核算制度体系》，2021年10月18日，深圳市政府网，http://www.sz.gov.cn/cn/xxgk/zfxxgj/zwdt/content/post_9263005.html。

人为因素影响，客观性和公正性有赖于监管部门和保障制度的介入。此外，另一种较为通用的估值模式是将市场作为参数，可以划分为直接市场法、替代市场法、虚拟市场法三大类，每一大类又细分为多种方法（见表 3-4）。

表 3-4　生态产品价格核算方法

类　型	说　明	核算方法
直接市场方法	利用市场价格对生态系统服务的现状及其变化进行直接评价	市场价值法
	以生态系统服务的消费者支出的费用来衡量生态服务价值	费用支出法
	根据保护与恢复某些生态功能所需费用来核算生态产品价值	生境等价法
替代市场方法	通过人造系统替代生态系统服务所产生的成本估算生态产品价值	替代工程成本法
	用假设实际效果相近的项目价值来估算生态产品价值	影子价格法
	在其他条件相同时，按照把一定资源获得某种收入时放弃的另一种收入来估算生态产品价值	机会成本法
	通过人们的旅游消费行为对生态系统服务内在价值进行评估	旅行费用法
	以人们为相关产品支付的意愿评估生态服务价值	享乐价值法
虚拟市场方法	以被调查者在假设性市场里的经济行为得到的消费者支付意愿进行生态产品估算	条件价值法
	以消费者对不同的服务情景的支付意愿来估算生态产品价值	支付意愿法

环境影响评价和 GEP 一方面可以为相关决策提供依据，另一方面也可以为生态产品的价格提供参考，是我国两项比较重要的生态产

品价格形成制度。然而，不少环境影响评价流于形式，GEP 还没有成为全国通行的核算方式，对生态产品价格形成作用有限。

（二）生态产品价格形成的一般制度

1. 生态产品的产权制度

如上文所述，产权规则对于价格形成是一种间接激励。在有交易费用的世界，法律对将权利界定给谁有着重要作用，生态产品的产权规则首先是界定所有权属于谁，即权利的初始分配问题，使用权、收入权和转让权是在初始分配之后的问题。

狭义的生态产品是生态系统服务，是自然要素。从人类的角度，自然具有的物质是一种资源，被称为自然资源；生态环境提供的舒适生活也是一种资源，被称作生态资源。从生态系统的角度，自然资源和生态资源均是生态系统的组成部分，均是生态系统服务功能发挥作用的关键因子。为两者确立产权，成为生态产品价格形成的基础。对自然资源的产权我国早就形成。对生态资源，则通过设定新型权利的方式来形成“可交易环境容量”的产权模式。[1]

我国的法律已完成一些自然资源产权的初始分配。在我国，野生动物资源、水资源、森林资源、草原、土地均属于国家所有或集体所有。[2] 2019 年五部门印发《自然资源统一确权登记暂行办法》，这份文件仍是服务于进一步确定自然资源的所有权人，将生态资源确定给各级政府和集体，对所有权之外其他产权权利没有提及。根据《自然

1. 王新波：《环境容量产权解释》，首都经济贸易大学出版社 2010 年版，第 75 页。
2. 水资源、森林资源、草原均属于生态产品，森林还关系到大气质量，它们的质量关系到人们在享受这些产品时能否获得优质的体验。

资源统一确权登记暂行办法》，自然资源包括水流、森林、山岭、草原、荒地、滩涂、海域、无居民海岛以及探明储量的矿产资源等。[1]法律对森林、草原的承包权、经营权，矿产资源探矿权、采矿权，荒山、荒沟、荒丘、荒滩等农村土地的承包权、经营权作了规定，这些自然资源的经营权在法律规定的条件下，还可以进行转让。[2]在水资源方面，《水法》规定直接从江河、湖泊或者地下取用水资源，需要行政主管部门的许可，以此赋予单位和个人取水权。2016年水利部制定《水权交易管理暂行办法》，用以实现水资源使用权在地区间、流域间、流域上下游、行业间、用水户间流转。[3]这符合张五常的论断，转让权是合约的关键，转让的内容是这些自然资源的使用权和收入权。[4]资产四权——所有权、使用权、收入权和转让权[5]均已明确了其产权主体，明确的产权和转让权的存在将促进生产效率的提升。

使用权在生态修复中也有了应用。国务院办公厅发布的《关于鼓励和支持社会资本参与生态保护修复的意见》旨在利用社会力量参与生态修复工程，使受损害的自然、农田、矿山、海洋恢复生态功能，同时承诺给予社会主体一定利益——一定期限的土地使用权。这一模式是将需要生态修复地区的使用权、收入权分配给参与生态修复的企业，在增加生态产品供给的同时，社会资本的运营将使享受这些生态

1.《五部门印发〈自然资源统一确权登记暂行办法〉》，2019年7月23日，中国政府网，http://www.gov.cn/xinwen/2019-07/23/content_5413117.htm。

2. 参见《森林法》第十六、十七条，《草原法》第十三、十五条，《矿产资源法》第六条，《农村土地承包法》第三、九条。

3.《水利部关于印发〈水权交易管理暂行办法〉的通知》，2016年5月22日，中国政府网，http://www.gov.cn/zhengce/2016-05/22/content_5075679.htm。

4. 张五常：《经济解释》(卷四：制度的选择)，中信出版社2019年版，第158—159页。

5. 同上书，第155页。

服务的民众付出必要的费用，如此一来，生态产品的价值得以实现，价格在其中形成。秦颖等学者指出，不同地区生态产品购买能力参差不齐，财政政策存在覆盖面狭隘和执行滞后的问题，为了使每个人都能享有优质的公共性生态产品，PPP 模式成为最佳选择。[1]李繁荣、戎爱萍等认为运用 PPP 模式供给公共产品可以节约公共支出，发挥政府和市场各自的优势。[2]实践也表明社会资本在生态修复中的成绩突出，2020 年 7 月发布的《社会资本参与国土空间生态修复案例》（第一批）就是例证。除这些公布的例子外，上海佘山世茂洲际酒店就是建在废弃矿石坑中的生态酒店，据世茂集团 2021 年中期财报显示，该酒店营业收入 1.34 亿元，2020 年收入 2.65 亿元。[3]

生态修复可以成为增加生态产品供给的手段，所有权之外的产权规则在民间资本参与的生态修复工作中的应用可以成为生态产品价格形成的重要举措。多地颁布了地方性法规或行政规范性文件指导民间资本参与生态修复工作，如山西省为对汾河流域进行生态保护，在 2017 年专门颁布了一份地方性法规规定，鼓励、引导社会资本参与汾河流域生态修复与保护。[4]山西省治理汾河流域成绩显著，其中，社会资本也发挥了不小的作用。据悉，当地引进社会资本改造文水县刘胡兰镇王家堡村的汾河滩涂地，使之成了集蓄水灌溉、特色种植、

1. 秦颖、曾贤刚、许志华：《基于 PPP 模式推动生态产品供给侧改革》，《干旱区资源与环境》2018 年第 4 期。
2. 李繁荣、戎爱萍：《生态产品供给的 PPP 模式研究》，《经济问题》2016 年第 12 期。
3. 参见世茂集团，http://shimaogroup.hk/zh-TW/Shimao/Index#investor-financial-report 2022-03-10。
4. 山西省的其他地市颁布了其他河流的生态修复条例，《临汾市沁河流域生态修复与保护条例》《长治市沁河流域生态修复与保护条例》。

水产养殖、休闲旅游为一体的省级水利风景区。[1]不只山西省有生态遗留问题，在自然资源部公布的第一、二批生态产品价值实现典型案例中，有多个因采矿产生生态修复需求的案例。[2]其通过赋予某种产权的方式来进行生态修复，不仅使生态产品的产权得到明确，也间接形成了生态产品的价格，企业用于生态修复的成本成为价格的主要组成部分。

虽然我国在自然资源产权界定和生态修复中产权赋予方面取得了一些进展，并且创设排污权、碳排放权等财产权利，但总体而言很多生态产品的产权并不明确，生态资源无法转化为生态资本。这使得生态产品的价格难以形成，生态产品的交易成本高昂。

2. 生态产品价格形成的影响制度

纵观我国的《环境保护法》《水污染防治法》《大气污染防治法》等与公共性生态产品相关的法律，其中都规定单位和个人有保护环境、水、森林、草原等的义务，有的加上“任何”“一切”，也就是说，全民都有保护它们的义务。2020年，环境保护部发布《关于实施生态环境违法行为举报奖励制度的指导意见》，一些地方政府也制定了相关的规范性文件，这可能成为一个正向激励机制。

奖励保护环境行为和奖励举报环境违法行为也是激励，激励也包括针对企业的市场准入、政策扶持、税收优惠等。《环境保护法》中

1.《澎湃新闻：山西汾河生态修复与保护见成效，推动绿色经济带快速发展》，2021年11月25日，山西省水利厅网站，http://slt.shanxi.gov.cn/sldt/tbtj_358/qtmt/202111/t20211125_3454222.html。

2. 包括江苏省徐州市潘安湖采煤塌陷区生态修复案、山东省威海市华夏城矿坑生态修复案、北京市房山区史家营乡曹家坊废弃矿山生态修复案、山东省邹城市采煤塌陷地治理案、河北省唐山市南湖采煤塌陷区生态修复案。

有诸多关于激励机制的规定，[1] 还有环境行政公益诉讼的规定，但是有些规定实行起来非常困难。我国的《节约能源法》专门有一章规定激励措施，除了常规的对有显著成绩的单位和个人给予表彰和奖励，还有税收、政府采购、信贷支持和价格政策激励措施，这些都属于经济上的激励措施，关乎“钱袋子”。相应地，与节能减排资金相关的下位规范性文件数量更是庞大。法律和中央政策的支持为节能减排工作提供了制度基础，其成绩也非常显著，2021 年统计公报显示，我国国内生产总值能源消费量（吨标准煤 / 万元）从 1980 年的 13.14 开始逐年下降至 2019 年的 0.55。[2] 比较而言，生态产品相关法律如水法、水污染防治法、大气污染防治法、湿地保护法、草原法、渔业法、森林法和野生动物保护法等，仅有《环境保护法》第二十二条规定对在法定标准基础上进一步减少污染物排放的，政府应当依法采取财政、税收、价格、政府采购等政策和措施给予支持，其余法律均是简单规定对有显著成绩的单位和个人给予表彰和奖励。经济上的激励机制可促进保护生态环境，激发主体产出优质生态产品的重要举措落实，从而为价格形成提供可交易的生态产品，在供给侧提供可靠的保障。《国

1. 第十一条　对保护和改善环境有显著成绩的单位和个人，由人民政府给予奖励。第二十二条　企业事业单位和其他生产经营者，在污染物排放符合法定要求的基础上，进一步减少污染物排放的，人民政府应当依法采取财政、税收、价格、政府采购等方面的政策和措施予以鼓励和支持。第三十一条　国家建立、健全生态保护补偿制度。国家加大对生态保护地区的财政转移支付力度。有关地方人民政府应当落实生态保护补偿资金，确保其用于生态保护补偿。国家指导受益地区和生态保护地区人民政府通过协商或者按照市场规则进行生态保护补偿。第三十六条　国家鼓励和引导公民、法人和其他组织使用有利于保护环境的产品和再生产品，减少废弃物的产生。国家机关和使用财政资金的其他组织应当优先采购和使用节能、节水、节材等有利于保护环境的产品、设备和设施。
2. 参见 2021《中国统计年鉴》。

务院关于财政生态环保资金分配和使用情况的报告》显示，加大资金对生态保护的支持力度，其成效也是显著的，大气、水、土壤、农村环境和生态修复工作均有不同程度的进步。[1]

生态产品产出的激励制度可以增加生态产品的供给，如果生态产品大量供给，其稀缺性就会下降，从而导致生态产品的价格下降，成为影响生态产品价格的重要因子。如上所述，我国已经有了一些增加生态产品供给的激励制度，但总体而言激励依然不足，保护生态还没有成为每个人的行为规则。

生态产品价格形成有时涉及决策问题，这突出体现在实施政府定价和政府指导价的生态产品上。《中共中央关于全面深化改革若干重大问题的决定》中提出推进协商民主，深入开展行政协商。协商民主中不可或缺的一方即公众。公众参与制度在涉及生态产品的法律中有所安排，其表现形式是公众听证，比如城乡规划、环境影响评价、政府定价、征地补偿、取水许可等均规定有听证会，与生态产品价格形成联系最为紧密的是价格听证。然而，价格听证历来饱受诟病，少有褒奖的言论出现。批评者认为它是“涨价听证会”，存在诸多问题，批评意见主要集中在参会者的代表性、代表人的遴选机制、涨价方与公众之间信息不对称、听证程序封闭等问题上。[2]

1.《国务院关于财政生态环保资金分配和使用情况的报告》，2019 年 12 月 25 日，中国人大网，http://www.npc.gov.cn/npc/c2/c30834/201912/t20191225_303979.html。

2. 可参见以下作者的文章。章志远：《价格听证困境的解决之道》，《法商研究》2005 年第 2 期；姜裕富、程道平：《价格听证会上公共代表人制度的缺陷及其完善——以 Q 市自来水价格调整听证会为例》，《中共浙江省委党校学报》2005 年第 2 期；许传玺、成协中：《公共听证的理想与现实——以北京市的制度实践为例》，《政法论坛》2012 年第 3 期；吴逢雨：《价格听证中的消费者代表遴选机制研究——以 H 市水价听证会为例》，《铜陵学院学报》2018 年第 1 期。

“作为一种立法和决策的治理形式，协商民主是一个反映多元价值和偏好，鼓励参与和对话，促进共识形成的过程。”[1] 协商参与者是协商民主的基本要素，协商参与者中，除了政府、社会组织，还有公民。作为行政决策辅助的价格听证，如果公众参与性不足，它的民主性和正当性必然被削减。国家发改委于 2018 年修订的《政府制定价格听证办法》是对价格听证程序的细化规定，旨在增强价格形成的民主性、科学性和透明度，比如“消费者人数不得少于听证会参加人总数的五分之二。”[2] 然而实际情况可能并不会因为该《办法》的出台而有多大的改善。《办法》第二条明确，通过听证会，征求经营者、消费者等的意见，论证定价的必要性、可行性、合理性。《办法》第十一条规定，消费者的选择上可以采取“自愿报名、随机选取和消费者组织或者其他群众组织推荐相结合”，该条款还规定，“政府价格主管部门可以根据听证项目的实际情况规定听证会参加人条件”。如此，价格听证的定位变得非常重要，辅助价格决策的程序和决定价格的决策程序是很不一样的。

当然，这不是在说一定要涨价，从而有更多经费用于维护生态产品的生态价值，形成合理价格；也不是说只听从民众的意见作出价格决策。民主的意义在于人民当家作主，价格听证只是提供参考，如果不采纳民众的观点，民众自然觉得它是走过场，不发言、不参与，进而消解听证程序的民主价值。协商民主的核心是公共协商，公共协商的主要目标是“利用公共理性寻求能够最大限度地满足所有公民愿望

1. 陈家刚：《协商民主：概念、要素与价值》，《中共天津市委党校学报》2005 年第 3 期。
2.《政府制定价格听证办法》第十条。

的政策”[1]。要实现这一目标，提供一个平等对话的平台非常重要，价格听证是价格决策过程中的这样一个平台。

五、价格形成系统的制度体系构建与完善

（一）价格形成系统的制度体系构建

从国外的经验和国内比较成功的探索来看，生态产品价格形成系统需要以下制度的支持：

第一，生态产品价值评估制度。生态产品价值评估是生态产品价格形成的基础性制度。生态产品的价值评估并不能直接形成生态产品的价格，但如果这种评估是独立的第三方机构进行，可以成为市场交易价格的参考。虽然生态产品价值评估的方法是多样的，只要存在多方独立机构的竞争，较优评估方法会逐步胜出，成为生态产品价格形成的重要依据。

第二，产权制度。产权制度是生态产品价格形成的核心制度。生态产品虽然具有较强的公共物品的属性，但依然遵循市场运行的经济规律。如果没有明确的产权界定，或者良好的财产权利的设定，生态产品的价格难以通过市场形成，就会成为类似计划经济的政府定价，生态产品的生产效率就会变得极不经济而无法得到扩展，所谓生态养育、生态文明就会停留在纸面上。

第三，生态产品价格形成的公众参与制度。公众参与制度是生态

1. 参见陈家刚：《协商民主引论》,《马克思主义与现实》2004 年第 3 期。

产品价格形成的影响制度。生态产品的公共物品的性质并不代表政府可以决定生态产品的价格，但需要公众参与价格形成，以体现其公共物品性。公众参与制度不仅表现在价格的听证过程中，还有其他方面的方式。例如，其一，生态产品价值评估的公众参与。虽然生态产品价值评估由独立机构进行，但独立机构应该通过调查等各种方式让公众参与评估过程。其二，公众可以组织形成各种生态保护组织、生态修复组织，以组织方式参与价格形成。

第四，生态产品价格形成的信息市场制度。信息市场制度是生态产品价格形成的关键制度。在市场中，之所以无法采用政府统一定价的方式来确定价格，原因在于政府无法掌握定价的各种信息，即使在大数据的时代，这也是一个无法完成的任务。在生态产品价格形成过程中，市场主体是通过其专业性、地方性知识来确定价格。如果其获得的信息是扭曲或者虚假的，其作出的决策也可能带来灾难性后果。因此，一个信息自由流通、彼此竞争的信息市场对于生态产品的价格形成极为关键。

（二）价格形成系统制度体系的完善

《关于建立健全生态产品价值实现机制的意见》提出了“政府主导、市场运作”的生态产品价值实现的工作原则。该原则指出要“注重发挥政府在制度设计、经济补偿、绩效考核和营造社会氛围等方面的主导作用，充分发挥市场在资源配置中的决定性作用”。然而在现实中，政府主导被扭曲成为政府包办和政府垄断，生态产品价格形成中有很大部分由政府定价或者政府指导，生态赔偿和补偿的标准也有公权力制定，市场的价格形成功能并没有得到充分发挥。萨瓦斯认为，公共服务供给“问题的实质不在于公营还是私营，而在于垄断还是竞争。在提供低成本、高质量的产品和服务方面，竞争往往优于垄断，而大多数政府活动又毫无必要地以垄断方式组织和运营”。[1] 基于生态产品价格形成的市场化原则，需要从以下方面完善生态产品价格形成的制度体系。

1. 完善生态产品价值核算制度

生态系统生产总值（GEP）指标已在多个地区试点，可按照以下思路进一步完善。

首先，建立务实的生态产品调查评价体系。制定统一的监测标准体系和调查标准体系，及时收集整理各类生态产品数据，形成包括生态产品类型、数量、合理估值、产品分布等完整信息的数据库，以便于后续价值评估与成本核算。[2] 同时，全面总结水资源、土地资源等生态产品的试点经验，积极编制自然资源资产负债表并拓展其应用范围，实时监测并动态掌握各类生态产品的具体数量和实际价值，分析数据变化并采取事前或事中的积极应对措施。自然资源资产负债表不仅可以协助政府有关部门掌握生态产品的存量、流量以及附加值等信息，还可以作为政府机关及其领导干部政绩考核的依据，通过对生态环境保护和生态产品附加值的审计，可以有效保证政策和监管的可持续性，确保生态环境始终处于科学保护和发展的状态，生态产品价值实现的保障也就顺理成章了。

---

1. ［美］E.S. 萨瓦斯：《民营化与公私部门合作伙伴关系》，周志忍译，中国人民大学出版社 2006 年版。
2. 赵晶晶、葛颜祥：《流域生态补偿模式实践、比较与选择》，《山东农业大学学报》（社会科学版）2019 年第 2 期。

其次，建立科学的生态产品价值核算体系。建立健全生态产品数据库，正视生态相关信息的价值属性，引入数据算法的理念原则，依托云计算等当下流行的科技手段，统一估值标准并引领核算制度发展方向，分别确定不同生态产品的核算技术规范与核算方法，从而科学核算相关生态产品的成本和价值。同时，重点推进典型生态资源的产品化和资产化核算，采用实物核算与价值核算并重的方式，定期评估生态产品的市场价值及其变化，以便把握区域内生态产品的整体价值变动，并对市场需求和价格趋势作出合理预判。需要指出的是，在生态产品价值核算体系的构建过程中，仍应当以系统论为指导，遵循持续经营与货币计量的会计假设，恪守会计准则中的可比性与配比性原则，将生态产品视为会计学领域的资产，将市场主体参与生态保护修复等公益活动而得到的税费减免、商誉增值、收入实现等“额外收益”，参照会计准则的货币计量原则将其转换账面经济效益。

最后，建立生态产品价值的第三方核算、评估制度。我国试点的生态产品价值评估和核算基本由政府进行。由于这种评估核算并不是像 GDP 那样简单的统计，需要更多的估算，因此第三方独立核算就变得更为合理。特别是作为生态产品价格形成的重要参考，往往需要对特定的具体区域进行核算和评估，第三方独立评估也更为可能。

2. 完善生态产品产权制度

产权制度是生态产品价格形成的核心制度。西方国家很多生态产品的产权是明晰的，而且多数为私有产权，这一点是他们生态产品价格形成和交易市场化的前提，也是生态产品价值实现的关键。我国的土地、矿藏、河流等均属于国家所有或集体所有，对于协助生产来说，所有权界定给谁并不重要，转让权是合约的关键。[1]在国家或集体享有自然资源所有权时，其可对自然资源行使使用权和收入权，但这并不能盘活资产。加入转让权之后，林权、水权等自然资源的利用效率得以提高。例如我国正在推进的引入社会资本参与生态修复，许以一定期限的土地使用权给社会市场主体，既能减轻政府的财政压力，也能使社会资本乐于投资，这对于促进生产来说是大有裨益的。其中，转让权体现在政府行使了土地的转让权。我国推进自然资源确权登记，以清晰界定自然资源产权的主体这项工作取得了一些进展。

我国虽然在排污权、碳排放权方面的制度建设方面取得一些进展，但仍然处于试点阶段，许多问题需要改善：第一，排污权、碳排放权涉及的企业依然不足，需要扩大到企业的范围，建立全国统一的排污权、碳排放权交易市场。第二，地方政府需要转变角色，把自己转变为监督者、观察员和审计员的角色，在交易活动中应尽量减少行政干预。[2]第三，在排污权、碳排放权等交易的价格方面，尽量采用市场形成的方式，减少政府在价格形成方面的功能。第四，通过立法创建更多的有利于生态产品价值实现的财产权利，例如碳汇权、用能权。我国的排污权、碳排放权等也只是由行政规范性文件加以规定，缺乏法律依据。可以通过专门的立法，来确立这些权利。

3. 通过税收制度来调节生态产品的价格

通过税收可以将对人类行为对环境的外部性予以内部化。水流、

1. 张五常：《经济解释》（卷四：制度的选择），中信出版社 2019 年版，第 159 页。
2. 袁另凤：《我国排污权交易发展历程及展望》，《合作经济与科技》2021 年第 1 期。

森林、山岭、草原、荒地、滩涂、海域和矿产资源等生态产品的所有权人均是国家或集体，法律规定取水权可以由单位或个人获得，森林，草原，农村的荒山、荒沟、荒丘、荒滩等土地可以发包给单位或个人。2016 年发布的《环境保护税法》规定缴税主体是直接向环境排放应税污染物的企业事业单位和其他生产经营者，应税污染物包括大气污染物、水污染物、固体废物和噪声。[1] 从对水流的保护来看，我国目前规定直接从江河、湖泊或者地下取用水资源需要缴纳水资源费。[2] 从对森林的保护来看，对森林并没有征收资源税，2019 年发布的《资源税法》主要针对的是矿产资源，该法还规定“对取用地表水或者地下水的单位和个人试点征收水资源税”[3]。董玮、秦国伟对开征森林资源税的征收对象与征税范围、税率和纳税人做了初步构想。[4] 从对草原的保护来看，21 世纪初，达林太等对“以牲畜头数征税”提出了严厉批评，认为它加剧了草原生态环境恶化。[5]2005 年牧业税被取消。[6] 我国对草原的保护采取的是生态补偿，21 世纪初，我国开始推行“退耕还林还草”工程，给予农民、牧民补助，提高森林和草原覆盖面积，二十多年来，这一工程的效果是显著的。[7] 从对农

1. 参见《环境保护税法》第二、三条。
2. 参见《水法》第四十八条。
3. 参见《资源税法》第十四条。
4. 董玮、秦国伟：《对森林开征资源税的理论依据、现实基础与制度设计》，《税务研究》2021 年第 5 期。
5. 达林太、滕有正、孟慧君：《征税方式对草原畜牧业的影响》，《内蒙古大学学报》（人文社会科学版）2003 年第 1 期。
6.《共和国的足迹——2005 年：废除农业税》，2009 年 10 月 20 日，中国政府网，http://www.gov.cn/zhuanti/2009-10/20/content_2754145.htm。
7. 李世东：《世界著名生态工程——中国“退耕还林还草工程”》，《浙江林业》2021 年第 8 期。

村土地的保护来看，2020年颁布的《契税法》规定，转让土地使用权，承受的单位和个人应依法缴纳契税，这里所指的土地使用权转让不包括土地承包经营权和土地经营权的转移。[1]也就是说，承包农村的荒山、荒沟、荒丘、荒滩等土地并不需要缴纳契税，但并不排除承包企业经营农村土地带来的增值税、企业所得税等。从城市土地的保护来看，城市、县城、建制镇、工矿区范围内使用土地的单位或个人需要缴纳土地使用税。[2]

总之，我国的税费基本覆盖了所有的生态产品，但对于森林和草原的资源税可能算是一个漏洞，但有生态补偿作为补充手段，单位或个人不在土地上耕种、畜牧则给予补贴，税收则是在林农或牧民开发利用土地基础上收税。对于生态保护红线固然不可逾越，但税收的手段可以做到利用与保护并存，合理的耕种或畜牧方式可以减小对生态环境的损害。无论是税收或补贴，最终会由民众埋单，税收尽管会提高生态产品的价格，但可以起到保护生态环境的作用。

4. 逐步减少生态产品政府定价，构建生态产品价格的市场形成制度

我国水资源的价格采取的是政府定价，《城镇供水价格管理办法》《水利工程供水价格管理办法》[3]均规定水价的定价原则是“成本 + 合理收益”，并未考虑水资源的生态价值，田贵良等认为我国的水权价格整体偏低，水权定价大多停留在成本层面。[4]但水资源同时又是一

1. 参见《契税法》第一、二条。

2. 参见《城镇土地使用税暂行条例》第二条。

3. 参见《城镇供水价格管理办法》第六条，《水利工程供水价格管理办法》第五条。

4. 田贵良等：《多种水权交易模式下的价格形成机制研究》，《价格理论与实践》2018年第2期。

个特殊的生态产品，它关乎人的基本权利，有学者认为存在水人权，国家有义务对公民的这一基本权利予以保障。[1]水资源价格无法市场化，政府定价又无法体现其生态价值，这一矛盾需要公众参与的协商程序进行调和。

价格形成的公众参与制度中，由于政府可以挑选参与价格听证的消费者，专家是政府聘请等因素，现有价格听证程序可能并不能起到协商的作用。因而，可以考虑对 2018 年修订的《政府制定价格听证办法》进行完善，发挥消费者和专家在价格听证程序的作用，尽可能地让消费者这一利害关系群体发言。

考虑到市场机制对资源配置的决定性作用，部分生态产品价格的特殊属性，以及公众参与的民主价值，应当建立市场定价为主，政府定价为辅，充分保障公众参与的生态产品定价机制，尽量减少政府在生态产品价格形成的作用，[2]尽量减少生态产品政府定价或者指导定价。将上述具有不同价值和功能的法律规则通过特定的逻辑关系有机系统化合成，进而形成关于生态产品价格形成制度的“应然模式”。

---

1. 比如，水是人生存所需的基本物质，关涉公民的生存权。可参见胡德胜：《水人权：人权法上的水权》，《河北法学》2006 年第 5 期。梁华秀：《水人权与国家义务》，《学理论》2011 年第 17 期。
2. 曾贤刚、虞慧怡、谢芳：《生态产品的概念、分类及其市场化供给机制》，《中国人口·资源与环境》2014 年第 7 期。

第四章
生态产品的市场交易系统：市场资源配置决定作用的体现

生态产品要实现其价值，需要在市场中进行交易，生产者和消费者的需求得到满足的同时，生态产品的价值才能体现出来。由于生态产品的特殊性质，“交易难”成为生态产品价值实现的“难度量、难抵押、难交易、难变现”四难问题的关键问题。“四难”是《关于建立健全生态产品价值实现机制的意见》（中办法〔2021〕24号）提出的，度量是交易的前提，更多涉及生态产品价格形成问题；抵押涉及产权问题，是交易的基础问题；变现是交易的结果。因此度量问题、产权问题是交易的前置问题，也是价格形成的核心问题，通过交易进行变现，生态产品的价值才真正体现。

有不少学者在分析生态产品交易问题时，从供给问题出发进行分析，提出了生态产品供给的不同方式。[1] 在我国的实践中，生态产品的供给主要由政府主导，私人企业参与生态产品供给的意愿不高。[2]

---

1. 唐潜宁：《生态产品供给制度研究》，西南政法大学2017年博士学位论文，第9页。
2. 金铂皓等：《生态产品供给的内生动力机制释析——基于完整价值回报与代际价值回报的双重视角》，《中国土地科学》2021年第7期。

虽然也有学者提出了供给与需求的平衡，[1]以及需求导向[2]，但依然存在对需求关注不足的问题。生态产品的供给固然重要，但是没有需求的发现和培育发展，即使政府主导的供给也难以长久维持。目前对政府主导或者提供生态产品的探讨很多，[3]也符合我国现有的情况。但在市场经济条件下，探讨如何使公共性生态产品转化为私人生态产品、使生态产品交易市场化，是本研究的重点。本章从需求的视角出发，从发现、创造市场需求的生态企业家出发，以如何发现、培育和满足生态产品需求为基础来分析生态产品市场交易系统。

一、生态产品市场交易系统的基本逻辑

生态产品的市场交易系统存在两个逻辑，首先是市场的逻辑，生态产品进行交易必须在市场中进行，符合市场的一般规律；其次是生态产品作为公共产品在市场交易中的特殊逻辑，需要一些特别制度的支持。

（一）生态产品市场交易的一般规律

1. 生态产品交易市场的形式

产品的交易一般在市场中进行，市场有多种形式。有些市场有较

1. 代亚婷等：《基于均衡价值论的生态产品定价与补偿标准研究》，《中国环境管理》2021年第4期。
2. 方印、柯莉：《生态产品价值市场化实现：需求导向、定价方式及制度配置》，《价格月刊》2022年第11期。
3. 张英、成杰民、王晓凤等：《生态产品市场化实现路径及二元价格体系》，《中国人口·资源与环境》2016年第3期。

强的组织性，比如农贸市场、碳排放交易市场等。多数市场没有什么组织，只是由生产者和消费者群体共同形成。所以，市场是由某种物品或服务的消费者和生产者共同组成的一个群体，消费者决定了产品的需求，生产者决定了供给。[1]

对于生态产品而言，一方面需要的是建立有组织的市场。虽然有些市场可以由政府组织建立，但多数市场还需要自发形成。有较强创新能力的生态企业家可以察觉这类市场的潜力，由其进行组织建立。另一方面则是多数的有不同的消费者和生产者群体组成的生态产品市场，这个市场无需有组织建立，而是充分发挥市场的竞争功能，通过市场交易、市场竞争为消费者提供优良的生态产品，同时生产者获得利润。

一方面，生态产品具有商品的一般属性，存在森林、草地、湿地等自然资源的所有权、经营权等的交易市场，还有因生态产品的所有权、使用权、经营权、收益权等进行资产化、证券化、资本化而形成的金融市场。另一方面，由于生态产品具有公共物品的属性，其交易市场也具有特殊性。多数的生态产品具有生态系统服务的功能，无法直接进行交易。包括碳排放权、污染排放权等各种权益交易形成了相应的交易市场；生态补偿、生态赔偿等也是一类较为特殊的交易市场。

2. 生态产品的需求价格弹性

根据需求定理，一种物品的价格下降将导致其需求量增加。如果

---

1. [美] 曼昆：《经济学原理 · 微观经济学分册》，梁小民、梁砾译，北京大学出版社 2015 年版，第 71 页。

价格下降需求量没有相应变化，则说明这种物品的需求没有弹性；如果价格下降需求量随着其相应变化，则说明物品的需求有弹性。一般来说，需求价格弹性受到两方面的影响：

第一，相近替代品的可获得性。如果一种物品有着较多的替代品，则消费者从一种物品转向另一种物品比较容易，则需求弹性较大，价格上升则会导致需求降低。如果一种物品的近似替代品较少甚至没有，则需求弹性较小，价格上升也不会导致需求下降。有些生态产品具有较多的替代品，比如生态文化服务，市场中存在大量的其他文化服务。多数的生态产品并不具有替代品，空气、水、气候调节等基本无法替代。

第二，区分必需品和奢侈品。如果一种物品是消费者的必需品，则物品价格的上升并不会太多影响需求，需求缺乏弹性。如果一种物品是消费者的奢侈品，则物品的价格上升会导致需求下降。当然必需品和奢侈品是相对的，一个时期的奢侈品在另外一个时期可能成为必需品，不同国家也将不同。比如，我国手机在 20 世纪 90 年代是奢侈品，现在则成了必需品。有些生态产品，比如清洁的空气和水，在有些国家已经是必需品，受价格的影响较小，而在另一些国家可能还是奢侈品，较高的价格会导致需求下降。

3. 企业家在市场中的作用

制度经济学家认为，企业家对经济增长和发展来说是主导力量，他们通过“创造性破坏”使市场向更有效率的方向进行。

熊彼特指出，所谓的企业家，就是能够针对生产要素的重新组合方式进行创新的人。熊彼特在 1911 年发表的经济学著作《经济发展理论》中提出了“创造性破坏”理论，对企业家精神进行了说明。熊彼特提出创新者才是企业家，他们通过破坏原有市场的常规和习惯，进而针对可能存在的全新组合进行创新，具体包括新产品的引入、新生产方法的引进、新市场领域的开拓、新半成品或者原料的获取以及新形式的产业组织。企业将前述五种创新方式按照新方式加以组合时，那么便可以将原本固有的产品供应体系予以打破，进而通过不平衡的市场获取利润，这也就是企业家的创新功能。企业家动机包括建设私人王国、对创造成功的喜悦和胜利的热情。有了这些动机，进而企业家便会为了追逐更多利润而针对更新的组合进行创造，进而将原平衡市场予以打破，同时会诱使其他人进行模仿，出现“蜂聚现象”，导致获得利润的机会越来越少，逐渐形成新的市场均衡状态，之后又会进入下一轮的“创建破坏”。

由熊彼特提出的企业家理论在很大程度上凸显了企业家在经营活动中展现出来的创新能力在经济发展时发挥的作用，并且重点指出企业家的精神核心本质便是不断地进行“创造性破坏”。有了企业家精神，企业家就能及时发现市场的不均衡，运用企业家判断力，出于理性选择改革生产模式，试验不同产品，筛选出哪些企业和哪些产品是“适存”的，这就完成了对特定行业市场结构、生产技术及企业规模的选择，从而使整个市场获益。在熊彼特看来，市场经济的本质特征是变化，变化主要是内生的，是由企业家的创新导致的；企业家是打破均衡的力量，是创新者，没有企业家就没有进步，没有发展。市场竞争主要不是价格竞争，而是产品、技术、服务等方面的竞争，因而竞争与企业家精神是不可分割的。[1]

生态产品属于比较新的市场，有着较多的机遇，但同时也存在较高的失败风险。如果没有具有强烈创新精神的企业家的行动，生态产品的生产和交易就难以大量发生，政府主导生态产品的交易市场就会有价无市，成为“僵尸市场”。生态企业家，即从事生态产品生产和交易的企业家，不断地探索发现生态产品的细分需求，应用创新的方法去满足这些需求。正如电脑和手机等更好更有效率地满足了人们的需求，但如果没有企业家的创造性活动，这些产品就不会进入日常消费之中。

（二）生态产品市场交易的特殊逻辑

生态系统属于典型的公共产品，生态系统在受益上无法排他，在消费上不展开竞争，在效用上不可分割，人们在享受生态系统服务的同时，无法阻止他人同时享受。生态产品市场交易系统诞生的出发点就是改善生态系统的非排他性和非竞争性带来的影响，通过在生态系统提供的服务上设定相应的权利，利用市场的作用，形成体系化的

1. 熊彼特经济学的基本出发点是承认人与人之间是有差别的：有的是领导者，有的是追随者；有的是行动人（man of action），有的是静态人（static person）。他认为，市场的基本功能是推动技术进步，创造出新的市场、新的产品、新的生产方式、新的资源；市场的基本特征是不均衡和变化，而不是均衡。对熊彼特而言，新古典的均衡模式（瓦尔拉斯循环流转经济）是理解资本主义现实的本质因素的有用的起点（starting point），因为它表明在没有创新的情况下，这个体系是如何运行的（均衡和稳定），但不是终点（terminus），因为市场经济的本质特征是变化（“静态的资本主义”是一个矛盾的说法）；并且，变化主要是内生的，是由企业家的创新导致的；企业家是打破均衡的力量，是创新者，没有企业家就没有进步，没有发展。在熊彼特看来，市场竞争主要不是价格竞争，而是产品、技术、服务等方面的竞争，因而竞争与企业家是不可分割的。参见张维迎：《关于市场的两种不同范式》，《经济观察报》2018 年 3 月 2 日“观察家版”。

生态产品市场交易系统，解决生态系统服务因“搭便车”带来的“超载”问题，亦解决其在生态价值实现领域无法回避的外部性问题。

生态产品的市场交易系统将生态系统提供的部分服务从公共产品转化为可以用价格加以衡量和交易的私人产品，通过设立权利，确定价格，划分利益，赋予稀缺性，形成交易市场，促使并保障其市场运转流畅。例如，在植被的碳汇功能上设立碳汇交易、在生态系统提供的净化功能上设立排污权交易、在生态系统提供的消费功能上设立用能权交易等，均遵循了上述逻辑。

在生态产业化经营系统中，人类劳动参与生态系统的服务，生态资源与第一、二、三产业相结合，将生态系统的公共属性转化为经营属性，贯通了生态资源进入市场交易的渠道。生态保护补偿机制和生态损害赔偿制度并不改变生态系统提供的服务的性质，相反，其正是针对该性质而作出的对政策机制的调整和完善，其在生态产品管理领域加入国家的支持、鼓励，甚至强制，用诺思的说法是，用一种提供“世界观”的方式，将公共产品的市场交易经济化，用大卫・休谟的说法则是，通过政府出面成为公共产品的供给者以规避“搭便车”问题。

生态产品市场交易系统设立的出发点是将外部性内部化，从命令控制型方法和经济刺激型方法入手[1]，走政府、市场两个路径，将无法补偿的利益变得可以补偿。

首先，运用庇古方案，采用政府路径，通过立法、征税、补贴等

1. 夏松洁：《外部性理论视域下的农村宅基地“三权分置”》，《人民论坛》2018年第28期。

命令控制型手段尽力实现边际私人成本与边际社会成本的均衡。一方面，针对生态领域的外部经济现象，构建生态保护补偿制度。在生态保护与修复的过程中，在保护补偿制度构建之前，时常有经济主体既无法从保护修复生态环境中获得一定利益，又承担了保护修复生态环境的成本。生态保护补偿制度为生态保护者提供一条获利的途径，帮助其从自身行为产生的生态环境正外部性中汲取利益。公共受益的，由政府出面给予补偿；私人受益的，由获益的个人或企业给予补偿。如在政府或社会资本出资，改善生态环境、提高生态系统服务质量后，由那些从改善后的生态产品中获益的个人或企业，向出资者支付适当的生态补偿费用，从而加大支持生态保护和修复的投资，形成一个良好的外部效应内部化运转机制。

另一方面，针对生态领域的外部不经济现象，设立生态损害赔偿制度。鉴于生态系统的非排他性和非竞争性，“公地悲剧”的威胁始终存在。经济人利用外部性将成本转嫁他人，追求自身利润最大化的行为，往往可能会造成生态资源的竭尽、生态环境的破坏和生态平衡的不稳定。所以必须对外部不经济中的成本转移行为予以重视和规制。生态损害赔偿制度通过要求破坏生态环境的个人或组织缴纳生态环境修复费用作为赔偿，将外部性外溢出去的成本又转移回经济人本身。破坏生态环境的成本提高了，经济人过度利用生态资源的行为就会得到遏制。将缴纳的赔偿用于修复被破坏的生态环境，外部不经济辐射出去的负面影响就得到了缓解，外部性接受主体被迫承担的外部经济社会成本就得到了解决。

其次，运用科斯方案，采用市场路径，清晰权利间的边界，降低交易费用，创设交易市场，刺激生态经济。一方面，建立生态产业化经营系统。生态产业化经营系统采用市场优先的价值实现路径，通过政府的引导，引入市场的力量将生态资源商品化、资本化，将生态系统提供的服务与其他产业相结合，改变外部性中市场失灵的情况。

另一方面，搭建生态产品的直接市场交易模式。外部性之所以被排除在市场之外，就是因为其中模糊的权利边界和空缺的价格体系，人们无法通过市场化的方式对双方交叉的利益进行交易补偿。生态产品的直接市场交易模式将生态系统服务中抽象的权利界定清晰，创设出指标、配额、产权三类可定价、可交易的权益，通过政企混合的方式，以政府为中介机构，搭建起企业间生态资本的交易流通渠道，改变外部性被置于交易关系之外的境况。

二、国外生态产品市场交易的经验与启示

（一）国外生态产品市场交易的经验

1. 美国的湿地缓解银行

催生美国湿地缓解银行的是美国制定的一系列法律。1969 年，美国国会通过了《国家环境政策法》，宣布了国家环境政策[1]。1972 年，美国颁布《联邦水污染控制法》，亦称《清洁水法》，依据《清洁水法》第四百零四条，美国陆军工程兵团建立了工程许可审批制度，

1. 1969 年，美国国会宣布国家环境政策："联邦政府将与各州和地方政府以及有关的公共和私人团体进行合作，采取一切切实可行的手段和措施——包括财政和技术上的援助，发展和增进一般福利，创造和保持人类与自然得以在一种建设性的和谐中生存的各种条件，实现当代美国人及其子孙后代对于社会、经济和其他方面的要求，这乃是联邦政府的一如既往的政策。"

对所有破坏或损害湿地、水道等生态环境的项目进行审批，在审批通过、获得许可后，方能向境内水体倾倒或排放污染物。同时，美国还为无法避免损害水道环境的项目确立了补偿性缓解原则：即在项目规划设计阶段，政府和企业应当尽量避免项目开发对于湿地、溪流、河流造成的负面影响；如果无法避免，就应当将影响降至最低限度；如果前两项都不可行，则须采取补偿性缓解机制，即允许以补偿生态损失的方式抵消可能产生的负面生态影响。补偿性缓解原则要求只有当补偿完成后，才可以被允许进行项目开发，该规定对严格执行并贯彻落实补偿性缓解原则具有很大的帮助，但对于项目开发者而言，被“完成补偿”拖后的时间成本极高。

湿地缓解银行给无法避免生态负面影响的开发项目解决了难题，正是基于这些规定和原则，湿地缓解银行的交易需求应运而生。湿地缓解银行开发了由第三者新建或修复湿地后，出售给开发者的市场业务。一方面，第三者与开发者的交易直接免去了由开发者自行修复或自行委托修复湿地的时间、人力、物力等成本；另一方面，第三者的加入减轻了政府机构的负担，让政府机构从单一的自然生态执法机构的角色中走出来，转变成了市场化补偿体系的监督机构，在政府机构、开发者以及第三者之间带来了三赢的局面。

美国湿地缓解银行通过市场路径、利用市场的活力达到了“零净损失”的初衷，在法律、政策的明确禁止和政府的严格管控下，即在《联邦水污染控制法》严格规定并执行的基础上，允许采用一定数量的其他新建、修复或保护的湿地，来补偿受开发活动影响的湿地。“补偿性缓解”机制培育了交易主体，创造出对生态产品的交易需求，推动了资本流入生态的保护与修复中，引导并激励了利益相关方积极进行交易和业务来往。在机制的整个运转过程中，交易标的既包括湿地的生态价值，也包括对湿地补偿和后续维护的责任。购买方，也就是通常情况下的湿地开发者，其自身补偿生态破坏、维护监测后续生态成效的责任，在其从已经完成的湿地缓解银行中购买湿地信用后，便全部转移给了销售方即上文提到的第三者，此时该第三者就成为湿地补偿责任的实际承担者。

2. 哥斯达黎加的生态补偿方案

1997 年，在哥斯达黎加，世界上第一个正式的生态补偿案例产生[1]。哥斯达黎加身为发展中国家中的一员，其森林覆盖率在 20 世纪初高达 90%，到 20 世纪中叶下降到 70%。20 世纪 80 年代，受国际牛肉、咖啡和香蕉等作物价格上涨以及国内森林资源私有制的影响，哥斯达黎加的农业用地和牲畜牧场用地比例显著上升，森林砍伐不受控制，1986 年森林覆盖率降至 21%[2]。为了恢复森林植被，哥斯达黎加作了诸多尝试，其中最为有效的是在 1996 年生效的《森林法》中被确定下来的生态补偿方案[3]。

生态补偿方案属于市场化的横向的生态补偿机制，包含三个主体：一是生态效益的提供方，也即森林资源的所有者；二是生态效益的需求方，也即森林生态系统服务的付费者；三是专门负责生态补偿的中介机构，也就是管理生态补偿方案的国家森林基金（FONAFIFO），

1. 陈挺等：《生态补偿的国际案例及借鉴》，《宏观经济管理》2016 年第 3 期。

2. 任世丹等：《中哥森林生态效益补偿制度比较研究》，《生态文明与林业法治：2010 全国环境资源法学研讨会（年会）论文集》上册。

3. ANIELS A E, BAGSTAD K, ESPOSITO V, et al., *Understanding the impacts of Costa Rica's PES: are we asking the right questions?* 11 Ecological Economics 69, 2116–2126(2010).

三个主体之间属于平等的民事关系。

在实际运营中，一方面，国家森林基金与森林资源所有者签订林地使用合同；另一方面，基金与森林生态系统服务需求方签订付费合同，以环境服务证书的形式出售水源涵养、森林碳汇、生物多样性等生态产品。资金从需求方流转到基金，其再将资金集中到一个普通基金之中，然后按照协议支付标准，向符合条件的森林资源所有者付款[1]。生态补偿方案极大限度地激发了利益相关者的参与度[2]，使得哥斯达黎加的森林覆盖率在 2012 年增长至 52%。

3. 巴西的生态补偿转移支付

巴西通过独特的方式进行纵向的财政转移支付，进而达到平衡国内经济发展与生态保护的政策目标。1988 年，巴西联邦政府宣布将各州征收的流转税（ICMS）的 25% 由州政府分配给州以下政府。流转税是巴西各州的最大收入来源，大约占州全部税收收入的 90%，是对商品和服务征收的一种税，类似于其他国家的增值税。关于分配方法，联邦宪法规定，各城市的州流转份额决定 25% 中的 75% 的分配比例，剩下的 25% 的分配依据，则交由州政府自行确定。一般而言，人口、地理和经济因素是典型的分配标准。

1990 年以后，为了在生态环境保护法案严格贯彻实施的背景下，减轻如皮拉奎拉市等辖区内保护区面积广大的市政府的财政经济负担，激励其继续保护生态环境，州政府开始在分配时加入对生态环

1. 高玉娟、王媛、宋阳：《中国与哥斯达黎加森林生态补偿比较及启示》，《世界林业研究》2021 年第 6 期。

2. STEED B C, *Government payments for ecosystem services: lessons from Costa Rica*, Journal of Land Use 1, pp.177–202(2007)。

境因素的考量[1]。以帕拉那州为例，1992 年帕拉那州出于对生物多样性保护和水源保护的长远利益的思考，将 5% 的流转税收分为两份，2.5% 分给了有自然保护区的市政府，另 2.5% 分给了为邻近城市提供饮用水的城市。

另外，值得注意的是巴西对生态补偿指标的计算。州政府根据各市政府流域保护和保护区面积进行生态补偿，计算时，自然保护区面积不是单纯地将各类型保护区面积相加，因保护区类型不同，各保护区所能提供的生态系统服务能力不同，权重也有所不同，即计算自然保护区面积采用加权求和的方式[2]。巴西通过财政转移支付实施生态补偿，有效地加大了地方政府供给生态产品的积极性，在发展经济的同时，较好地保护了国家和民众的生态利益。

4. 瑞典的林业生态补贴和补偿制度

瑞典作为林业发达国家，注重对森林资源保护的生态补偿。在税收方面，瑞典对林业实行税收优惠政策，如取消了林业特别税和对林地征收的遗产税和赠与税[3]，如大幅度减少与林业相关的运输税、减征 70% 财产税[4]等。

---

1. SELVA G V, PAULI N, KIM M K, et al., *Opportunity for change or reinforcing inequality: power、governance and equity implications of government payments for conservation in Brazil*, Environmental Science & Policy 105, pp.102–112(2020).
2. 宋小宁：《我国生态补偿性财政转移支付研究——基于巴西的国际经验借鉴》，《价格理论与实践》2012 年第 7 期。
3. Sjlin M、Wadeskog A, *Environmental taxes and environmentally harmful subsidies: report prepared for DG Environment and EUROSTAT*， 载 Convention on Biological Diversity 2009 年 10 月 30 日，https://www.cbd.int/financial/fiscalenviron/sweden-taxsubsidies.pdf。
4. 张阿芬、肖京武：《发达国家林业税收政策及启示》，《海外税收》2004 年第 4 期。

在补贴方面，对种植能源林、对在被破坏的人工林地上营建新的阔叶林或者在其他适宜地区种植新的阔叶林的行为，瑞典政府都会进行补贴[1]，同时瑞典政府还会通过直接补贴林主，要求林主加强对森林中的自然、历史或文化遗迹的保护。瑞典还根据实际情况，补贴自然灾害带来的严重森林损害，以2005年的席卷瑞典的Gudrun飓风为例，瑞典政府连续三年为在飓风中遭受林木损失的林主提供特别拨款，帮助他们整理受灾区域、保存被刮倒林木、修复受损植被，整项补贴共计9.17亿瑞典克朗。

在价值补偿方面，瑞典政府会通过赎买土地、补偿限制土地利用措施、自愿捐赠等方式，建立自然保护区[2]。同时为了保护具有重大自然生态价值的区域，瑞典政府通过与林主签订协议，进而限制干涉林地的使用途径，相应地林主会得到一笔补偿，主要有濒危动植物保护协议和自然保育协议。以自然保育协议为例，自然保育协议具有法律效力，期限一般为50年，最短不低于30年，协议规定林主在承担经营成本的同时，林地所有权、在林地狩猎的权利和生产的林木都仍属于林主，但是林主经营森林的方法必须对自然资源的保护发展产生积极影响，例如林木的砍伐需遵循适宜的采伐期，不得乱砍滥伐，为此林主可获得一笔补偿，一般以每公顷5000—12000瑞典克朗计算，但是补偿款需要按照60%—70%的税率缴税，纳入经营收入且不归入应计制[3]。

---

1. Market statement 2009 Sweden，载https://unece.org/，https://unece.org/fileadmin/DAM/timber/country-info/swedish.pdf。
2. 陈洁、李剑泉：《瑞典林业财政制度及其对我国的启示》，《世界林业研究》2011年第5期。
3. Swedish Forest Agency, Swedish statistic yearbook of forest (2009), https://www.skogsstyrelsen.se/en/.

（二）生态产品市场交易国外经验的启示

1. 制度保障法律化

国家需要通过立法建立生态产品市场交易的制度或机制，以规制经济主体的交易行为，引导、强制生态产品市场交易的进行，保障生态产品市场交易的通畅。例如，在生态补偿方面，美国湿地缓解银行的筹建是以《国家环境政策法》《联邦水污染控制法》为基础的，哥斯达黎加的生态补偿方案是根据《森林法》形成的；在生态赔偿方面，《环境责任法》《环境法典》等一系列法律构成德国“环境损害赔偿制度”的基本框架[1]；在生态产业化经营方面，美国为田纳西河流域的系统整治开发颁布《田纳西河流域开发法》；在生态资源指标及产权交易方面，《联合国气候变化框架公约》及《京都议定书》对各国二氧化碳排放指标的分配规定，创设了国际碳汇交易[2]。上述生态产品交易机制都是首先通过国家立法的方式建立起基本制度，奠定好法律基础，然后再发挥市场主体的作用。生态产品市场交易的过程是一个市场化的过程，同时也是一个法治化的过程，只有国家提供了法律保障，才能稳定生态产品市场交易的秩序，及时制止市场交易中的违法行为，减轻市场经济发展中消极因素的影响。

目前，关于生态产品市场交易的法律化保障，我国部分领域已取得良好成果。如流域法律领域，自 2021 年 3 月 1 日起，我国施行

---

1. 吴倩：《生态损害赔偿制度研究》，山东财经大学 2018 年硕士学位论文。
2. 碳汇交易，即因为发展工业而制造了大量的温室气体的发达国家，在无法通过技术革新降低温室气体排放量达到《联合国气候变化框架公约》及《京都议定书》对该国家规定的碳排放标准的时候，可以采用在发展中国家投资造林，以增加碳汇，抵消碳排放，从而降低发达国家本身总的碳排量的目标。

《长江保护法》，为长江流域的生态资源保护、生态环境修复、水污染防治以及绿色发展等夯实了法律基础，2021 年 12 月 20 日，另一部《黄河保护法（草案）》也被首次提请审议；如税法领域，自 2018 年 1 月 1 日起，我国施行《环境保护税法》，为生态补偿的税收减免政策筑牢了法治屏障。

2. 激励政策多元化

国家需要采取转移支付、税收优惠、项目支持、低利率贷款等多元化的政策措施，激励生态产品市场交易的发展。生态产品的价值实现是一项新的理念，如果要进行市场交易，没有强力的激励机制将难以运行。巴西通过独特的生态考量进行纵向财政转移支付；瑞典采取大量的税收优惠政策，对林地保护、修复实施补偿；英国的北约克摩尔斯农业计划规定，如果农场主投入至少一半的时间在农场作业上，且作业形式是传统的农业耕作方式，就可以获得至少 50% 的农场收入。这些机制为市场交易的参与方提供了足够的激励，而且设计得非常细致，经过多年的运行，已被证明是十分有效的，值得借鉴学习。

我国利用激励性政策推动生态产品市场交易的实践很多，如通过乡村振兴战略提高乡村招商引资的能力，推进乡村旅游业的开发，促进乡村经济的繁荣；如加大绿色金融支持力度，创新古屋贷等低利率贷款的金融产品，盘活农村要素资产，走出古村的特色发展开发之路；如利用环境保护税税收优惠政策，促进排污企业的节能减排等。

3. 流转方式市场化

流转进程需要积极发挥市场的作用，改变被动化、义务化的生态产品供给方式，利用人的主观能动性，引导多方主体参与到生态产品的市场交易之中，促进资本刺激交易市场的活跃。例如，在生态补偿方面，哥斯达黎加森林资源的所有者，森林生态系统服务的需求方参与生态补偿方案中生物多样性、水源涵养等生态产品的流转。玻利维亚洛斯内格罗斯岛生态补偿项目中，交易主体有河流上游的土地所有者、河流下游的公民，还有当地的生态保护组织，虽然该项目相比于有公共部门引导的市场交易系统，买卖双方建立信任的时间更漫长，花费的交易成本更高，但不能否认它的确扩宽了生态产品市场交易的方式，实现了对人的主观能动性的充分、有效、全面的利用，也达到了保护湿地、山林和鸟类生物多样性的目的。

在生态产业化经营方面，瑞士积极运用了市场配置资源的能力，通过利用水资源发展水电、利用山地资源和文化资源发展乡村旅游等方式，将生态资源与第一、二、三产业相结合，增加了市场对于生态产品的需求，促进了生态产品在市场的交易。另外注意在生态产业化经营的过程中，生态产品载体溢价的方式也可以起到扩大市场需求、刺激经济发展的作用，如法国打造系列国家公园品牌产品，使得国家公园生态产品的价值附着于载体产品，载体产品享受公园品牌带来的惠益，实现生态产品的载体溢价[1]。

目前，我国生态产品的市场交易逐步发展，虽然还存在着部分的交易制度阻碍，但基本框架已然建成，无论是生态资源的产业化经营，还是生态资源的指标及产权交易，都已经有了一定数量的探索实

1. 张晨等：《法国大区公园经验对钱江源国家公园体制试点区跨界治理体系构建的启示》，《生物多样性》2019 年第 1 期。

践经验，对如何运用市场，如何发挥社会资本的力量，都已经通过国外的经验和国内的实践获得了一定的认识。

4. 交易范围区际化

要在地域上构建区际的生态产品市场交易机制，区际交易市场可以有效降低交易费用，实现资源的高效配置。如欧盟 2005 年建立了跨国性的二氧化碳排放权交易体系（European Union Emission Trading Scheme，EU-ETS），再如美国针对整个田纳西河流域的综合治理和开发，设立了具有独立性的田纳西河管理局（Tennessee Valley Authority，TVA）。管理局直接向国会负责，不受某一部门或某一地方政府的管辖，且同时拥有类似企业的自主经营权，配备有足够的权限支配所属管辖范围内的空间及自然资源，显著提升了区际之间资源流通与配置的效率[1]。

我国也建立了部分生态产品的区际交易市场，实现了部分生态资源的区际统一性配置。如我国水利部成立长江水利委员会、黄河水利委员会两个派出机构，进行所在流域水资源的统一管理和规划，开展流域性的水利工程建设，实现水资源生态产品的区际流转。

三、生态产品市场交易的制度阻碍分析

制度不是新古典经济学认为的无关紧要的因素，在社会经济的发

1. 王启轩、任婕：《我国流域国土空间规划制度构建的若干探讨——基于国际经验的启示》，《城市规划》2021 年第 2 期。

展进程中，如马克思、诺思所主张的，制度起着关键性、决定性的作用。为加强生态产品的市场交易，对整个流转机制进行完善、健全，属于题中应有之义，而在完善前了解、分析制度的阻碍之处也同样极其重要。经济基础决定上层建筑，同时上层建筑也会反作用于经济基础。好的制度会让生态产品的市场交易更加通畅。那什么是好的制度？一个好的制度是最简洁的制度。用通俗的话讲，办事容易的制度是好制度，用交易费用理论的观点来阐述，是能够减少交易成本的制度。从交易费用的理论来看，制度存在的意义是缩减每一笔交易的成本，提高总量交易费用占 GDP 比率。总量交易费用占 GDP 比率高，意味着市场交易量大，社会分工细，交换发展的部门多且更职业化、专业化、规模化。用阿罗的概念，如果经济运行的成本高昂，则整个经济体系就无法获得良好的经济绩效。换到生态产品的市场交易中就是，如果生态产品市场的交易费用高昂，那么整个生态产品市场交易机制的运行就会梗塞。可见，当一个制度不能降低，相反还提高了交易成本时，这个制度就是在阻碍生态产品的市场交易。因此，本部分将从交易费用理论的角度，对法律制度和交易制度及其实践，论证我国生态产品市场交易的制度阻碍。

（一）生态产品交易的规范性文件庞杂低效

我国生态产品的交易市场大多为政策驱动型市场，由政府主导。完善立法，可以帮助处理好政府与市场的关系、政府与社会的关系、效率与公平的关系，给生态产品市场交易一个稳定的可预测的环境。我国生态产品市场交易制度的规定以政策性文件为主，其分布零散且缺乏系统性、整体性[1]，烦琐庞大的文件体系增添了查阅资料、解决法律法规冲突的交易成本。同时，法律制度体系不够完善，提供不了有效的制度保障，造成了更多潜在交易成本的存在。以“生态环境”为关键词，检索的文件内容范围为“标题”，经在北大法宝检索统计，2014—2023 年十年间，中央各部委发布的政策文件数量达 4100 件，各省级及省以下城市的地方性政策文件数量更是高达 33946 件，总计 38046 件。（见图 4-1）

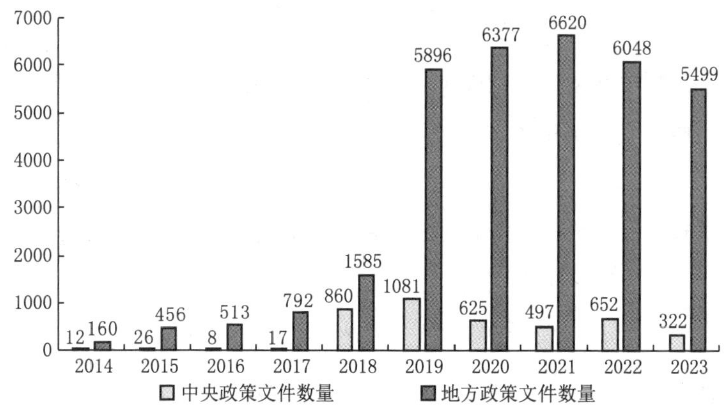

图 4-1　2014—2023 年中央及地方规范性法律文件发布数量

数据来源：北大法宝。

通过分析这些规范性文件可以发现其存在两方面的问题：一方面，缺乏创新性，各地区出台的规范性政策文件同质性过强 ，并未很好地将试点地区的政策文件与当地地方情况结合起来，没有做到因

1. 王诗童：《完善排污权交易政府监管法律制度研究》，昆明理工大学 2021 年硕士学位论文。

地制宜，仅仅只是照搬模仿；另一方面，内容不够简洁统一和明晰完备，政策性文件较为零散，没有形成层次分明、条款明晰的制度体系，而且对于部分制度还存在政策空白的情况。不完善的政策文件导致生态产品市场交易的速度缓慢，增添了不必要的时间成本和额外的交易费用。例如，生态资源的调查监测和确权登记制度的不完善，导致区域内生态资源的数量、质量和权属等信息收集的不充分、不及时，增加了市场主体开展信息收集的交易成本。

（二）生态产品交易的司法指导案例的问题

相较于规模庞大的政策性文件，2014—2023 年十年间，最高人民法院发布的关于生态环境类的指导性案件数量稀少。以“生态环境”为关键词，检索范围为“全文”，在北大法宝数据库共检索出 31 件最高人民法院指导性案例，其中，由最高人民法院审理的案件为 1 件，其余为地方各级人民法院审理的案件。（见图 4-2）

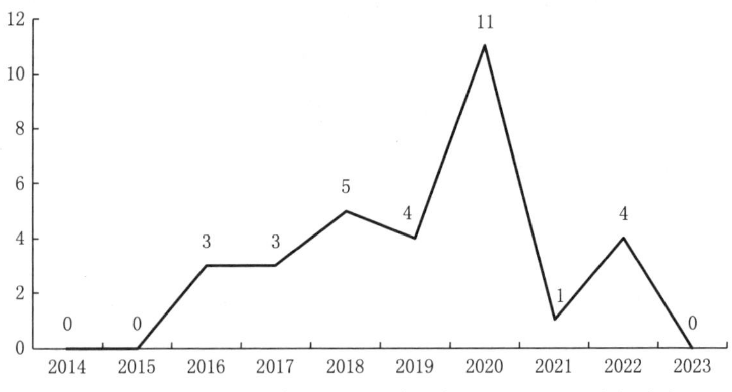

图 4-2　2014—2023 年各级人民法院生态环境类指导性案件分布

数据来源：北大法宝。

涉及生态环境类的普通案件则更为庞大，2014—2023 年各级人民法院审结的案件中，案由为环境污染责任纠纷与破坏环境资源保护罪的案件数量分别为 11027 件和 186454 件。（见图 4-3）

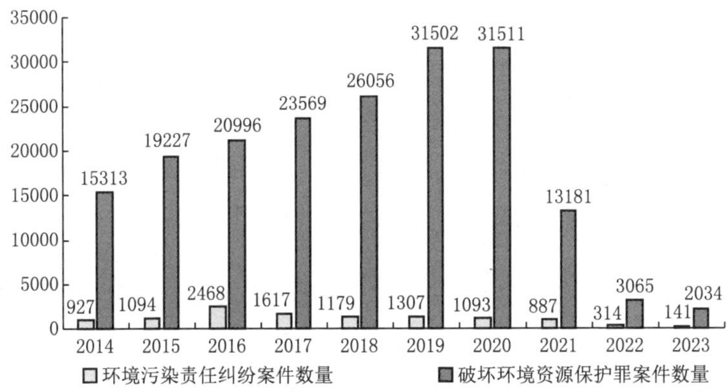

图 4-3　2014—2023 年各级人民法院审理的环境污染责任纠纷案件数量与破坏环境资源保护罪案件数量

数据来源：北大法宝。

我还收集了 2015 年到 2023 年行政公益诉讼相关案件。以全文关键字“公益诉讼”、当事人“检察院”、案件类型“行政案件”作为检索条件，在裁判文书网、北大法意网、威科先行网和北大法宝网获得有效检察行政公益诉讼案例 1407 件。[1] 在所有检察行政公益诉讼案件中，生态环境与资源保护方面的案件数量最多，有 863 件，占比达 61.3%。

1. 我分别在 2021 年和 2023 年对行政公益案例进行了整理，检察行政公益诉讼案件的检索时段截至 2023 年 3 月 31 日。

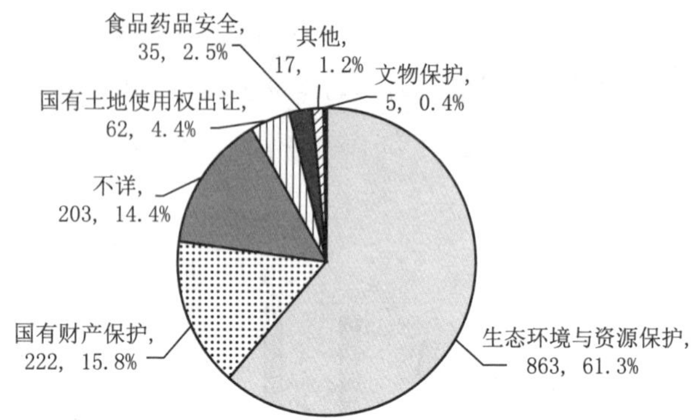

图 4-4　生态环境与资源案件比率

因此，指导性案例作为立法的重要辅助方式，相对于政策性文件和结案数量而言过少，发挥的指引与规范作用有限，需要进一步完善发布机制，提高颁布频率，强化事前防范和事后监督的法治效用。

综上，无论是在生态产品市场交易机制的法律制度建设上，还是有关指导性案例的完善上，都存在着不足。然而上述法律手段往往起着引导市场形成、规制交易行为、救济主体权利的关键性作用，所以我们必须采取积极的措施努力消除法律制度和司法实践上的阻碍，保障生态产品市场交易运行的稳定、通畅。

（三）生态产品交易主体和交易范围的限制

1. 生态产品交易主体的权责规范不明

为了保障交易双方的交易顺利达成，除了需要价格机制清晰统一，还需要每个主体权责分明。生态产品市场交易系统中，主要有三方主体：一是政府；二是交易管理机构或称交易平台、中介机构；三是市场主体。三方主体的权利责任规定不够清晰明朗，虽然大体上明确政府负责对资源流转的监测监督，交易平台负责对资源的整合集中和规模化、专业化运营。但是，以PPP（政府和社会资本合作，public-private partnership）模式为例，“经济人”假设的驱动让政府和市场主体在携手合作之时，各自揣着不同的价值取向，先天不平等地位的存在让政府和市场主体的摩擦风险上升，再加上双方没有明确的权利义务辖制，“踢皮球”、利益冲突等事件的发生概率直线上升，整个生态产品的市场交易很容易受到阻碍。因此，理清政府、交易平台、市场主体之间的责任权利关系，明确政府的规制监督范围、交易平台的管理运营范围、市场主体的权利义务范围，对于促进生态产品交易流通极为重要。

2. 生态产品的交易范围狭窄

（1）权益范围较少

在配额交易中，目前仅开放了碳排放权交易、排污权交易、用能权交易、用水权交易等少数“生态权”的交易市场，而释氧、土壤保持、生物多样性等冷门“生态权”的交易尚未开展探索实践[1]。

（2）地区范围有限

建立区际交易市场是帕累托改进的必要内容，但我国很多区际生态产品交易市场尚未形成[2]。目前，中央和地方均在为建立区际生态产品交易市场、努力扩大现有交易市场范围而做出各种尝试，并且部分尝试已获得良好的市场回应。例如，2021年7月16日，全国碳排放权交易市场正式开市。但是总体而言，仍有较多区域和行业的区际

1. 参见课题《社会资本投入生态产品供给的产权研究》。
2. 丘水林、靳乐山：《生态产品价值实现的政策缺陷及国际经验启示》，《经济体制改革》2019年第3期。

生态产品交易市场未能建立完备。例如，尽管我国1988年就开始试点排污许可证制度[1]，但时至今日，仍然未明确在全国范围内全面推行排污权交易制度。区际交易市场能够帮助打破各地区的交易壁垒，统一协调配置区际资源，降低区域间的交易成本，使得资源运转更为高效，因此应大力加强区际交易机制的构建。

（四）生态产品的产权制度与价格机制不足

在上一章讨论价格形成机制时，已经讨论了生态产品在产权和价格方面面临的制度问题，这些问题也构成了生态产品市场交易的阻碍。这里再做简要分析。

1. 生态产品的产权制度问题

大部分自然资源产权归属不明确，权利义务界定不清晰。从产权经济学的角度出发，经济学的核心问题不是商品买卖，而是权利买卖。不管是实体商品，还是无形商品，商品与商品权利始终密不可分。产权不明确将是一切交易补偿机制实施的阻碍源头。购买方付费给谁？受益者补偿给谁？科斯曾在“联邦通讯委员会”上以种植者与泊车者举例论证：同一片土地上，一个人在种植，另一个人在泊车，要确定究竟是种植者妨碍了泊车者泊车，还是泊车者损害了种植者种植，最终是要看这片土地的使用权归属于谁[2]。没有相对清晰明确的产权制度，就无法解决公共产品的外部性问题，生态产品就无法进

1. 刘侃、杨礼荣：《排放权交易制度的国内外比较分析》，《中国机构改革与管理》2019年第3期。
2. 卢现祥等主编：《法经济学》，北京大学出版社2007年版。

入交易市场有效流通。康芒斯把经济关系的本质归结为所有权转移的交易，科斯认为权利界定是市场交易的前提条件，如果产权归属不明确，生态产品就相当于没有了进入市场的准入券。

2. 生态产品的价格机制问题

我国对生态产品价值的评估，体现在市场交易系统的很多方面。比如，生态保护补偿机制中的补偿费用，生态损害赔偿制度中的生态环境修复费用；再如，生态资源指标及产权交易中的市场交易价格，具体可以碳排放权交易市场各地区各品种每吨碳成交价格为依据。显然，在价格机制应用需求广泛的情况下，能够反映市场供求和资源稀缺程度的统一性的生态产品价格机制依然缺位。价格机制的缺位，严重降低了生态产品配置的经济效率，给生态产品交易市场的主体带来了不必要的交易费用。例如，针对交易价格的协商费用，或者因无法磋商出一致的生态环境修复费用而提出生态环境损害赔偿诉讼的诉讼费用。相反，如果有系统性的能够反映生态产品价值和环境损害成本的价格机制，与生态产品价格有关的争议就会相对减少或者更易解决。

生态产品的价格形成与信息披露制度密切相关，但我国交易市场的信息披露不足，没有标准化、系统化的信息披露制度，无法全面及时地为交易主体提供相关信息。以碳交易市场为例，我国试点地区的碳排放权交易市场取得了良好效果，提升了资源配置的效率[1]，如重庆

1. 张彩江、李章雯、周雨：《碳排放权交易试点政策能否实现区域减排？》，《软科学》2021年第10期。

自试点开始至2021年碳排放权交易额达1.8亿元[1]。但是，通过游程检验、方差比检验和重标极差检验，综合性分析中国试点碳市场的有效性后，发现我国试点碳排放权交易市场的信息处理能力，在整体上仍未达到弱式有效市场处理能力的水平[2]，即交易市场还存在着信息公开低效、信息价值判断低效等问题。碳市场的碳交易价格难以充分反映外部信息，交易主体无法及时获取并甄别真实有效的信息，无法对披露的信息作出正确全面的分析和判断，进而导致信息成本提高和交易费用上升，市场活跃性因此下降。因此，应当加强信息披露，提高碳排放权交易市场透明度，增加交易的种类、数量和质量，解决信息的滞后和不对称导致的公允价格缺失等问题。

四、生态产品市场交易的现有制度评估

人类的历史发展进程显示，制度性因素，而不是技术性因素，对经济的增长起着决定性作用。新制度经济学指出，现实并不如新古典经济学想象的那般理想，新古典经济学的观点是建立在交易费用为零的理想化基础上，然而因为人的有限理性、机会主义以及资产专用性的存在，交易费用实际始终存在于现实生活中[3]。那么在正交易费用的情况下，科斯定理表明，制度在决定资源的分配和利用方面起着至关

1. 陈维灯:《重庆碳排放权交易额达1.8亿元》,《重庆日报》2021年7月22日，第6版。
2. 马跃、冯连勇:《中国试点碳排放权交易市场有效性分析》,《运筹与管理》2022年第8期。
3. 转引自［美］迪屈奇:《交易成本经济学》，经济科学出版社1999年版，第29页。

重要的作用。所以，对现行的制度规范进行评估，认清现行制度规范的优缺点，促进现行制度规范的改进是极有必要的。美国制度经济学家康芒斯将“交易”分为三种基本类型——买卖的交易、管理的交易和限额的交易，其中买卖的交易形容平等人之间，如各市场主体间的碳排放权交易；管理的交易形容上下级之间，如生态保护补偿机制的纵向财政转移支付制度；限额的交易形容政府与个人之间，如政府根据政策对个人进行生态补偿。所有人与人之间的经济活动都涵盖在这三种交易类型中，将这三种交易类型按照不同比例组合起来就形成了各式各样的经济制度。目前，我国生态产品市场交易的现有制度可以总结为“两产两偿”，即“产权”“产业”与“补偿”“赔偿”。

（一）生态产品直接市场交易制度

生态产品的“产权”即生态资源指标及产权交易系统，属于生态产品的直接市场交易。为解决生态产品公共物品性的难题，政府通过指标管控、设定限额、明确产权等方式，将生态产品的稀缺性反映在其交换价值之中，同时激发生态产品的市场交易活力，形成指标交易、配额交易和产权交易三大交易市场。下面对这三大交易市场分别进行阐述。

1. 指标交易

指标交易以重庆市的地票制度和森林覆盖率指标交易为例。重庆地票制度运用地票收益的方式，促进农村建设用地向耕地、林地、草地等农用地的转化，运用“持票准用”的制度，将腾出的建设用地指标，替换成地票，用于重庆市新增建设用地的农用地转用手续。重庆地票制度实现了一举多得，在守住耕地红线、扩展生态空间、增加生态产品的同时，还一方面增加了城市中经营性建设用地的可用面积，缓解了城市用地的压力[1]，降低了重庆的房价，促进了经济的繁荣，加快了城镇化的进程；另一方面也为农村人口进城后农村建设用地大量闲置的问题提供了解决方案[2]，而且将效益低的空置建设改为农用地卖出的地票收益也为农民增添了一笔收入来源[3]。

重庆市推行森林覆盖率指标交易机制，是在为每个区县设立了到2022年底的森林覆盖率目标值的基础上构建的，为缓解确实难以达到目标值的区县的压力，建立起交易平台允许其和森林覆盖率已超过目标值的区县做交易，购买森林面积指标，计入自己的森林覆盖率。目前整个森林覆盖率指标交易机制建立了完整的市场交易循环，清楚明确界定了各方权责，无论是市林业部门拟订目标值、监测监督、建立交易平台的责任，还是销售方管护“售出”森林资源的责任，都在机制中界定清晰，整体取得较好的生态效益。

总体而言，我国的指标交易制度在生态产品的价值实现上发挥了重要作用，指标交易机制通过政府管控的方式，协助打通了绿水青山转化为金山银山的通道，推动了生态效益、社会效益和经济效益的有机统一。

2. 配额交易

我国主要推进的配额交易有碳排放权交易、排污权交易、用能权

---

1. 路雅雯：《重庆地票价值评估》西南财经大学2019年硕士学位论文。
2. 郑沃林、胡新艳：《基于渝川地票制度的土地创新管理制度思考》，《中国农业大学学报》2019年第10期。
3. 郭苏文、吴徐雯：《地票制度对农民财产性收入的影响研究》，《农业经济》2020年第7期。

交易和用水权交易四类[1]。2011 年 10 月，国家发改委发布《关于开展碳排放权交易试点工作的通知》，北京、上海、天津等七个省市成为碳排放权交易试点地区；2021 年 7 月，国家发电行业全国碳排放权交易市场开市。依据对“五省两市”试点地区 1997—2017 年的面板数据的合成控制法（SCM）实证分析结果，碳排放权交易制度在减少试点地区碳排放量上有较为显著的效果[2]；另外，据生态环境部发布的数据，至 2021 年 11 月 10 日，全国碳市场运行的 77 个交易日中配额累计成交额达到 10.44 亿元，至 2021 年 12 月 31 日，全国碳市场的碳排放配额累计成交额约 76.61 亿元。所以，从整体上可以看出，碳排放权交易制度运转流畅，取得了良好的生态效益与经济效益，促进了生态产品的市场流通。

相较于碳排放权交易制度的初步成功，我国排污权交易制度的运转成效却不尽如人意。虽然排污权交易制度在 20 世纪 80 年代就开始了初步探索，但是发展缓慢且成效不佳，甚至部分区域交易试点市场一度出现“零交易”状况[3]，难以像碳排放权交易制度一样形成全国性的交易市场。

用能权交易于 2016 年 7 月在浙江、福建、四川和河南四省开始有偿使用和交易试点。依据对全国 30 个省份 2006—2019 年的面板数据的双重差分法考察结果，用能权交易制度可以显著提升能源利用效

1.《中华人民共和国国民经济和社会发展第十四个五年规划和 2035 年远景目标纲要》指出：“推进排污权、用能权、用水权、碳排放权市场化交易。”

2. 杨秀汪、李江龙、郭小叶：《中国碳交易试点政策的碳减排效应如何？——基于合成控制法的实证研究》，《西安交通大学学报》（社会科学版）2021 年第 3 期。

3. 陈浩：《走向何方：排污权交易试点十年》，2017 年 7 月 14 日，碳排放交易网，http://www.tanpaifang.com/paiwuquanjiaoyi/2017/07/1460032.html。

率，降低二氧化碳和二氧化硫排放量，优化生态资源的配置[1]。

2014年，水利部印发《水利部关于开展水权试点工作的通知》，宁夏、江西、湖北等七个省（自治区）开展水权确权和交易试点，之后，新疆、山西、河北等省（自治区）也陆续开始进行水权交易的试点工作。依据对中国30个省（自治区、直辖市）2010—2018年的水资源利用效率的超效率SBM模型测算结果，用水权交易制度可以有效提高水资源利用率，且水资源利用率试点地区比非试点地区高，国家级试点地区比省级水权交易试点地区高[2]。可见，同为政策驱动型配额交易，并不是所有类型都能在优惠政策下获得良好的执行效果。

3. 产权交易

我国的产权交易常见的有森林资源产权交易和水资源产权交易。以福建省南平市的“森林生态银行”和福建省南平市光泽县的“水生态银行”为例。福建南平的森林生态银行将集体林权制度改革后分散的林权聚合起来，结合了产权明晰和协调统一两个优点，方便了社会资本向生态资本的投入。在全面摸清森林资源的各项数据后，森林生态银行通过推出入股、托管、租赁、赎买四项流转方式，实现森林资源产权的市场流通，将原本散落的森林资源整合盘活，提高了生态产品自身的价值。另外，森林生态银行也同时和碳排放权交易和生态产业化经营相结合，增加了生态产品的价值实现途径。

福建南平光泽的水生态银行和森林生态银行的模式类似，同样是

1. 薛飞、周民良：《用能权交易制度能否提升能源利用效率？》，《中国人口·资源与环境》2022年第1期。
2. 吴凤平等：《中国水权交易政策对提高水资源利用效率的地区差异性评估》，《经济与管理评论》2022年第1期。

摸清资源家底后对资源进行统一配置。虽然我国产权交易制度依然存在着部分产权界限不清楚、各机构主体间权责界限不明晰的问题，但是，正如南平的森林生态银行和光泽的水生态银行的示范效应，我国产权交易制度整体上还是呈现出较好的生态保护效益，促进了生态产品的资产化和资本化，并加快了经济发展的脚步。

（二）生态产业化经营机制

“产业”即生态产业化经营。生态产业化经营，就是尝试将生物生产与人类生产联系起来，将生态元素加入第一产业、第二产业、第三产业，使得公共性生态产品转化为经营性生态产品[1]。

生态产业化经营有许多例子，例如江西赣州市寻乌县利用修复后的土地发展油茶种植，这是结合第一产业；建设光伏发电站、建设工业园区，这是结合第二产业；发展健身旅游，这是结合第三产业。同时有的生态产业化经营将生态产品与当地特有的自然资源、历史资源、文化资源等相结合，提高自己的市场辨识度，以吸引更多社会资本的输入，例如浙江余姚市梁弄镇发展“绿色＋红色”产业，将绿色生态与红色资源进行有机统一。

生态产业化经营存在许多不足，如在 BOOT（build-own-operate-transfer）模式中，特许经营管理主体的职能交叉、管理权与经营权范围不相适应，极大地影响了特许经营的落地项目的数量。与此同时，生态产业化经营也有许多优点，生态产业化经营利用人类生产的大范围流通，带动了生态产品的市场交易，将生态元素与商业元素相结

1. 张林波等：《生态产品内涵与其价值实现途径》，《农业机械学报》2019 年第 6 期。

合，在生态上附加经济效益的同时，创造出更多的生态效益。

（三）生态保护补偿制度

“补偿”即生态保护补偿制度。生态保护补偿制度的理念为“谁受益、谁补偿，谁保护、谁受偿”[1]，构架上包括两种，一是纵向的生态保护补偿制度，二是横向的生态保护补偿制度。就纵向生态保护补偿制度而言，它可以总结为上级政府对下级政府或政府对个人、组织、团体的“自上而下”的补偿制度[2]；就横向生态保护补偿制度而言，它可以总结为同级政府之间或个人、组织、团体之间的“由左往右”的补偿制度。例如，湖北鄂州市在确定好自然资源、核算完三个区的生态系统服务价值后，由市财政给予 70% 的补贴，这是纵向财政转移支付的补偿制度；由其他接受服务的受益地区支付剩下的 30% 补贴，这是横向财政转移支付的补偿制度。

2021 年 9 月，中共中央办公厅、国务院办公厅印发《关于深化生态保护补偿制度改革的意见》,《生态保护补偿条例》列入 2022 年国务院立法工作计划。意见和条例草案为生态保护补偿制度的探索提供了指引。总体而言，生态保护补偿制度是各级政府或生态受益地区通过资金补偿、园区共建、产业扶持等方式，向生态保护地区或者说生态产品供给地区购买生态产品的方式。生态保护补偿制度依赖于政策及其适用，即有效借助政策的力量，实现激励绿色生态产品供给价

1. 中共十六届五中全会明确指出应该按照“谁开发谁保护、谁受益谁补偿”的原则构建生态补偿体制机制。
2. 彭丽娟：《法政策学视野下的生态保护补偿制度研究》，湖南师范大学 2021 年博士学位论文。

值，助力绿色发展、经济发展、社会发展的共同推进。

（四）生态损害赔偿制度

“赔偿”即生态损害赔偿制度。生态损害赔偿制度的理念为“谁损害、谁赔偿”。生态损害赔偿制度，是生态受益企业等单位或个人违法使用生态产品后的事后赔偿。与生态保护补偿制度相比，后者是合法受益后的补偿，前者是违法获益后的赔偿。2017 年 12 月 17 日，中共中央办公厅、国务院办公厅发布《生态环境损害赔偿制度改革方案》；2019 年 6 月 5 日，最高人民法院发布人民法院保障生态环境损害赔偿制度改革的五个典型案例，同时出台《最高人民法院关于审理生态环境损害赔偿案件的若干规定（试行）》。《方案》明确了赔偿义务人和索赔权利人；《若干规定（试行）》首次将“修复生态环境”作为生态环境损害赔偿责任的方式[1]，并且修复完成后的验收费用、修复效果后评估费用等，也被规定在赔偿义务人需承担的生态环境修复费用范围内；在《若干规定（试行）》于 2020 年 12 月 23 日修正后，第十一条“被告违反法律法规污染环境、破坏生态的”被改为“被告违反国家规定造成生态环境损害的”，扩大了生态环境损害赔偿案件的被告范围，第十四条根据具体案情予以判决的修复费用中增添了“清除污染的合理费用”，第二十一条“拒绝履行、未全部履行”被改为“在期限内未履行或者未全部履行”，放宽了当事人申请强制执行

1.《最高人民法院关于审理生态环境损害赔偿案件的若干规定（试行）》第十一条：“被告违反国家规定造成生态环境损害的，人民法院应当根据原告的诉讼请求以及具体案情，合理判决被告承担修复生态环境、赔偿损失、停止侵害、排除妨碍、消除危险、赔礼道歉等民事责任。”

的条件。生态损害赔偿制度的建立，提高生态环境违法成本，严格赔偿义务人的各项责任，有效遏制生态环境污染行为的发生，推进生态环境损害成本的内部化，摆脱“企业污染、群众受害、政府买单”的困难局面。2022 年 4 月，生态环境部办公厅公布《生态环境损害赔偿管理规定》，为生态损害赔偿确立基本的行政规章的依据。

从整体效果上看，我国生态产品市场交易系统运用政府路径、政府与市场混合路径、市场路径相结合的方式，采取 PPP 模式将财政资本、社会资本与自然资本协调调配，在政府和生态之间引入了市场的力量，促使企业与个人加入生态产品的供给队伍，参与解决生态修复、保护的难题，在减轻生态产品单一政府供给压力的同时，提升生态产品市场交易的速度，为绿色循环经济发展作出了贡献。

五、市场交易系统的制度体系构建与完善

（一）市场交易系统的制度体系构建

任何一种物品的交易均需要生产者和消费者两种交易主体，两者都是劳动属性的人，不是生态系统，在交易市场中进行买卖。生态产品的交易也不例外，同时也有其特殊性。生态产品的交易可以分产权交易和权益交易。产权交易主要是具有明确产权的自然资源的交易，与一般市场交易相同。权益交易则具有特殊性，权益交易首先需要法律创设权益，然后通过市场交易、生态保护补偿、生态损害赔偿的形式进行交易。所以生态产品的市场交易制度包括如下方面：

第一，生态产品的交易主体制度。生态产品如同任何其他物品一

样，如果进行交易必须有生产者和消费者。政府、企业、个人等均可以成为生态产品的生产者。虽然政府在生态产品供给不足的时候可以作为生产者存在，但长期来看这不是政府的职能，应该把生态产品的生产交由企业和个人。在生产者中，必须重视企业家的功能，企业家能发现生态创业和生态产品的机会，让这种机会成为企业可能的利润。生态企业家的培育制度、生态创业的教育制度就成为交易主体制度的重要组成部分。在消费者中，所有的人都是生态产品的可能消费者，一般而言，具有较强生态意识的人（包括组织）消费生态产品的可能性更高。根据需求弹性理论，如果人们认为生态产品是必需品，那么需求弹性较低，需求的意愿购买更高。具有较强生态意识的人更可能认为生态产品是必需品。

第二，生态产品的权益创设制度。权益类生态产品是生态产品市场交易中最为重要的创新。“庇古税”是应对生态问题外部性的传统方案，也就是对污染排放物进行征税。这是一种消极的方法，并不能真正促进企业较少排放污染物，只是把外部成本内部到商品价格中去。而创设权益进行交换则既促进了排放物的减少，还激励生态产品的生产，是一种一举两得的积极方式。排污权、碳排放权、碳汇权、用能权等各项权益会随着人们对生态问题思考的深入而不断增加。这些权益虽然初期可以用政策进行试点，但一旦推广到全国就必须通过法律进行创设。

第三，生态产品的交易市场制度。生态产品的交易市场可以分为一般市场、专门市场和特殊市场。一方面，可以通过法律创设一些专门的生态产品交易市场，制定规则促进生态产品的交易；另一方面则需要生态产品的营商环境制度，来发展生态产品的一般市场。不论是一般市场还是专门市场，促进交易的便利化，降低交易成本均应该成为制度需要遵循的基本原则。生态保护补偿和生态损害赔偿可以看作生态产品交易的特殊市场。无论生态保护补偿还是生态损害赔偿，均会增加生态产品的供给，维持生态系统服务的功能。这两种方式本质上也是一种交易，只是其中政府发挥的功能更强。

（二）市场交易系统的制度体系的完善

1. 构建培育生态企业家精神的制度环境

制度经济学认为，在生态产品的市场交易中，必须重视企业家的作用。这里的企业家并不等同于生态产品的经营者，并不是所有从事生态产品经营的人都可以称为企业家。企业家最早源自法语词汇“entrepreneur”，具有冒险家的意思，一般而言，具有较强的创新精神、冒险精神等企业家精神的人才可以称为企业家。培育企业家，关键是培育企业家精神。

党的十八届五中全会提出：“限制政府对企业经营决策的干预，减少行政审批事项。清理和规范涉企行政事业性收费，减轻企业负担，完善公平竞争、促进企业健康发展的政策和制度。激发企业家精神，依法保护企业家财产权和创新收益。”党的二十大报告也提出了要“弘扬企业家精神”。制度环境对企业家精神具有重要的影响作用。制度环境是由多种制度构成，其中对企业家精神的培育最重要的制度是法律制度。产权清晰、法律体系完善及公司治理结构合理的制度环境都能够促进企业家精神的产生和发挥。[1]

1. 张自卿、邵传林、裴志伟：《制度环境与企业家精神一个文献综述》，《商业经济研究》2015 年第 7 期。

企业家精神的培育，实际上就是企业家适应和遵循组织场域中的社会秩序模式，积极寻求组织内外部利益相关者的认同，最终遵从和适应制度环境的过程。在何种制度环境下，企业家的创新精神更容易被激发？答案无疑是，该制度环境拥有健全的创业与创新扶持政策、高效的政府治理水平、发达的金融发展水平、支持企业家成长的氛围及较高的法治化水平，能为企业家的创业与创新活动提供有力支持及可预期的行为框架。[1]

陈怡安、赵雪苹基于2011—2015年中国省级层面的面板数据，采用固定效用模型，实证研究制度环境与企业家精神的内在影响机制，从法治水平、金融发展、政府管制与地区腐败四个方面分析制度环境对企业家精神的影响，结论表明，对创新和创业两类企业家精神的形成来说，制度环境的影响是十分重大的，该四个指标可以更好地对企业家的创新精神进行解释。[2]这一研究表明，良好的制度环境对生态企业家进行创新、创业，把握生态产品市场机会具有重要影响。

2. 构建生态权益的制度体系

我国已经有了初步的生态权益交易市场，但是生态权益多数没有法律依据，仅仅停留在政策的层面。在法律上，权利和利益的地位是不同的，如果是一项权利，则可以得到法律的救济，所谓“无救济则无权利”。利益则不同，没有被转化为权利的利益是无法获得救济

1. 关于制度环境与企业家关系的量化研究很多，例如，马富萍、郭晓川：《企业家精神培育环境研究：量表的开发与验证》，《内蒙古大学学报》（哲学社会科学版），2017年第4期。

2. 陈怡安、赵雪苹：《制度环境与企业家精神：机制、效应及政策研究》，《科研管理》2019年第5期。

的。如果碳排放权、碳汇权、用能权、用水权等不能转换为权利，则可能导致生态产品权益交易出现纠纷进行法律救济时，没有法律的依据，导致救济困难。因此，可以制定或者修改法律，逐步把这些生态权益法律化、权利化，减少交易可能带来的救济问题，减少交易成本。

3. 完善生态产品交易市场体系

生态产品的供给和消费依赖于生态产品市场的发展，生态产品市场的发展对生态产品的市场交易有举足轻重的影响。

（1）完善生态资源资产市场体系

将生态产品融入公共资源交易平台，营造公平的交易环境，为不同市场主体之间的生态产品权益交易提供有利条件。注重发挥市场在生态产品配置中的决定性作用，大力发展碳汇市场，促进草地、绿化、湿地等生态产品经济价值的实现，促使市场作出更灵活的价格反应，实现生态产品的自由流动和市场竞争的依法有序。

（2）创新生态保护补偿制度

生态保护补偿是一种特别的生态产品交易方式，这种交易方式主要有财政性补偿、建立信贷补偿额度、国际贸易补偿、直接补偿等方式[1]，这些方式均可以在我国建立相应的制度。

其一，健全并完善制度的顶层设计。中央政府应当充分发挥政策统筹功能，在跨行政区划、跨流域的生态建设补贴中发挥主导作用，落实国家中央资金纵向转化的支持政策，进一步健全各地跨区域生态建设补贴的法律法规，合理确定并落实各级人民政府或流域地区的生

1. 傅国华、许能锐主编：《生态经济学》，经济科学出版社 2014 年版，第 153—154 页。

态补贴份额，构建适宜的区域生态发展机制。

其二，健全政府部门采购生态公共服务的市场化生态弥补机制。健全生态服务提供者（即政府部门）与生态公共服务生产者（即私营企业、组织、农民个人等）之间的市场交换机制，进一步明晰市场交易主体和交易规则，尤其是健全政府投融资服务渠道，以保障资本的合理供给。

其三，支持绿化节水等公益生态产业市场化交易活动。鼓励防风固沙、退耕还林还草等公益性生态工程，加强森林防火、野生动物保护等公益性生态管理保护业务，通过经济补偿（补贴）、特许经营、合同外包等方式拓宽融资渠道，降低生态保障项目的申请标准，简化生态维护市场主体的申办程序。

其四，建立关联区域间的直接补偿制度。关联区域的直接补偿是受益和服务关系十分明确的地区之间的补偿。例如，为保护城市用水，需要周边区域保持良好生态，这样城市应该向周围地区进行生态补偿。

其五，建立信贷补偿额度制度。信贷补偿额度建立在生态监测有明确标准的情况下。通过生态监测，生态项目的实施者达到了减排的目标，就可以得到相应的减排信用额度，这种额度可以在市场中进行交易，项目实施者就可以获得报酬和利润，实现了让生态保护有利可图。

（3）完善生态损害赔偿制度

严格意义上讲，生态损害赔偿并不是生态产品交易的市场，但由于我国在法律和实践层面有着生态损害赔偿的磋商机制，以及生态损害赔偿具有的生态产品价值实现的意义，生态损害赔偿在经济学上可以看作极为特殊的市场。2020 年《民法典》第一千二百三十四条、第一千二百三十五条分别规定了生态环境赔偿的责任和赔偿范围。另外,《森林法》《土壤污染防治法》《固体废物污染环境防治法》也对生态损害赔偿作了规定。2019 年最高人民法院发布《关于审理生态环境损害赔偿案件的若干规定(试行)》、2022 年生态环境部发布《生态环境损害赔偿管理规定》,构成我国生态损害赔偿制度的基本框架。在实践中,存在着损害赔偿权利人范围较小、适用范围模糊、磋商协议执行不力[1]等问题,需要从以下方面改进:

第一,扩大损害赔偿权利人范围。根据《生态环境损害赔偿管理规定》第六条,国务院授权的省级、市地级政府作为本行政区域内生态环境损害赔偿权利人。这里的两个条件限制,即国务院授权和省市政府,使得损害赔偿权利人范围狭小。由于我国县级政府是行政主体,是生态环境执法的主要主体,也是处理生态损害的第一人。为了更好地维护生态系统服务,可以将生态环境损害赔偿权利人扩大到县级政府。

第二,明确损害赔偿的适用范围。建议制定具有可操作性的赔偿范围,在赔偿范围内的案件一般均应该提出损害赔偿。由于政府具有生态环境保护的职责,只要存在生态环境损害的事实且需要生态修复,需要恢复生态系统服务功能,如果检察机关或者有资格的组织没有提起环境公益诉讼,省市县政府均应该提出生态环境损害赔偿要求。

第三,明确磋商协议的行政协议性质,赋予其强制执行力。根据

1. 梁春艳、谭雅华:《生态环境损害赔偿制度研究》,《石家庄学院学报》2023 年第 1 期。

《生态环境损害赔偿管理规定》，[1] 生态环境赔偿磋商协议可以申请法院确认，经司法确认的磋商协议可以申请法院强制执行。这就多了一个司法确认的程序。由于磋商协议是行政主体和公民、法人磋商订立的协议，并且协议是为了实现公共利益，因此属于行政协议的范围。只需要最高人民法院通过司法解释的方式，明确磋商协议的行政协议性质，磋商协议就不需要司法确认程序，生态环境损害赔偿权利人就可以直接向法院申请强制执行。这是因为根据最高人民法院 2019 年制定的《关于审理行政协议案件若干问题的规定》，[2] 行政协议可以申请强制执行。

1.《生态环境损害赔偿管理规定》第二十四条规定："赔偿权利人及其指定的部门或机构和赔偿义务人，可以就赔偿协议向有管辖权的人民法院申请司法确认。对生效判决和经司法确认的赔偿协议，赔偿义务人不履行或不完全履行的，赔偿权利人及其指定的部门或机构可以向人民法院申请强制执行。"

2.《关于审理行政协议案件若干问题的规定》第二十四条规定："公民、法人或者其他组织未按照行政协议约定履行义务，经催告后不履行，行政机关可以作出要求其履行协议的书面决定。公民、法人或者其他组织收到书面决定后在法定期限内未申请行政复议或者提起行政诉讼，且仍不履行，协议内容具有可执行性的，行政机关可以向人民法院申请强制执行。"

第五章

生态产品价值实现的维护保障系统：政府法治功能的有效供给

生态产品价值实现的第一步是定价核算，即“算出来”价格形成机制；第二步是实现交易，即“转出去”的市场交易机制；第三步是保障利益，即“管起来”的维护保障机制，其中维护保障机制贯穿整个路线，为促进生态产品的价值实现提供了有力的制度保障。因此，生态产品价值实现需要政府承担制度供给的功能，用制度来维护生态产品的价格形成和市场交易，构建生态环境赔偿、补偿、教育等方面的制度。

一、维护保障系统的基本逻辑

（一）维护保障系统的功能

生态产品的价值可以在价格形成系统和市场交易系统中实现。如果有明确的生态资源产权，有法律创设的生态产品权益，有成熟的市场，加上消费者对生态产品的需求和企业家对生态产品市场的机会把握，作为公共物品的生态产品可以转化为私人物品，如同其他产品一样通过市场流通实现其价值。这种状况正是古典经济学的看法，忽略了制度的功能。在市场上进行的交易，全部是在特定的制度下进行的。如果把市场交易需要的制度称为市场制度，市场制度之外还需要维护保障制度。维护保障制度是使生态产品市场能够以更小的交易成本，更高的交易频率进行交易。

（二）政府管理生态资源的逻辑

20 世纪 60 年代末，在现代环保主义运动的影响下，以环境保护法学家约瑟夫·萨克斯（Joseph I. Sax）为代表的学者提出了将公共信托理论适用于自然资源领域，从此公共信托理论经过继受与发展，在美国落地生根[1]。如信托中存在三方主体一样，公共信托中也同样存在三方主体，其中，全体公民为委托人，政府为受托人，全体公民及其后代为受益人[2]。对于委托人，公共信托理论认可了全体公民对信托财产支配的干预权，为全体公民的环境权提供了理论支撑；对于受托人，公共信托理论一方面明确政府的管理权力，明确政府作为生态环境保护与自然资源管理的主体地位，另一方面又明确政府的维护职能，明确政府不得随意处置自然资源等特定公共信托财产的义务和需要保障特定公共信托财产价值得以实现的责任[3]；对于受益人，公共信

1. 侯宇：《美国公共信托理论的形成与发展》，《中外法学》2009 年第 4 期。
2. Weiss, E. B., *The Plantetary Trust: Conservation and Intergenerational Equity*, 3 Ecology L.q 19, pp.284–286(1984).
3. 王小钢：《生态环境损害赔偿诉讼的公共信托理论阐释——自然资源国家所有和公共信托环境权益的二维构造》，《法学论坛》2018 年第 6 期。

托理论肯定了全体公民及其后代子孙在公共信托上的知情权、参与权和事后纠错、监督、救济的权利。

公共信托理论是政府架构生态产品价值实现维护保障系统的理论基础，确保政府行使行政管理权用以维护、配置生态资源的合理性。如美国宾夕法尼亚州《宪法》第一条第二十七节规定："……宾夕法尼亚的公共资源是所有人民，包括未来世代的人民的共有财产。作为这些资源的受托人，宾夕法尼亚州应当为了所有人民的利益保护和维护这些资源。"公共信托理论具体在生态产品价值实现的维护保障系统中的逻辑体现就是：其一，自然资源归国家所有，即委托人全体公民共同享有自然资源的所有权；其二，受托人政府获得委托人全体公民以法律的形式授予的对自然资源的管理权，在享有信托权利的同时承担信托义务，通过颁布政策、构建制度管理、配置、保护自然资源，并结合市场的作用促进自然资源向自然资本转化，完成生态产品的价值实现，维护保障受益人的生态利益。

公共信托本质上是普通法所有权和衡平法所有权的并存，普通法所有权为受托人所有，实际上是对公共信托资产的管理权，譬如，在莫诺湖案，加州最高法院确认了政府对莫诺湖及其非通航源流具有持续管理的权力[1]；衡平法所有权为受益人所有，实际上是可依据法律向受托人主张权利的权利，譬如，私人主体起诉违反公共信托原则的政府的权利。政府为受托人并不代表受托人仅指行政机关，更多的是指代国家，指代立法机关、行政机关、司法机关在内的所有可以颁布政

1. 王灵波：《公共信托理论在美国自然资源配置中的作用及启示》，《苏州大学学报》（哲学社会科学版）2018 年第 1 期。

策、制度维护保障生态产品价值实现的政治上层建筑，只是其中政府作为自然资源分配的直接决策者和贯彻执行者，作为与“民”角色相应的“官”角色，显得尤为重要且具有代表性。

结合我国自然资源归国家所有即全民所有的理念，我国的受托人可以进一步界定为普通法上自然资源的形式所有权主体，受益人可以进一步界定为衡平法上自然资源的实质所有权主体，也就是说国家所有是形式，全民所有是实质，国家所有最终服务于全民所有，正如政府可以管理但不能获益，全体公民可以获益但不能管理。政府和公民、普通法所有权和衡平法所有权间的相辅相成为政府合理合法建设维护保障系统奠定了基石，为公民加入生态产品价值实现的维护保障提供了理论支撑，规避了生态资源由国家所有演变为政府所有甚至是政府私有的不利后果，如我国探索架构生态积分体系，确保企业、社会组织、个人全覆盖性加入生态保护补偿工作。

（三）生态产品价值实现的内在制度的支持

当我们谈到制度的时候，往往比较重视以法律、政策等体现的外在制度。从政府的角度看，发布包括法律、政策在内的各种规范性文件，体现其对生态环境治理的重视，体现了政府的治理功能。从公民的角度看，一般公民对于这些繁杂的规范性文件并不了解，其行为主要遵循自出生以来所习得的内在制度。这些制度可以体现为文化、风俗、习惯、潜规则等。生态产品价值实现不仅需要法律、政策的维护，更需要内在制度的支持。制度经济学认为，外在制度需要与内在制度相容，如果外在制度能够获得内在制度的支持，其运行的制度成本就会降低，制度也会得到有效的遵守和执行。“历史一再表明，外部制度的效能和持久性通常取决于它们与社会内在制度的和谐程度”[1]，所以必须重视内在制度在生态产品价值实现中的功能。

内在制度与外在制度相比具有一些优势。内在制度是经过漫长的时间逐步发展起来的，其包含着无数人的智慧，具有灵活性和适应性。正如哈耶克指出的，“尽管我们的文明是个人知识积累的结果，但它完全不是靠明确地、自觉地组合任何个人头脑中的这类知识来实现的，而是靠这类知识的具体体现，如靠我们并不理解但却在运用着的各种符号，靠习惯和制度，靠工具和概念实现的”[2]。由于内在制度为无数人所创造，也为多数人遵循，并在社会发展中不断演化，因此具有天然的灵活性。内在制度可以适应社会生活的变化，增强其演化能力。例如，我国传统文化的“天人合一”“敬畏自然”的思想，可以得到发展和培育，形成保护生态环境、维护生态系统服务的规则。

二、国外生态产品价值实现维护保障的经验与启示

（一）国外生态产品价值实现维护保障的经验

1. 田纳西河流域的独立管理机构

1933 年，美国国会颁布《田纳西河流域开发法》，自此田纳西河

1. ［澳］柯武刚、［德］史漫飞、［美］贝彼得：《制度经济学：财产、竞争、政策》，柏克、韩朝华译，商务印书馆 2018 年版，第 145 页。

2. Hayek F. A., *The Political Order of Free People, vol.3 Of Law*、*Legisiation and Liberty*, University of Chicago Press, 1979, pp.149–150.

管理局（Tennessee Valley Authority，TVA）开始了对田纳西河流域的综合整治和开发。在田纳西河的治理开发过程中，管理局在主干支流上修筑了35座具有防洪库容的水坝，加强了防洪功能，使得年均防洪减灾效益达到约2亿美元；建成了多处船闸和港口，改善了通航条件，使得诺克斯维尔市下游的河道均可通航，水运可达22个州；修建了30座水电站，加上火电、核电，田纳西河流域成为美国最大的电力供应基地；建立了公园、野生动物管理区、风景区、宿营地、俱乐部以及教育中心，大力发展了旅游业，使田纳西河流域成为美国著名的旅游区，同时旅游业也成为其重要的收入来源。

美国田纳西河流域治理成功的关键在于，管理局的独立性和其良好的可持续的制度设计。田纳西河管理局直接向国会负责，不受某一部门或某一地方政府的管辖，且同时拥有类似企业的自主经营权，可以自主调配人力、物力、财力，自行组织生产经营，即配备有足够的权限支配所属管辖范围内的空间及自然资源[1]。机构的独立性体现在管理局可以自行统筹田纳西河流域的全面性治理规划和综合性资源调配，相比于由多个州共同决策的机制，减少了商讨的沟通成本、博弈损耗等交易成本。可持续的制度设计使得管理局在美国国会结束拨款后，可以利用自筹资金自给自足，在资金紧张时也可以利用项目排序机制[2]，满足各项目最基本的资金需求。

1. 王启轩、任婕：《我国流域国土空间规划制度构建的若干探讨——基于国际经验的启示》，《城市规划》2021年第2期。
2. 田纳西河管理局建立了支出项目的重新排序机制，即在资金紧张时，根据项目的实际需求情况，减少部分实施项目的资金。

2. 日本环境治理的综合保障措施

1980年以前，日本在环境治理上的国策为“先污染后治理”，漠视因经济高速发展而带来的环境污染问题。最终这种不顾生态承载力，毫无节制开发自然资源、破坏生态环境的行为，给日本人民和日本生态带来了大量负面后果，如20世纪50年代的镉污染“痛痛病”事件。80年代后期，日本已经完成城市化和工业化，开始重视生态问题，由以前的治理为主转变为预防为主。为了改善生态环境，日本采取了一系列综合性保障手段。

第一，环境保护市场化和产业化。日本在环境治理中提倡专业化分工，专业的人做专业的事情。专业化分工具有更多的优势，一方面，专业团队配备更加精准的仪器、掌握更加高超的技术，可以科学地提高污染治理效率，及时地跟进污染治理成果；另一方面，专业团队的加入减少了污染企业的压力，减少了政府的工作量，通过市场竞争筛选专业治理机构，也是政府引进社会资本的路径之一。

第二，环境保护常态化。日本把生态环境保护的思想灌输到居民生活的方方面面。他们通过校园教育、媒体宣传、政策激励以及国家立法等手段引导人们自觉形成生态环境保护意识，从居民的衣、食、住、用、行出发践行生态保护理念，如日本的废弃食用油处理机制和详细的垃圾分类措施。

第三，完善环境法律体系。20世纪70年代以前，日本的水污染现象十分严重。为了保障国家和居民健康用水，管理当局颁布一系列法律减少污染。比如《水质污染防治法》，将水污染分为三种类型，即工业用水污染、生活用水污染以及农业用水污染，并据此对水源防治进行分类。在大气环境安全、农业生产方式、土壤污染等领域，日本也都进行相关的立法，如 1970 年的《农用地污染防治法》。日本环境保护领域的法律法规在法治实践中逐步调节完善。

3. 澳大利亚的《生态银行认证评估方法学》

早在 1999 年，澳大利亚在《环境保护和生物多样性保护法》中就首次提出了“环境抵偿”的概念。在 2007 年，发布该法修正案，明确环境抵偿将作为政策应用的目标和范围[1]。在 2012 年，为落实《环境保护和生物多样性保护法》，提高执法效率，澳大利亚进一步出台《环境抵偿政策》，并将其纳入关于“生物多样性抵偿”的强制要求。该政策规定在项目开发过程中，企业在采取适当预防和缓解措施后，需要采取进一步的行动来补偿因开发活动导致的生物多样性丧失等重大问题。

2015 年，澳大利亚环境部制定了《生态银行认证评估方法学》，为实施《环境抵偿政策》提供技术标准，主要适用于采掘项目导致的显著且不可逆转的生物多样性影响，同时也可作为监管部门用于生态环境监测与评估的理论参考。该方法学的主要流程为：首先，确定植被群落（包括土壤）、生态系统和动物物种。其中，植被群落须在矿区作业面土地破坏之前就连同土壤一起整体处理，用于后期移植到政府指定的“生物多样性区域”。其次，根据矿区所造成的物种和生态系统损失的信用（通常以“公顷”计算），在生物多样性区域相应地

1. 何隆德：《澳大利亚生态环境保护的举措及经验借鉴》，《长沙理工大学学报》（社会科学版）2014 年第 6 期。

重建或增补，使之大于等于在矿区造成的信用损失，接受监管部门的监测与评估，监管部门将定期发布报告。最后，作为补充，矿区还必须为某个特定物种或生态系统的保护项目或保护地出资，从而为实施《国家生物多样性战略与行动计划》作出贡献。

（二）维护保障国外经验的启示

1. 管理机构的独立运作

管理机构的设置需要考虑到生态资源和环境问题的跨区域性。水、空气、野生动物等自然资源，水污染、空气污染、土壤污染等环境问题都是区域性的，对于同一个流域的生态系统的管理，应当建立统一的独立机构。

我国长江、黄河、淮河等大江大河大都有相应的管理机构，如黄河水利委员会、长江水利委员会等，属于由水利部派出的流域管理机构，这些管理机构在维护保障生态产品价值实现方面发挥了重要作用。以长江水利委员会为例。长江水利委员会作为流域管理机构，始终坚持以规划编制为先导、以涉水管理为手段、以工程建设为基础、以科技创新为支撑，全方位开展长江治理与保护工作。进入新时代，以《长江保护法》实施为契机，长江水利委员会不断提升供水安全保障能力、流域防洪减灾能力、水生态环境保护修复水平、流域综合管理水平，全力助推长江经济带高质量发展，持续为流域经济社会高质量发展提供有力的水利支撑保障。

2. 保障措施规模化

维护保障措施规模化的核心在于多管齐下，在于将政策部署得

“多”“密”“细”，其主要通过丰富保障措施的数量和方式，细化政策、制度的分类，达到扩大交易的渠道、降低单项交易的交易费用、提高交易总额的目的。多元化保障既要注重顶层设计，利用硬性的法律规定和政策控制，主导生态产品向生态资本转化，撬动私营投资者加入绿色项目，也要考虑思维理念的影响，利用软性的思想教育和价值观宣传，潜移默化地加深企业、社会组织与个人的绿色意识。针对同一个明确目标，需要调动各类机关积极参与，确保各机关各部门相互协作、紧密配合地建立综合化、规模化、专业化的保障措施。如日本为改善和保护森林生态系统，在对森林水源下游用水居民征收税费，建立“森林环境保全基金”的同时，也颁布《森林法》《新森林法》《林业基本法》《森林和林业基本法》等一系列森林资源保护法，与时俱进更新森林发展规划[1]。再如，欧盟为保证可持续金融战略的贯彻实施，一方面成立技术专家组，接受欧洲环境局（EEA）等各机构、组织选派专家对于具体政策、制度制定的协助；另一方面，促进三大金融监管机构的团结合作，欧洲银行管理局（EBA）发布《可持续金融行动计划》明确未来的努力方向，欧洲证券和市场管理局（ESMA）发布《可持续金融战略》阐述自身工作安排以及欧洲保险和职业养老金管理局（EIOPA）结合自身的管理职能制定可持续金融行动计划[2]。

根据公共信托理论，维护保障措施规模化除了需要促进各类受托

1. 白卫国：《日本森林管理对我国的启示》，《林业资源管理》2012 年第 4 期。
2. 雷健等：《欧盟可持续金融发展研究及借鉴》，《时代金融》2020 年第 31 期。

人的协同一致外，还需要发布相应的政策和制度激励受益人、方便受益人积极参与资源配置，构建公众与政府间的高效互动信托体系，减少受益人缺位现象的存在。政府力量与公众力量的结合，可以在确保政府主导决策和实施的同时，通过公众刺激和监督，消减政府行政管理的问题。如《奥胡斯公约》这一多边协定在国际层面第一次正式认可公众参与权在环境决策中的重要性，通过完善政府管理的公正、开放、民主，来增强公众的主人翁意识[1]。这种新的权力制衡机制的形成，是普通法所有权和衡平法所有权在生态产品价值实现维护保障系统中的博弈结果，两者的相互作用提高了生态资源分配的效率和效能。

3. 评估方法标准化

建设维护保障系统容易陷入一纸空文，需要标准配套的技术评估方法，具体地衡量各类项目工程对环境的影响程度，以便一方面有针对性地制定生态修复措施，将环境影响降至最低，另一方面实现生态赋值，通过绿色生态产品认证、营销的策略激励项目工程采取有效措施保全、维护生态功能。如澳大利亚环境部为实施《环境抵偿政策》配备的《生态银行认证评估方法学》，瑞士联邦环境科学与技术研究所（EAWAG）建立绿色水电认证制度，从5个方面提出满足“绿色水电”的要求[2]，美国的低影响水电认证制度从8个方面提出成立“低

1. 何苗：《中国与欧洲公众环境参与权的比较研究》,《法学评论》2020年第1期。
2. 傅振邦、何善根：《瑞士绿色水电评价和认证方法》,《中国三峡建设》2003年第9期。

影响水电”的标准[1]，欧盟的绿色分类筛选标准——《欧盟可持续金融分类方案》等。

中国也有相应的价值核算评估方法。以浙江丽水市为例，丽水联合中科院生态环境研究中心、中国科学院大学、浙江省发展规划研究院和丽水学院，探索组建了服务全国的生态产品价值核算评估机构，即两山学院[2]。其出台了全国首个生态产品价值核算办法，即《丽水市生态产品价值核算技术办法（试行）》。该方法以生态系统物质产品、调节服务和文化服务三个大类核算为重点，形成了以生态产品功能量和价值量核算为方式的技术流程、指标体系与核算方法，探索完善了生态产品目录、价格评估标准以及基础数据收集体系，能够准确核算生态系统提供的产品与服务的价值总和。同时，丽水市与中科院合作开展生态产品总值（GEP）的 GDP 转化率研究，系统性地研究了物质产品、调节服务产品和文化服务产品价值的实现量，为量化评估生态产品总值的 GDP 转化率提供理论依据，构建了“市—县—乡—村”的四级生态产品价值核算评估体系。丽水市以精准掌握生态家底、精确核算生态价值为目标，探索建立市、县、乡和村多层次核算评估体系，实现了全域生态产品价值“可核算”，建立健全了生态产品价值定期发布机制，以每年公开发布上一年度该市生态产品总值的相关核算成果的方式对外公示。

1. 唐万林、禹雪中：《国外水电环境认证制度对我国的借鉴意义》，《长江流域资源与环境》2007 年第 1 期。
2. 陈敬东、潘燕飞、刘奕羿：《生态产品价值实现研究——基于浙江丽水的样本实践与理论创新》，《丽水学院学报》2020 年第 1 期。

三、价值实现维护保障的制度阻碍分析

在公共信托理论中，委托人、受托人、受益人以及公共信托资产构成公共信托中的核心要素，其中受托人又以立法机关、行政机关为主体部分。本部分以上述几个方向为切入点，对生态产品价值实现维护保障系统的制度阻碍进行分析，其中，从立法机关的角度，阻碍为环境保护法律制度的不完善；从行政机关的角度，基础性维护制度中有政府调控与市场调节边界模糊的问题，促进性保障制度中有行政问责制度缺位的情况。

（一）环境保护法律制度存在问题

第一，法律规范易发生冲突。国内的环境法律规范以要素保护为中心和主线[1]，主要被分为污染控制规范、单项资源利用规范和生态保护规范三个类型。但在这三类中，国内并没有形成统一的环境立法部门，只有少数法律规范具有综合性，大部分法律规范发挥的是单行法规的作用[2]（见表 5-1）。不同部门制定不同类型的环境法律，同时不同部门之间具有不同的利益导向，这就不可避免地导致不同部门间法律规范的冲突和重叠，也就容易造成生态产品开发过程中开发者的处境尴尬。遵守 A 法就违反 B 法，生态环境法律规范体系内部不统一的

1. 徐以祥：《论我国环境法律的体系化》，《现代法学》2019 年第 3 期。
2. 毛如柏：《中国环境法制建设对环保投资和环保产业的影响》，《北京大学学报》（哲学社会科学版）2010 年第 2 期。

情况，不仅极大程度上挫伤了开发者的积极性，还严重损害了立法者的权威、降低了公众对于立法者的信赖程度，不利于保障生态产品的价值实现。

表 5-1　环境保护法律规范分类

污染防治领域	自然资源保护领域	生态保护领域
《大气污染防治法》 《水污染防治法》 《固体污染废物防治法》 《环境污染噪声防治法》 《放射性污染防治法》	《土地管理法》 《水法》 《矿产资源法》 《草原法》 《森林法》	《野生动物保护法》 《水土保持法》 《防沙治沙法》

第二，缺乏配套的程序性机制。法律规定了保障生态产品价值实现的相关法律措施，但规定表述得较为简单、笼统和原则化，没有相对应的执行程序，对于谁来执行、执行过程的要求、违法执行如何救济等一系列问题都没有详细明确的内容。比如《环境保护法》提出要有关地方政府落实生态保护补偿资金，但法条中并没有写明具体管理补偿资金分配的主体、补偿的流程、分配补偿资金的方法等，对“有关地方”的表述也不清晰，“有关地方”究竟是以省会为单位，抑或是以各地市级乃至各区级为单位？这种模糊的定义容易引起更多的冲突。例如，省会城市与其他非省会城市相比经济更为发达，在此种情况下，省会城市政策落实的可能性以及生态补偿资金的额度会高于其他城市；相反，一些经济水平较差、连基础设施都无法满足供应的地区，更不可能有足够的生态保护补偿资金。

第三，环境违法成本低。与发达国家相比，我国生态环境保护制度的违法成本较低。如法国对“埃里卡”号油轮断裂造成的严重污染却开出了天价赔偿，法官判决对被告处以1.92亿欧元的赔偿金。用量化的方式分析，环境违法成本等于违法的责任后果与违法责任承担的概率（查处概率）的乘积[1]。那么，从法经济学的角度，当违法成本低于可获取的利润，收益远高于风险的时候，人们选择环境违法的可能性就会远高于环境守法的可能性。20世纪80年代为了快速发展经济，在环境污染方面制定的各项标准较低，随着中国经济快速的崛起，之前的法律已经滞后，不再适应目前注重可持续发展的经济环境，需要进行深度的制度改革，加快法律的更新换代，与时俱进建立环境高标准、高要求，适应国家环境保护的国策。

综上所述，我国环境法律分散式制定、宽泛化标准、程序性法律缺位等问题亟待解决，建立统一的严格的生态环境保护法律体系和相对应的配套程序，是之后改革的重点，是生态环境法律制度完善的关键，更是维护生态产品价值实现的必要法律保障。

（二）政府调控与市场调节的边界不清

党的十四大提出“要使市场在社会主义国家宏观调控下对资源配置起基础性作用”，此后在十八届三中全会上，更是首次提出“使市场在资源配置中起决定性作用”。为什么从基础性作用直接上升到决定性作用呢？根本原因在于，政府调控不是万能的，不是政府宏观调控权力越大，调控效率就越高，资源分配就越合理。行政机关权力过大、政府对微观经济干预过多、审批要求过高或时间过长的行为会严

1. 徐以祥、刘海波：《生态文明与我国环境法律责任立法的完善》，《法学杂志》2014年第7期。

重影响市场主体的积极性，压抑市场的成长空间，造成信息的失真和资源的错配。那么，为什么市场经济也同样离不开强有力的政府为后盾呢？因为如果单靠市场的自行调节容易产生市场失灵现象，可能导致垄断或不完全竞争，可能引起负外部性的成本外溢或正外部性的收益外溢，可能造成信息的不对等或不完全，致使交易费用进一步提升，以及可能无法保证生态系统服务等公共产品的供应。所以，只有保障政府调控和市场调节的协调配合，实现市场调节的主导和政府调控的补充，引入社会资本的作用，发挥市场竞争的优势，才能努力实现资源分配的帕累托最优。

政府与市场的边界性问题贯穿于整个经济运行过程中，在生态产品价值实现领域尤为突出。首先，一般来说，对于一项新兴的产业，在起步阶段政府应该少干预，先由市场自发调节。但是因生态资源作为公共产品特有的非竞争性和非排他性，以及其引起的市场失灵现象，在多数情况下，我国生态产品的价值实现是政府推动并主导的，社会自发产生的机制较少，这导致政府对生态产品供应、交易、流转的干预一开始就比较密集，不符合新兴产业政府与市场边界的一般规律，也就造成政府在构建生态产品的价格形成系统、市场交易系统和维护保障系统时，或是用力过猛，过度干预了市场运转，或是缺少作为，减少了财政支出和政策支持，忽略了市场在公共产品供应上的消极性。

其次，企业在市场中占据主导地位，要保证政府调控与市场调节的相辅相成，应当建立、完善政府和企业间的平等合作模式。政府和企业之间的合作在促进生态产品的价值实现方面发挥着不可替代的作用。但是从当前的法律来看，两者并不是处于平等地位，比如在我国行政法中规定了行政优益权，政府可以根据情况单方面变更和解除合同，这说明两者在获取利益上承担的风险是不一样的。所以加强政府和企业间的沟通与合作，缓解政府代表的公益和企业代表的私益间的博弈压力，确保政府严格依法行政和企业恪守契约精神，是确定政府调控和市场调节高效协同推进生态产品价值实现的关键。

市场经济下，市场在资源配置中起决定性作用，并不意味着就不需要政府科学合理的调控，这一点在公共产品领域体现得尤为突出。公共产品因其本身特有的非竞争性和非排他性，往往存在着供给成本过高而利润过低，见效慢，成本回收周期过长的现象，也就不受私营主体和市场的欢迎。在市场失灵时，市场这只“看不见的手”无法预期实现公共产品供给、保障公共产品交易的情况下，就需要宏观调控这只“看得见的手”作为补充和后盾，增加政府在生态产品价值实现上的支出，架构更加职能化、专业化、规模化的维护保障系统，创造更加良好的私人投资环境，吸引社会资本流入生态产品领域，实现生态资本与社会资本的融合。

从市场失灵的角度阐述生态产品价值实现的维护保障系统，即在单靠市场无法保障生态产品在市场内部有效流转的情况下，由政府建立一系列维护保障机制，支撑价格形成系统和市场交易系统的运行。例如，对于经营性生态产品，设立特许经营制度；对于准公共性生态产品，开展绿色金融业务，探索鼓励提供生态资产权益抵押、产品订单抵押等绿色信贷服务；对于公共性生态产品，利用政府力量和政府导向，鼓励建立生态公益基金。同时，建立环境公益诉讼和生态损害赔偿诉讼制度，保障生态损害赔偿机制的落实，解决公共产品外部性带来的负面外溢影响；建立生态积分体系，高效量化生态保护补偿机制，积极开拓一条快速、便捷、直观参与生态保护补偿的通道，扩大生态保护补偿的参与主体范围，实现企业、社会组织与个人的全覆盖。

从上面的论述可以看到，政府和市场应该在生态产品价值实现中有各自的功能，特别是政府有权力行使的边界。总体而言，在法律制度上我国政府和市场的边界并不明确，政府权力行使的范围比较模糊。

（三）行政问责制度不完善

依法行政的核心在于执法，法律的执行机关即行政机关必须严格执法，不得随意变通，否则法律形同虚设，政府失去信赖，政策、制度将失去应有作用。执法即执行法律，其关键在于行政主体实施行政行为要有法律依据，要受到法律的规范和制约[1]。但在具体的生态产品供给过程中，行政机关经常性出现执法逐利、暴力执法、滥用执法权和程序违法等情形，如决策机构设置了资源的战略储备基地，从资源战略储备管理机构的建立，到引进民间投资的设计，都有行政权力滥用的可能。再如行政机关和民间组织的合作过程中，由于信息的不透明、不对等，往往会发生索贿、寻贿、权力寻租等不法行为，政府凭借优势地位任意解除合同，对第三方造成经济损失，甚至实行地方保

1. 郭冬梅：《生态产品公共产品供给保障的政府责任机制研究》，法律出版社 2017 年版，第 177—178 页。

护主义，对外地企业进行限制，给予不公平待遇等。这些行为极大地损害了生态产品价值实现的效率和效果。

执法过程中出现这些问题最关键的原因在于行政问责制度的不完善。生态产品的价值实现需要政府通过宏观调控的方式监督市场的运行，行政问责制度的存在就是防止政府滥用执法权力，防止政府官员在维护公共利益的过程中谋取个人私益，损害国家公信力。

另外在政府进行问责时，如何一边有效衔接刑事责任和行政责任，一边严格厘清刑事责任和行政责任的边界，刑事的归刑事，行政的归行政，防止两者的混淆，也是需要关注的重点。执法不仅是要遵守规则更要懂得如何运用规则。在执法的过程中，现实情况往往是复杂多变的，当遇到法律法规未列举的情形时，就需要执法队伍对法条内涵和立法目的的充分理解。所以提高执法队伍的准入门槛，加强执法人员对法律知识的学习训练，建立有效的法治素养考核机制，同样是减少执法问题发生的重要保障措施。

四、维护保障的现有制度评估

（一）生态资源开发维护制度

我国的生态资源变现，以适度开发为原则，追求科学合理开发、公正高效配置盈余生态资源，追求自然资源开发利用和生态系统功能维护保障协同推进的模式，在带动生态产品产业发展的同时，实现了生态资源供给方、需求方和政府的三赢。

这种模式主要体现在两个方面。第一，开发评估有标准。我国在开发某一地区的生态资源时，会对该生态区域是否具备开发可能性进行科学评估，并由此构建了多元化的评估体系。在价值评估时综合考量多个指标，评估的影响因素是一体性指标而非单一性指标，比如在水资源的开发评估时，要考虑对土壤、森林、植被、动植物会造成的影响，避免以片面、孤立、静止的观点去分析和解决问题。第二，开发维护有底线。生态资源开发遵循不得破坏当地生态系统的基本原则，明确“绿水青山就是金山银山”绝不是让“绿水青山全部变成金山银山”。为此我国划定了生态保护红线，在 2021 年 12 月 23 日基本建立了覆盖全国的生态环境分区管控体系，从生态功能保障基线、环境质量安全底线和生态资源利用上限三个方面确保人口、资源、环境的均衡，实现经济效益、生态效益、社会效益的统一[1]。同时，我国还将生态指标纳入政府及其主管领导的业绩考核，利用生态产品价格形成系统，将生态产品价值核算结果运用于党委、政府的绩效评价和领导干部自然资源资产的离任审计，从根源上促进生态产品总值的增加，保障经济发展与生态保护的平衡，杜绝政府为政绩达标，选择以牺牲环境为代价的行为。

（二）生态产品市场监管制度

第一，生态产品作为新出现的事物，市场占有率低、竞争力小。如果成品出现大量劣质的情形，生态产品的美誉度、知名度、社会认

1. 蒋大林等：《生态保护红线及其划定关键问题浅析》，《资源科学》2015 年第 9 期。

可度就会下降到冰点，生产者也将无利可图，随之而来的就是进行产业转型，生态类型的产品最终会从市场上消失。

第二，政府对生态产品的监管必须到位，严厉打击披着生态产品外衣的劣质产品。政府进行监管必须事前、事中、事后同步进行，不做表面工程，以“兰州水污染事件为例”，当地的水务公司由于一直处于亏损状态，为维持公司运作使用低成本的处理技术，生产出的饮用水完全达不到标准，造成严重的安全问题。企业在进行招标时，政府只看谁出的价钱高，而不注重企业资质，而且后续的监管也没有进行同步跟进[1]。

第三，生态产品价值实现的保障需要加强生态产品市场的监管，加快市场监管法律法规体系与配套制度建设。国家层面需要出台一系列约束力度较强的政策法规。通过高层次立法，从法律上明确生态产品交易主管部门的职责范围，限定市场参与者的权利范围，对违法违规行为增设有力的处罚手段，敦促义务主体更好地履行。

第四，各省份也应该尽快采取人大立法的方式，明晰市场监管的法律职责，加大对违法违规行为的惩处力度，使得监管法规真正发挥有效的约束作用。加大生态产品交易监督执法力度，用好中央生态环境保护督察制度，对地方政府部门在生态产品交易的监管进行监督。建立区域性信息系统，及时反馈监管信息。建立多部门联动执法机制，提高区域监督管理效率。落实个人责任追究制度。在立法层面，中央监管与地方监管应当密切协同并相互配合，建立完善的生态产品

1. 何雄就、徐懿然：《公私合作伙伴关系的困境与出路》，《南通大学学报》（社会科学版）2017 年第 3 期。

监督管理体制机制。两者关系如图 5-1 所示。

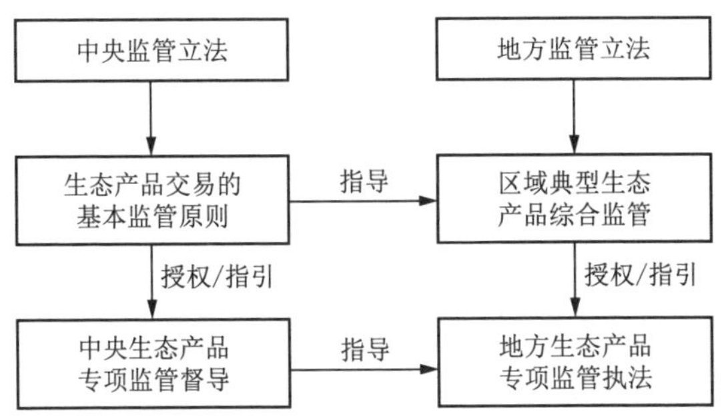

图 5-1　生态产品监管立法央地关系

（三）环境公益诉讼制度

公益诉讼制度是利用国家公权力为无保护的公共利益设立事后救济保护的诉讼制度。公益诉讼制度的出现，打破了肆意破坏生态公共资源而无人监管的局面，保障了生态产品进行开发时资源持续的补充和供给。我国的环境民事公益诉讼和环境行政公益诉讼都经过了理论探索、试点实践和法律完善三个阶段，其中 2012 年《民事诉讼法》的修订标志着环境民事公益诉讼机制的构建[1]，2017 年《行政诉讼法》的修订确立了环境行政公益诉讼机制的形成[2]。

我国环境公益诉讼机制还存在以下问题。首先，诉讼主体范围过窄，一方面环境民事公益诉讼中对具有原告资格的社会组织要求过

1. 2012 年修订的《民事诉讼法》第五十五条："对破坏环境、侵犯消费者正当权益等对社会公共利益造成损害的行为，法律规定的相关组织以及机关可进行上诉。"
2. 2017 年修订的《行政诉讼法》第二十五条第四款："人民检察院具有一定的权利，可以进行行政公益诉讼。"

高，没有考虑到侵害发生地环保组织的利益需求；另一方面忽略了公民环境权在环境公益诉讼机制中的合理行使，公民应当同样具有环境公益诉讼的原告资格。其次，证据收集不规范，比如在勘验现场的过程中，存在只有一人进行勘验，或者应当见证人而没进行邀请等不符合程序的情形[1]。最后，诉前程序方法过软，检察建议基础工作不扎实，刚性不足，缺乏证据不具有说服力，过于笼统可实操性低，导致提出的检察建议威信不足[2]。

环境行政公益诉讼方面，对检察机关提出的诉前检察建议的内容、说理性和证据的证明力没有具体的规定和要求，使得现实情况或出现检察建议重复的现象，即检察机关对同一个行政机关的同类违法行为在同一时期发出多份检察建议，或出现检察建议过于简单的情形，即检察机关只笼统要求违法机关及时履行职责，没有对具体违法事实、证据和适用法律的详细说明[3]。

五、维护保障制度的构建与完善

（一）维护保障系统的制度体系的构建

维护保障系统有着其独立的制度体系，是让国家和社会发挥维护生态产品交易的制度，这些制度从宏观上包括政府和社会两个方面。

1. 张乾：《我国检察民事公益诉讼制度完善研究》，华东政法大学 2020 年博士学位论文。
2. 艾力亚尔·艾麦尔：《我国环境行政公益诉讼研究》，华南理工大学 2019 年硕士学位论文。
3. 李义松、刘永丽：《我国环境公益诉讼制度现状检视及路径优化》，《南京社会科学》2021 年第 1 期。

政府方面包括政府管理制度、行政执行制度、司法保障制度；社会方面包括生态保护组织制度和公民生态意识培育制度等。从性质上讲维护保障制度体系分为三个部分，即基础性维护制度、促进性保障制度和内生性诱发制度。

1. 基础性维护制度

基础性维护制度旨在直接为生态产品价值实现的价格形成系统和市场交易系统提供基础性制度保障，化解潜在纠纷、避免未知风险、降低交易费用。例如，建立生态环境损害赔偿的行政执法机制和司法诉讼机制，建立为生态产品的高效流转提供金融服务的绿色金融机制，建立企业、社会组织和个人的生态积分体系等。[1]

2. 促进性保障制度

促进性保障制度旨在激励政府以创新的方式建立各种制度，间接地为生态产品的价值实现保驾护航，例如，将生态产品总值指标纳入政府及其官员考核的范围，深入推进生态产品价值实现机制试点的示范工作等。

3. 内生性诱发制度

内生性诱发制度旨在从公众入手，加强公众对维护生态系统的认识，促进生态观念内化为个体行为，诱使规则的自发形成和制度的自发变迁，帮助强制性变迁制度与现有制度的融会贯通，例如，对保护生态环境的教育宣传、对相关专业领域的人才培养等。

---

1. 广义上讲，自然资源产权制度、生态产品权益创设制度、企业家培育制度、生态教育制度、生态创业教育制度也可以看作基础性维护制度。当然也可以认为是市场交易和价格形成系统的制度组成部分，这是本研究的处理方式。本章不再重复讨论这些制度。

（二）维护保障系统的制度体系的完善

1. 完善环境公益诉讼制度

环境公益诉讼不同于生态环境损害赔偿。生态环境损害赔偿是由行政机关提出的赔偿要求。行政机关发现单位和个人造成生态环境损害，就其提出生态环境损害赔偿。如果赔偿权利人和赔偿义务人无法达成赔偿协议，或者赔偿协议未经司法机关确认，赔偿义务人不履行或者部分不履行协议的，行政机关还可以向法院提起诉讼。总体上生态损害赔偿是一种行政行为。生态损害赔偿的目的更多是修复生态，维系生态系统服务，提供生态产品，因此可以看作一种特殊的生态产品交易，其形式是由赔偿权利人和赔偿义务人磋商达成生态产品交易的协议，协议不履行的，司法可以提供救济。

环境公益诉讼则是由检察机关或者环保组织提出的行政或者民事的诉讼，是一种司法诉讼行为。司法作为维护公平正义的最后一道防线，具有对生态产品价值实现进行保障的功能。因此无论是环境公益诉讼还是生态环境赔偿协议的诉讼均可以看作对生态产品的维护保障。

针对上面提及的环境公益诉讼的困难以及其他的问题，环境公益诉讼可以从以下方面进行完善，以保障生态产品的价值实现。

第一，扩大环境公益诉讼的原告资格。随着生态文明建设的展开，法律逐步扩展原告资格，赋予检察机关环境民事公益诉讼和环境行政公益诉讼的原告资格。虽然有资格的组织也可以提起环境民事公益诉讼，但有资格组织提起公益诉讼的兴趣不高。从世界各国环境公益诉讼原告资格的发展趋势来看，原告资格不断被扩大，赋予公民享有环境公益诉讼的资格是大势所趋。[1]

赋予公民环境公益诉讼原告资格，不仅可以达到保护生态环境、维护生态系统服务的目标，而且更为重要的是，让公民通过一个个诉讼感受到生态产品的价值。目前的环境公益诉讼，已经变成检察机关和行政机关主导的模式，公民的参与度较低。这会导致公民对生态环境的破坏漠不关心。没有民众的支持，政府主导的生态产品价值实现的司法维护难以为继。

第二，完善环境民事公益诉讼的诉前程序。检察机关作为环境行政公益诉讼的原告，主要是起诉行政机关的生态环境执法的不作为。环境行政公益诉讼 99% 以上通过诉前程序加以解决，[2] 而诉前程序的效果就是督促行政机关进行执法，促使相对人恢复生态或者进行处罚。环境行政公益诉讼的诉前程序是立案与调查以及检察建议，可以看出目前效果显著，通过生态修复实现了生态产品的价值。环境民事公益诉讼的诉前程序包括立案与调查以及公告。然而公告程序效果不佳，多数案件公告后并没有组织提起诉讼，检察机关不得不自己提起诉讼。[3]

因此，可以在环境民事公益诉讼的诉前程序中增加检察建议的程序，由行政机关介入生态环境案件，督促相对人恢复生态或者进行相应的处罚。这样会减少环境民事公益诉讼案件进入司法程

1. 刘丹：《我国环境民事公益诉讼的公民原告资格研究》，西北大学 2018 年硕士学位论文。
2. 2018—2020 年检察机关行政公益诉讼立案数量分别是 108767 件、119787 件、136996 件；2019—2020 年提起诉讼的案件分别有 568 件、844 件。（2019—2021 年《最高人民检察院工作报告》，2019—2020 年全国检察机关主要办案数据）
3. 通过裁判文书网的统计分析，公告后组织提起诉讼的比例极低。参见丁丹阳：《环境民事公益诉讼诉前程序虚置化问题研究》，兰州大学 2022 年硕士学位论文。

序的数量，节约交易成本，同时还可以使生态系统服务尽快得到恢复。

第三，建立统一的生态修复基金。在环境公益诉讼过程中，被告可能支付惩罚性赔偿或者生态修复的资金，行政机关可能进行罚款的处罚。这些资金应该进行生态修复。但是由于管理的问题，导致资金被挪用的情况较多。因此可以考虑建立统一的生态修复基金，基金所有款项主要用于生态修复。生态修复基金的建立可以首先以县、市为单位试点进行，逐步推进到省、国家层面的统一。可以先将赔偿款项、罚款款项纳入生态修复基金，逐步再把部分环境税收纳入其中，为生态产品的供给提供足够的资金支持。

2. 完善生态产品的绿色金融制度

绿色金融制度在生态产品价值实现中的作用不容忽视。其不仅可以鼓励生态保护者的权利和行为，还可以提升生态产品价值的溢价空间，并为投资者的合理预期提供制度支持。因此，绿色金融制度将为实现生态产品价值提供巨大助力。

第一，积极拓展商业银行参与生态产品金融服务的业务领域。由于生态产品容易发生产权纠纷，受国家政策影响较大，加上贷款期限长，盈利水平有限，基于理性人利益最大化假设，商业银行缺乏主动开发生态信贷产品的能动性。因此，应当适时出台相关政策和激励机制，鼓励商业银行参与生态产品评估和生态项目信用评级，积极开发生态抵押产品。

第二，积极推广绿色融资平台。资本投资相对较大的生态产品项目，在资金规模方面非常适合基金等社会资本参与投资，当投资回报率和资本安全边际得到充分保障时，社会资本就会有积极介入的意愿。[1]因此，需要及时出台政策和标准，明确对生态产品的税收减免支持，用少量财政资金引导社会资金，发挥资本的杠杆作用，不断扩大对生态产权的财政支持力度，根据生态产品的不同类型和价值实现路径，拓展生态项目多元化的融资渠道以实现生态溢价。（见图 5-2）

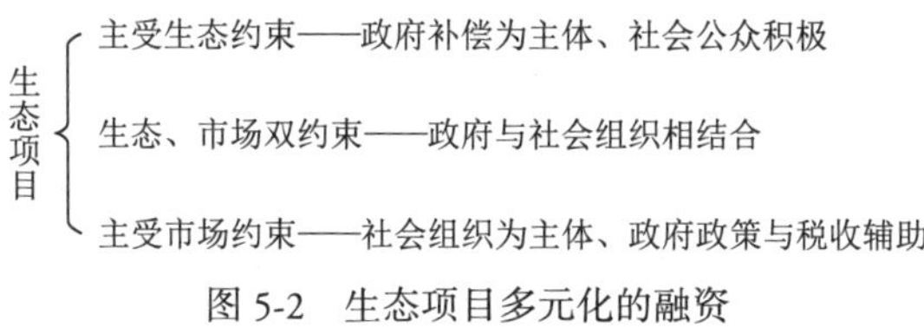

图 5-2　生态项目多元化的融资

第三，鼓励地方政府组建并发展绿色金融银行。选择经济基础相对雄厚、生态资源相对富饶的地区，试点成立绿色金融银行，专门支持生态产品的抵押贷款等融资服务，并由政府给予财政贴息或税收优惠等方式，激励其加大生态产品的资金支持力度，提升其参与生态产品价值实现的积极性。

3. 建立生态积分制度

《关于建立健全生态产品价值实现机制的意见》提出了构建覆盖企业、社会组织和个人的生态积分制度。[2]生态积分制度分为新旧两个阶段。新阶段侧重对能源利用的有效节约，鼓励社会及企业参与节能减排，如更新设备、改善节能技术或采用可再生能源。而旧阶段则

1. 谢高地等:《一个基于专家知识的生态系统服务价值化方法》,《自然资源学报》2008 年第 5 期。

2.《关于建立健全生态产品价值实现机制的意见》第十八条规定，“探索构建覆盖企业、社会组织和个人的生态积分体系，依据生态环境保护贡献赋予相应积分，并根据积分情况提供生态产品优惠服务和金融服务”。

侧重实施更多的环保活动，如参与义务植树、参与各类环保活动等，从而丰富社会环境，更好地发挥人类对环境的影响。生态积分制度还在探索阶段，我国主要以公民的生态积分制度探索为主。我国除了可以建立公民、组织的一般生态积分之外，农村居民和企业等营利组织还可以建立特别生态积分。一般生态积分和特别生态积分可以建立一定的转换比率，让所有的生态积分都可以市场交易，为生态产品价值实现提供保障。

第一，建立生态公民的以碳普惠为基础的一般生态积分制度。将公民的生态积分与公民的生态行为相联系并纳入个人征信系统。公民做了有利于生态环境保护、生态系统维护的行为，就赋予一定的积分；相反，如果做了不利行为，就扣减相应的积分。公民的生态积分可以进行交易，也可以用于购买商品和服务。公民的生态积分制度随着大数据的完善，可以用区块链技术进行计算，使生态积分具有可信性。这种生态积分制度以碳普惠制为基础，[1] 具体运行逻辑见图 5-3。

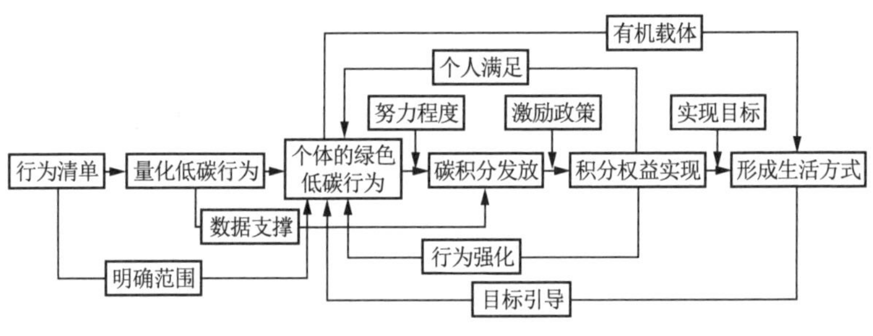

图 5-3　碳普惠制运行

1. 刘航：《碳普惠制：理论分析、经验借鉴与框架设计》，《中国特色社会主义研究》2018 年第 5 期。

公民的生态积分与生态公民相连，是养成生态公民的重要方式。[1]每一位公民都成为生态公民，生态产品价值实现就变得更为可行，因此可以认为生态公民构成生态产品价值实现维护保障最为关键的一环。生态公民与其他组织、政府共同努力，形成体系化的生态环境治理体系。（见图 5-4）

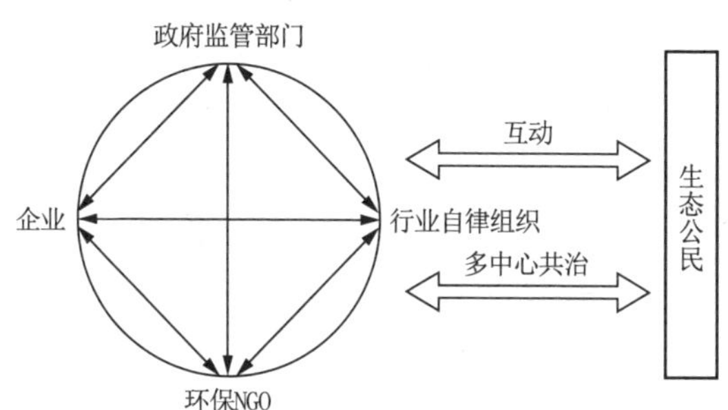

图 5-4　生态公民与其他组织共治实现生态产品价值

第二，建立农村居民的特别生态积分制度，实现生态用地的占补平衡。由于农村土地权益主要由归属于农村集体组织的农村居民享有，城市居民难以获得。因此，可以建立针对农村居民的特别生态积分制度，实现生态用地的占补平衡，推进农村地区生态产品的价值实现。[2]这里生态用地是指具有维持生态系统服务功能的用地，包括湿地、耕地、林地、草地、水域等。农村居民维持、修复或者扩大了具有生态系统服务功能的用地，即可以获得生态积分。生态积分可以进行市场化交易。占用生态用地的居民或者组织需要购买生态积分才可

---

1. 刘霞：《培养生态公民：建设生态文明的教育担当》，《教育发展研究》2019 年第 12 期。
2. 邹朝晖、周玉、蔡少彬：《基于“生态券”的生态用地占补平衡机制研究》，《中国土地》2020 年第 12 期。

以进行占用，从而实现占补平衡。（见图 5-5）

第三，建立企业等营利组织的特别生态积分制度，为生态产品交易提供基础。企业等营利组织与公民、其他组织一样具有一般生态积

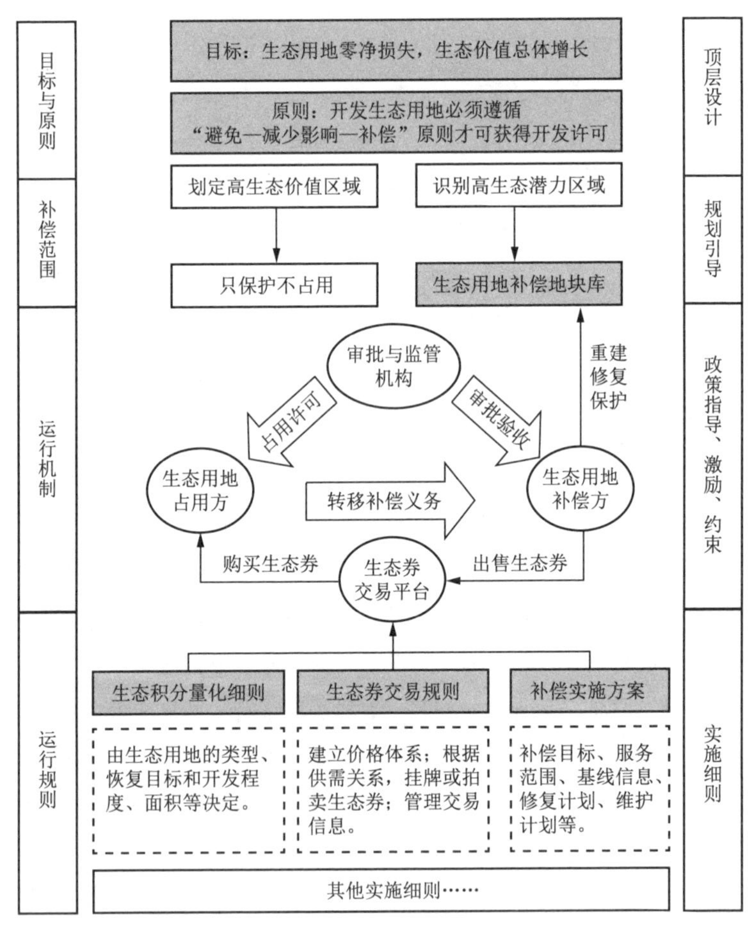

图 5-5　基于生态积分的生态用地占补平衡机制

分，还要建立与农村居民一致的特别生态积分制度。企业的特别生态积分主要为生态产品的交易提供基础。虽然我国已经初步建立排污交易、碳排放交易等生态权益交易，但由于这些交易之间并不能互通，因此范围极为有限，交易频度很低，导致交易成本居高不下。如果企业建立了特别生态积分制度，就可以建立生态账户。各种生态权益就可以转化为生态积分，这会降低生态产品交易的成本，对生态产品价值实现起到维护作用。

4. 完善官员的生态考核制度

《关于建立健全生态产品价值实现机制的意见》提出建立生态产品价值考核机制。自党的十八大以来，我国极为重视生态文明建设，提出了对官员的考核从单纯 GDP 到生态环境治理的转变。《生态文明建设目标评价考核办法》第六条，考核“主要评估各地区资源利用、环境治理、环境质量、生态保护、增长质量、绿色生活、公众满意程度等方面的变化趋势和动态进展，考核结果作为各省、自治区、直辖市党政领导班子和领导干部综合考核评价、干部奖惩任免的重要依据”。虽然生态环境治理对官员的考核有一定的影响，但影响不大，对官员考核影响最大的还是 GDP 指标。[1] 因此，需要对官员的生态考核制度进行如下改进，以维护生态产品的价值实现。

第一，完善生态考核的指标体系。目前虽然将一些指标纳入了生态考核的范围，但是有些指标比较模糊，比如生态保护，指标的权重也比较随意，科学性有待提高。应该将生态资源的确权、生态产品的

1. 盛明科、李代明:《地方生态治理支出规模与官员晋升的关系研究——基于市级面板数据的结论》,《中国行政管理》2018 年第 4 期。

交易、公民的生态意识等纳入指标体系。

第二，完善生态考核结果的应用制度。虽然生态考核结果对官员的业绩考核有影响，有些地方甚至采用生态一票否决的制度，但实际效果有限。生态考核结果至少应该与GDP指标同等重要，作为官员业绩考核的重要依据。另外，生态考核结果还应该与官员的绩效工资等利益挂钩，真正激励和约束官员自觉维护生态系统服务。

第三，完善生态考核的程序制度。生态考核是一项复杂的科学工作，很多生态指标测量比较困难，如果没有严格的程序制度，生态考核可能流于形式。因此，生态考核在考核主体上应该由第三方主体独立进行，考核指标应该明确、可量化，考核过程应该公开透明。对考核指标造假、不遵守考核程序的官员应该予以问责。

5. 构建体系化的生态教育和生态创业教育制度

从消费者的角度而言，生态教育可以形成更多潜在的消费者；从生态产品价值实现的维护保障来说，生态教育也是内生性诱发制度的主要组成部分。

生态教育有着多种称谓，比如在国际上一般称为环境教育，在我国一般称为生态文明教育。也可以认为，生态文明教育包括生态教育，生态教育包括环境教育，三者之间存在包含关系。但很多时候三者是混用的，所指大体相同。不论何种称谓，生态教育是指通过家庭、学校、社会、国家的共同努力，通过言行示范、教育引导、生态实践、法律政策支持等方式，培育公民的生态意识和生态道德，倡导人与自然和谐相处的生态伦理观，使公民成为维护生态系统服务的自觉践行者，形成生态产品的消费理念。因此，有效的生态教育有助于建立一个可持续的未来，使我们的环境和生活更加受益。生态教育注重对生态问题的理解，认识到生态保护的重要性，以及如何在日常生活中采取行动来保护它。

企业家可以通过冒险和创新发现需求、升级需求。需求来源于人的心理认知，来源于观念，或者说行为的规则和模式。如果人们对生态环境、生态系统服务有较好的认知，形成保护生态的行为模式，积极从事生态产业的创业，那么生态产品的交易自然活跃，生态产品价值也会得到实现。对于生态教育和生态创业教育的制度建设，可以从以下方面入手：

第一，制定“生态环境教育法”，强化生态教育。美国在1970年通过《环境教育法》，1990年通过《国家环境教育法》，日本在2003年通过《增进环保热情及推进环境教育法》，其他国家也通过了相关的法律，生态教育立法成为强化生态教育的重要方法。这些法律的制定为提升公民的生态意识起到了很大的作用。2018年，我国把“生态文明”作为国家目标列入宪法。无论是为了落实宪法的规定，还是为了生态产品的价值实现、维系生态系统服务，均应该制定“生态环境教育法”。

“生态环境教育法”可以包括基本原则、教育形式、激励措施、政府责任、公民权利和义务、救济方式、法律责任等方面的内容。基本原则主要包括人与自然和谐相处、生态产品维系、生态意识养成等。教育形式包括公务人员的教育、社会教育以及学校教育三方面的内容。就学校教育而言，主要在义务教育阶段开设生态环境教育的课程，并以实践为主要方式的教育。鼓励其他阶段学校教育开始相关课程。激励措施则是鼓励社会组织成立生态环境教育基金、政府提供生态教育资金支持、鼓励生态环境的实践教育。政府责任包括财政支持、政策支持等。

第二，政府加大对生态教育的投入，使法律落到实处。生态教育是一个庞大的系统工程，是一种全民教育和终身教育，覆盖城市和乡村，这表明需要政府大量投入才能取得效果。例如，政府应该增加学校生态教育的投入。由于学校的生态教育不仅需要在原有的教育中加入生态的因素，而且更为重要的是通过实践教育来渗入生态意识。例如，学生可以通过野外观察来分析家乡的生态状况，理解生态产品的不可或缺性。这个方面政府需要加大投入。另一方面，政府可以投入资金，建立生态教育的重点课程、重点专业、重点教材、重点研究基地、重点培训中心等，为生态教育提供更好的基础。[1]

第三，强化生态保护的媒体宣传教育。生态教育不仅是一项政策，还是一场知识的传播，需要社会各界的影响力来推动。其中，媒体应当发挥作用，联合影视、新闻出版等各个渠道，充分宣传生态保护的理念，让更多的人了解生态的重要性，促进民众动手为环保出力。媒体应该对破坏生态的事件、案件进行广泛深入的报道，让民众知道生态破坏带来的危害。司法机关每年都审理了大量的环境公益诉讼案件，需要强化这些案件的报道力度。

高校为大学生生态创新创业提供了成长空间，让富有创新理念和创业能力的年轻人基于课程教育和校园人文初步激发自身创造力，并通过政府和社会的力量将这种创造力在实践的平台上转化为经济生产力。生态创新创业教育应联合学校、政府、企业三方平台为生态可持续理念的发展提供实现契机，并结合知识产权保护巩固生态创新创业

1. 赵桂慎主编:《生态经济学》，化学工业出版社 2021 年版，第 318 页。

教育成果。具体而言，可以从形成“目标—理论—实践”多层次的生态创新创业教育模式、构建“学校 + 政府 + 企业”多渠道的生态创新创业教育联合机制、完善“创新 + 创业 + 知识产权”多领域综合的生态创新创业教育内容、塑造“生态—教育—经济”多功能媒介的生态创新创业教育实践体系等方面予以完善。

第六章
生态产品价值实现的重要功能：链接生态文明与生态法治

从生态产品价值实现的理论基础出发，特别是中国源远流长的整体论传统和“天人合一”的古代智慧，前五章对生态产品价值实现中的制度体系进行了细分的微观观察。我们把生态产品的制度体系分为价格形成系统、市场交易系统和维护保障系统三个系统，并对每一个系统面临的系统外制度障碍、系统内制度考量以及系统内制度改进进行了分析。需要说明的是，一项制度处于系统之外还是系统之内有时是模糊的，在不同的标准下可能会有不同的看法。但整体来说系统外制度障碍和系统内制度考量并不是一回事，系统外的制度障碍往往涉及更为广阔的制度问题，系统内的制度问题则是有限的，比较容易鉴别和分析。生态产品价值实现的三个子系统均包括不少的制度，一方面，限于篇幅无法对所有制度进行分析，只能分析比较关键的制度；另一方面，如果只分析其中个别的制度而不提及其他关键制度，则制度体系的完整性、关联性则无法体现。因此本书分析的制度比较多，有些制度分析得不够详细，只能在以后的研究中进一步探究。

本章在细分制度分析的基础上，从微观分析转向制度体系的整体考量。主要分析一下生态产品价值实现的制度体系构成和制度效率，研究生态产品价值实现与生态文明、生态法治的关系。

一、生态文明与生态产品的宏观制度体系

2015 年公布的《生态文明体制改革总体方案》提出了需要建立的生态文明制度体系。这个体系为“四梁八柱”，指自然资源资产产权制度、国土空间开发保护制度、空间规划体系、资源总量管理和全面节约制度、资源有偿使用和生态补偿制度、环境治理体系、环境治理和生态保护市场体系、生态文明绩效评价考核和责任追究制度八项制度构成的产权清晰、多元参与、激励约束并重、系统完备的生态文明制度体系。（见图 6-1）

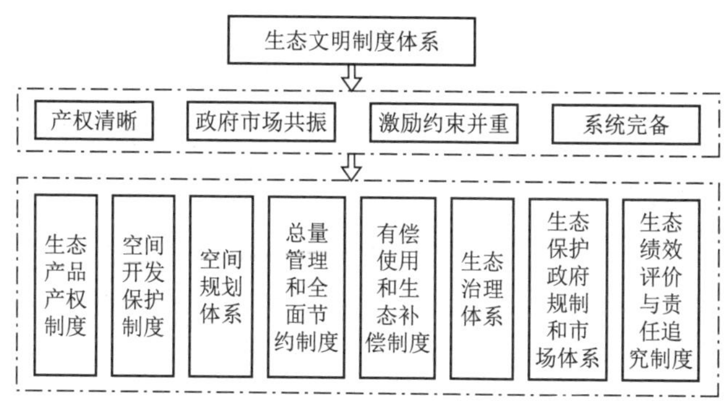

图 6-1 “四梁八柱”生态文明制度体系

生态产品的价值实现制度体系与这个制度体系部分重合。生态产品价值实现的维护保障系统的运转本质在于，通过各项政策、制度直接或间接、软性或硬性地扩大生态产品市场交易的渠道、保障生态产品市场交易的通畅。作为一个支持市场交易系统和价格形成系统的辅助性系统，维护保障系统中的制度与价格形成和市场交易不同。这三个系统的关系是，价格形成系统与市场交易系统的彼此交错，维护保障系统则是两者的支持系统。（见图 6-2）

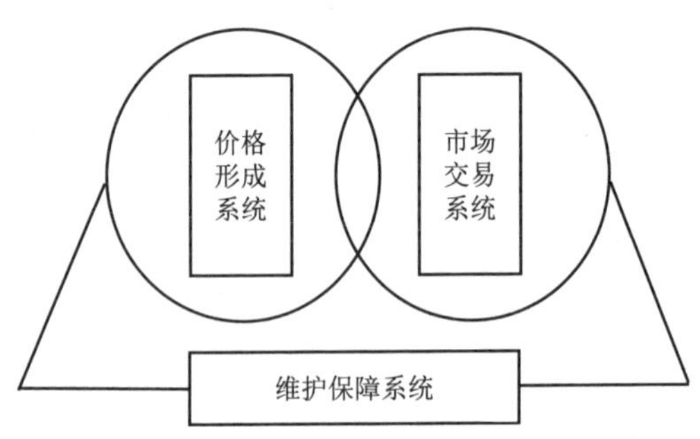

图 6-2　生态产品价值实现的维护保障系统

市场交易系统与价格形成系统关系密切。一方面，市场交易系统与价格形成系统有着一些相同的基础性制度，比如产权制度、生态产品权益创设制度等。另一方面市场交易也是价格形成的主要方式。同时，由于生态产品的公共物品的属性，价格形成系统存在独立性，公众、组织以及政府等在价格形成中起到更多的与一般产品不同的功能，形成独特的制度。生态产品的维护保障系统则是支持生态产品价值实现的两个系统，降低生态产品价值实现的交易成本。

二、生态产品价值实现的制度效率分析

价格形成系统、市场交易系统和维护保障系统构成生态产品制度体系，这个制度体系又是一个整体，可以考察其运行效率如何。

（一）"有胜于无"：制度成本的比较

以经济学的视角观察制度，需要将效率纳入对制度的评判。"判断一项制度是否具有效率的标准是处于该制度下的人或组织同该制度的适应程度，即适应性效率如何。"[1] 从研究的角度来看，无法度量的适应性效率可从处于制度约束下的人或组织行为结果进行考察，制度的适应性效率最终要体现在资源的配置效率上。[2] 有效率的制度能够减少资源的浪费，在生态产品价值实现制度体系中，制度要实现生态产品——这一资源的优化配置。

张五常认为，制度费用是约束竞争的费用。[3] 竞争是人类社会广泛存在的现象，用制度约束竞争就是要求面对某一资源而相互竞争的关联方按照特定的规则从事竞争活动。由此观之，凡是有助于约束竞争行为的支出都属于制度费用的范畴。李建德认为："制度的本质是共同信息，制度成本是社会在形成这种信息时所必要的费用。"[4] 张

1. 李怀：《制度生命周期与制度效率递减——一个从制度经济学文献中读出来的故事》，《管理世界》1999 年第 3 期。
2. 同上。
3. 张五常：《经济解释》（卷二：收入与成本），中信出版社 2019 年版，第 228 页。
4. 李建德：《论"制度成本"》，《南昌大学学报》（社会科学版）2000 年第 1 期。

广利、陈丰认为："制度成本包括制度形成成本、制度执行成本、制度监督成本、制度变迁成本。"[1] 张五常提出用序数排列的方法比较不同制度的费用，他对电影院优等座位票价偏低的论证方法即是如此。[2] 有鉴于此，我试图采用此方法比较生态产品价值实现制度的制度成本，但并不打算给三大系统中的各项制度进行排序，因为无法排序比较，而是假设这三大系统中的具体制度安排是否有胜于无，如果得出肯定回答，则新的制度安排是更有效率的。

从具体的制度安排来看，在价格形成系统中，界定产权、评估价值是生态产品必不可少的制度安排；在市场交易系统中，生态产品要进入市场交易，必须使其具有排他性和竞争性，然后为其建立市场机制；在维护保障系统中，基础公共服务、执法保障、司法保障、金融制度等是生态产品形成价格和市场交易的必要保障。

在价格形成过程中，作为生态产品的山水林田湖草，在开展生态补偿项目、进行生态环境损害赔偿时，首先要对生态产品的价值进行评估，否则难以确定补偿金额。这方面的案例诸多，比如自然资源部公布的"湖北省鄂州市生态价值核算和生态补偿案例"。在开展生态修复项目时，界定并让渡产权给修复方，使得生态修复成了一项有利可图的事业，同时节约了财政资金。这方面的实例有"北京市房山区史家营乡曹家坊废弃矿山生态修复及价值实现案例""河北省唐山市南湖采煤塌陷区生态修复及价值实现案例"等。

在市场交易过程中，作为生态产品的污染排放权益、碳排放权，

---

1. 张广利、陈丰：《制度成本的研究缘起、内涵及其影响因素》，《浙江大学学报（人文社会科学版）》2010 年第 2 期。
2. 张五常：《经济解释》（卷二：收入与成本），中信出版社 2019 年版，第 215—217 页。

排放污染物和二氧化碳本不具有排他性和竞争性，但其危害性极大，在约束竞争的思路下，确定污染排放的产权，并建立权益交易流转平台，可减少污染排放，提高生态产品利用效率。碳排放权交易自2011年开始试点，全国碳市场2021年7月16日正式启动上线交易，至2023年底，全国碳排放权交易市场累计成交量达到4.4亿吨，成交额约249亿元。[1]

在维护保障过程中，基础公共服务如测绘地理信息，生态环境执法，公益诉讼机制，绿色金融制度等则为生态产品的价格形成和市场交易提供保障。自然资源部门对山水林田湖草进行测绘，为确定产权提供了基础服务。生态环境执法部门严厉打击危险废物环境违法犯罪，遏制非法排放、倾倒、处置危险废物的现象，为止住不正之风，起到了监管作用。生态领域的环境公益诉讼增加了对公共性生态产品的监督力量，2018—2022年五年间，最高人民检察院办理生态环境和资源保护领域公益诉讼共计39.5万件，年均上升12.5%。[2]2023年最高人民检察院办理环境资源领域公益诉讼8.4万件。[3]2022年颁布的《生态环境损害赔偿管理规定》为改善环境质量，维护生态安全提供了制度保障。绿色金融制度为环境保护，实现经济绿色转型提供资金支持；生态银行制度为资源资本化搭建起中介平台，比如福建南平市的“森林生态银行”案例实现了森林资源的集中开发利用，打通了生态产品价值实现的市场、资本和产业相衔接的渠道。

1.《截至去年底，全国累计成交量达4.4亿吨——碳排放权交易活跃度逐步提升》，2024年2月28日，中国政府网，https://www.gov.cn/yaowen/liebiao/202402/content_6934685.htm。
2. 张军：《最高人民检察院工作报告》，《人民日报》2023年3月18日，第4版。
3. 应勇：《最高人民检察院工作报告》，《人民日报》2024年3月16日，第4版。

以上是建设美丽中国进程中，生态产品价值实现制度的做法。森林覆盖面积增加，空气质量改善，地表水国控断面水质优良断面比率提高等是我国推进生态环境建设过程中取得的成绩。[1]通过各项具体制度安排，生态产品得到更好的配置，发挥出更高效用。

（二）减小差距：制度效率的选择

除了“有胜于无”的思路，还可以比较不同制度安排下社会成本与私人成本、社会收益与私人收益之间的差距，这可以使我们做出更好的选择，节约达至目标的成本。对于破坏生态环境，排放污染物，造成的社会成本远高于私人成本，但就治理环境问题来说，两者正好相反，私人成本远高于社会成本。集中力量，由专业组织和人员治理环境污染，可取得更好的效果。纯粹希冀于人人参与环境治理，属于道德说教，只能存在于想象。

生态补偿与生态修复主要针对的是公共性生态产品。从生态补偿来看，身处生态保护地居民为当地的生态保护付出了一定的代价——不利用当地的生态资源获得物质收益，这限制了当地居民的经济来源。如果保护地的居民选择开发当地的生态资源，他们的私人成本更小，但因破坏生态环境带来的社会成本大于私人成本。因生态保护获益地区的民众却是在“免费”享受这一成果，一方付出了成本，一方“不劳而获”。在这一不对等利益结构中，通过两地间的政府“牵线搭桥”，运用财政工具，由受益地向保护地支付一定数额的补贴资

1.《美丽中国，渐行渐近——我国生态文明建设成就综述》，2021 年 6 月 9 日，中国政府网，http://www.gov.cn/xinwen/2021-06/09/content_5616500.htm。

金，用于补偿付出代价、做出牺牲的单位和个人，保护地居民的私人成本因此减少，且有所受益。比如新安江流域的生态补偿，上游安徽黄山市区域内渴望发展经济、改善百姓收入，希望下游对其流域环境治理、社会发展机会成本给予经济补偿；下游浙江杭州市更加关注生态环境安全，但认为根据相关法律上游地区本来就有责任和义务将新安江水质保护好，确保流入浙江境内的水质良好。为解决矛盾，互利共赢，由中央政府牵头，两省分别于 2012 年 9 月、2016 年 12 月签订生态保护补偿协议，先后启动两期共 6 年试点工作，建立起跨省流域横向生态保护补偿机制。2018 年，皖浙两省第三次签订补偿协议，逐步建立常态化补偿机制。[1]

从生态修复来看，它可以增加生态产品供给，但使用财政资金投入生态修复的做法成本高昂，且不具有可持续性。由社会资本参与生态修复可减轻财政负担，社会资本参与生态修复的激励源于产权。面对已经遭到破坏的生态环境，由于无利可图，社会资本不会介入。但从另一个侧面来看，是因为私人成本过高，但当政府让渡了自然资源的使用权后，私人资本得以降低，并且可以产生收益。私人获得收益的同时，社会也能获益。比如北京市房山区史家营乡曹家坊废弃矿山生态修复及价值实现案例、山东省邹城市采煤塌陷地治理促进生态产品价值实现案例，这些案例都获得很好的成效。产权激励的做法也获得国家认可，国务院办公厅 2021 年发布的《关于鼓励和支持社会资

1.《美丽中国先锋榜（16）| 全国首个跨省流域生态保护补偿机制的“新安江模式”》，2019 年 9 月 6 日，生态环境部网，https://www.mee.gov.cn/xxgk2018/xxgk/xxgk15/201909/t20190906_732784.html。

本参与生态保护修复的意见》，明确规定从事生态修复达标的主体可“依法依规获得自然资源资产使用权，从事旅游、康养、体育、设施农业等产业开发”[1]。

以污染排放权益为代表的生态产品是运用经济学解决环境污染的典型代表。依托政府建构的权益交易流转市场，企业可以将节省下来的排放权益额度出售给有需要的企业，从中获益。排放污染物的私人成本小于治理污染的社会成本，“减排”会增加私人成本，且私人收益为零，增加的只是社会收益，私人收益与社会收益的差距很大，“个人收益和社会收益之间的差距越大，表明这种制度就越不合理”[2]。在这种模式下，企业显然会选择排放污染物，而不考虑治理污染。但在“减排”成为可流转、有价的权益后，企业有动力从事“减排”工作，因为“减排”为企业运营降低生产成本，增加利润。现如今，我国已经在化学需氧量、氨氮、二氧化硫、氮氧化物、碳排放等领域有了排放权益交易实践。

总之，运用经济学的思路实现生态产品价值，要考虑私人成本与社会成本的差距，懂得运用市场化的运行方式增加私人收益，减小私人收益与社会收益的差距。

（三）制度均衡：制度效率的最佳状态

制度均衡存在三种状态，一是各种要素已经获取相应的最大回

1.《国务院办公厅关于鼓励和支持社会资本参与生态保护修复的意见》（国办发〔2021〕40号）。

2. 李怀：《制度生命周期与制度效率递减——一个从制度经济学文献中读出来的故事》，《管理世界》1999年第3期。

报，经济利润也实现了最大化；二是制度变迁的预期成本超过潜在经济利润，或者超过要素的潜在回报；三是社会收益率大于个人收益率，生产者要求制度变革的力量不及维系该制度的力量强大，不足以改变既定制度安排。[1] 显然，最优的状态是第一种均衡，但第一种制度均衡状态鲜有，常见的是第二种和第三种制度均衡状态。一项制度当前所达到的均衡，未必是第一种理想状态的均衡，有着改进空间。制度有着生命周期，各方力量总是处于不断的互动博弈中，使得制度呈现出均衡—非均衡—再均衡的状态。

人类是制度的供给者与需求者，在生态产品价值实现过程中，各类制度的供给者与需求者不尽一致，因此，制度必定是不同利益主体间相互博弈产生的。有着不同利益需求的制度供给者与需求者在博弈中得出的文本规则即制度，一项制度如果为大多数人所接受，社会规则便已形成。人类作为生态产品价值实现制度的需求者，他们对当前的制度是否接受和适应折射出制度的效率，因为“从制度的需求来看，一项制度的效率如何，首先取决于需求者的接受和适应程度”[2]。因此，在供需双方确定的均衡点（文本规则）上，制度的效率可能是最佳的。

当前，我国在全面依法治国的背景下，建构生态产品价值实现制度，那么，法治如何助力生态产品价值实现制度更有效率？制度与决策相同，形成过程一般为集权式与民主式两种。集权模式下，制度的形成成本低，但在缺少多方利益代表参与的情况下，执行阻力可能

1. 李怀：《制度生命周期与制度效率递减——一个从制度经济学文献中读出来的故事》，《管理世界》1999 年第 3 期。

2. 同上。

巨大；民主模式下，制度形成成本高，但由于多方利益主体共同参与，执行阻力较小。法治作为一项较为成熟的制度，在制定规则、执行规则、监督利益主体、裁断是非等环节有着一整套成熟的运行模式，在立法环节，多方主体广泛参与、科学论证；在执法环节，严格执行法律法规；在司法环节，公正裁判案件是非。法治的运行还有国家强制力作为支撑，这是它作为正式制度的特别之处。正是由于它的这些特征，使得运用法治推进生态产品价值实现制度的建设能够节约制度运行的阻力，也即节约制度（交易）费用。生态产品价值实现制度在建立、运行过程中，尤其要注重制度的“合法性”，广泛吸纳民意，让制度反映民意，代表多数人的利益，为民众所能接受，唯有此，生态产品价值实现制度才可能成为节约交易费用的、更有效率的制度。

三、生态产品与生态文明和生态法治的关系

前面谈到生态产品价值实现不仅面临着制度系统内的问题，还存在制度系统外的障碍，生态产品价值实现的制度效率与法治密切相关，生态文明的制度体系与生态产品价值实现的制度体系之间存在重合，这说明了生态产品价值实现涉及更广泛的宏观问题，与生态文明、生态法治关系密切。

（一）生态产品与生态文明

2018 年我国宪法修改，形成生态文明与物质文明、政治文明、

精神文明、社会文明协调发展的总体布局。宪法的生态文明具有共时性和历时性两个面向，生态文明与物质文明、政治文明、精神文明、社会文明共同构成了我国社会主义现实文明的整体样貌，同时生态文明还与农业文明、工业文明构成文明的不同发展阶段，是现代社会文明发展的总体趋向。如果把生态文明作为人类文明发展的方向，那么其他四个文明都应该逐步与生态文明的行为方式接轨，让生态规则融入物质、政治、精神、社会文明之中。

对于科学而言，概念的准确性是展开研究的前提，但对于什么是文明却有着广泛的争议，因此首先需要进行界定。什么是文明呢？按照《现代汉语词典》的观点，文明主要有两重含义：作为名词，它等同于文化；作为形容词，则是“社会发展到较高阶段和具有较高文化的”。[1] 文明与文化的含义的确基本类似，很多人在说文明的时候就是在说文化，[2] 亨廷顿说，文明就是放大的文化。[3] 如果说文明基本等同于文化，那么到底什么是文明呢？为何《现代汉语词典》把文明视为较高的文化呢？从宪法推动五个文明协调发展，以及建设文明国家的用语看，文明展现了比较高级的状态，是我国人民力求达到的目标。从文明在古代的用法来看，文明也主要体现了相对于野蛮的文治教化和文教昌明，[4] 是一种物质和精神更高级的状况。因此，文明可以理解为生活在其中的人们在物质和精神两个方面都达到较为丰富和舒适的

1. 中国社会科学院语言研究所词典编辑室：《现代汉语词典》，商务印书馆 2012 年版，第 1364 页。
2. 卢风：《从现代文明到生态文明》，中央编译出版社 2009 年版，第 296 页。
3. [美] 塞缪尔 · 亨廷顿：《文明的冲突》，周琪等译，新华出版社 2007 年版，第 25—26 页。
4. 参见前蜀杜光庭《贺黄云表》：“柔远俗以文明，慑凶奴以武略。”汉焦赣《易林 · 节之颐》：“文明之世，销锋铸镝。”

状态。

文明是一种让人过上有尊严、物质丰富、精神舒适的生活，这是人的内在感受。从外在表现看，文明有着多种的展现方式，比如器物、建筑、艺术、风俗、制度、语言、书籍等。对于人类文明发展状态的重构，只能从对这些方面的分析中得出。例如我们可以从古人的诗句中感受农业文明下田园生活的状态，所谓“采菊东篱下，悠然见南山”。正是从先人留下的遗物中，我们才对文明进行了深入的研究，并对之进行了分类。从历史或者文明的区别来看，文明有中华文明、印度文明、伊斯兰文明和基督教文明等区分。人类文明除了有区别之外，还有一些共通性，因此人类文明就有了采集文明、农业文明、工业文明以及新出现的生态文明的区分。

中华文明与印度文明、工业文明与生态文明之所以存在区别，关键是生活在其中的人们所遵循的行为规则不同，不同的行为规则会产生不同的生活状态。这些行为规则由人们的互动博弈而产生，[1] 首先为某个人创造，后来因其能够在解决问题方面比其他规则更有效而逐步传播开来。人们所遵循的行为规则一方面具有相当的稳定性，这些规则主要通过语言和文字以及遗传等方式在个体之间传递；[2] 另一方面也会缓慢地变迁，使人类逐步从采集文明发展到现代的工业文明。文明

1. 盛洪认为，文明是人与人之间反复博弈的结果，是一种解决人们之间冲突的方式。文明的确在解决人们之间冲突方面具有显著的作用，但这并非文明的唯一功能。参见盛洪：《什么是文明》,《战略与管理》1995 年第 5 期。

2. 日本学者岸根卓郎这样定义文明：“所谓文明，是指语言和文字被人们感觉和记忆、被积累和客观化，由特定的个人向其他的个人传递，向客观的知识体系发展的过程。”这个定义体现了文明的传递与演化。参见［日］岸根卓郎：《文明论——文明兴衰的法则》，王冠明等译，北京大学出版社 1991 年版，第 9 页。

的形成和变迁极为困难，因为新的行为规则需要克服旧规则的惯性和存在于人类中的动物性。从某种意义上讲，文明的发展就是在努力抑制人类遗传的动物本性并以新规则代替旧规则。正如哈耶克指出的，“人们之所以有必要从文化上选择新习得的规则，主要的目的就在于抑制某些先天性的规则（innate rules），因为这些先天性的规则只适合于 15 人到 40 人组成的小群体的狩猎生活和采集生活”[1]。比如在采集文明，部落之间、个体之间的杀戮和复仇是一种行为规则，在工业文明中这些行为就被抑制而代之以谈判妥协和司法审判规则。再比如工业文明中，人们把征服自然作为可欲的规则，而在生态文明中，人们必须克服征服自然的冲动，而代之以尊重自然的规则。

20 世纪开始发生了一系列的重大环境灾难事件，让人们认识到现有的工业文明行为规则所产生的严重后果，[2]这个后果集中体现在地球生态系统越来越难以承载人类的活动，人们不得不向未来借用自然资源。一项研究表明，最近 30 年地球维持生命服务的能力下降了 30%，人类对地球的生态压力在同一时期上升了 50%。[3]这表明工业文明的某些行为规则必须改变。生态文明是人类正在发展的文明形态，这种文明形态在工业文明的基础上，在某些方面改变人的行为规则，以形成人与自然的和谐相处，恢复地球的生态环境，确保地球生

1. ［英］弗里德利希·冯·哈耶克：《法律、立法与自由》第 3 卷，邓正来、张守东、李静冰译，中国大百科全书出版社 2022 年版，第 251 页。
2. 这些重大环境事件包括 1930 年比利时的马斯河谷事件，1943 年美国的洛杉矶光化学烟雾事件，1948 年美国多诺拉事件，1952 年英国伦敦的烟雾事件，1953—1956 年日本水俣事件，1955—1963 年神奈川的骨痛病，1961 年日本四日市事件，1968 年日本米糠油事件，1986 年苏联切尔诺贝利核泄漏事件，1984 年印度博帕尔事件。
3. World Wildlife Fund, UNEP, *Living Planet Report 2000*, Gland, Switzerland: WWF International, 2000, p. 1.

态系统的良性运作，在可预见的未来服务地球生物。人的行为规则从农业文明到工业文明的转变，大约用了几百年的时间，目前生态文明依然处于初始阶段，其形成亦需要很长的时间。20 世纪 30 年代，英国人坦斯利提出了“生态系统的概念”，认为地球上的生物不是独立存在的，而是通过各种渠道、各种方式彼此联系在一起，共同形成一个自然整体。1962 年美国人蕾切尔·卡森发表了《寂静的春天》一书，[1] 成为人类反思其征服自然行为的重要开端。也就是说，人类开始认识到生态问题并逐步开始改变其行为不过几十年的时间，其行为模式的改变依然处于进行之中。

（二）生态产品与生态法治

人的行为规则改变的方式有两种，一种是诱致性变迁，即由于被创造的规则在解决问题方面具有比较优势，能够获得更多的利益，这种规则逐步被确立。另一种是强制性变迁，即以法律、政策来改变规则，通过各种形式让新规则被人们接受。法律、政策确立的规则可以是诱致性变迁已经形成的规则，只是通过强制的方式让人们更快地接受；也可以创造新规则，以达到某种设定的目的。如果政府认为生态文明是一项需要达到的目标，通过法治的方式来推动的强制性变迁就是一个选项。通过法律来革新行为规则以推动生态文明形成的法治方式需要考虑诸多因素：一方面需要改变原有的行为模式，改变形成于采集文明、农业文明和工业文明的一些规则；另一方面，需要基于人性中推动社会发展的因子，以及工业文明改善人类生活的规则，不能

1. 参见［美］蕾切尔·卡森：《寂静的春天》，马绍博译，天津人民出版社 2018 年版。

理想化地认为法律可以改变一切规则。

在工业文明中人类形成了法治这一共同价值，即以法治方式来调整人与人之间的关系。工业文明中的法治具有一些一般性的形式特点，朗·富勒（Lon Fuller，1902—1978）概括为法治的八项原则，分别是法律是一般性规范、向所有人颁布、不能溯及既往、清晰性、不矛盾、要求在人的能力范围之内、稳定性、官方行动与公布规则的一致性。[1] 法治的八项原则是法治的形式特征，在工业文明中，法治还具有实质的特征，维护平等、制约权力、保护产权、提倡创新、发扬民主、捍卫自由等，构成工业文明法治的核心原则。这些实质特征与工业文明的市场经济密切相连，维护了工业文明不断提升人类物质生活水平的基础。工业文明的法治模式可以称为机械型法治模式，这种法治模式在维护工业文明的确立和发展方面起到了关键作用，但这种法治模式在某些方面无法适应生态文明的要求。机械型法治模式的核心问题是它是人类征服自然的重要工具，在形式上崇尚工业的机械刚性，[2] 缺乏生态的有机观念，在实质上围绕消费主义服务，忽略了消费主义对地球生态造成的灾难性影响。随着生态文明的发展，机械型法治有些难以适应，变革的需要极为迫切。另一种法治模式，我们称为生态型法治正在适应文明的转型而逐步发展起来。

1. 参见［美］富勒：《法律的道德性》，郑戈译，商务印书馆 2005 年版，第 55—107 页。美国学者马修对富勒的法治八项原则从法律本质和道德理想两个方面作了全新的解读，参见［美］马修·克莱默：《客观性与法治》，王云清译，浙江大学出版社 2022 年版，第二章，第 101—182 页。
2. 博登海默认为，法治的缺陷主要是法律的僵化性或刚性、滞后性。参见［美］E. 博登海默：《法理学：法律哲学与法律方法》，邓正来译，中国政法大学出版社 2017 年版，第 421 页。

地球的生态系统具有包括能量转换、养分循环、空气调节、气候调节以及水循环等功能，这些功能均以某种方式对人类有益或者说维持着人类的生存，因此可以称为生态系统对人类提供的服务，简称生态系统服务。从人类的经济角度来看，生态系统提供的服务可以看作生态系统生产的产品，或者称为生态产品，因此生态系统服务和生态产品[1]的含义基本相同。虽然生态系统的质量和数量与提供的服务之间具有高度的不确定性，但可以肯定的是一个生态系统越大、越健康，那么其产生的服务就越多。[2]生态文明需要多个方面制度的支持，2015 年我国制定的《生态文明体制改革总体方案》，就提出了自然资源资产产权制度、国土空间开发保护制度、空间规划体系、资源总量管理和全面节约制度、资源有偿使用和生态补偿制度、环境治理体系、环境治理和生态保护市场体系、生态文明绩效评价考核和责任追究制度八项制度的改革。[3]这些改革的特点是在现有经济和政治制度的基础上，促进生态系统服务的恢复和增加。可以说生态文明建设的很多方面都是围绕生态系统服务（生态产品），我国更是在 2021 年制定了《关于建立健全生态产品价值实现机制的意见》来进一步推动生态系统服务的提升。[4]基于生态系统服务的重要性，可以认为工业文明的人类行为规则面临重大的现实问题，工业文明的机械型法治理

1. 政府对生态产品的定义。
2. [美] 赫尔曼·戴利、乔舒亚·法利：《生态经济学：原理和应用》，金志农等译，中国人民大学出版社 2013 年版，第 99 页。
3. 参见《生态文明体制改革总体方案》，2015 年 9 月 21 日，中国政府网，http://www.gov.cn/guowuyuan/2015-09/21/content_2936327.htm。
4. 参见《关于建立健全生态产品价值实现机制的意见》，2021 年 4 月 26 日，载中国政府网，http://www.gov.cn/zhengce/2021-04/26/content_5602763.htm。

论难以改变人类行为规则来解决这些问题，从某种程度上只会延缓生态危机。对于这个理论问题，我们提出了生态型法治模式，并把这种模式应用到生态产品价值实现的问题上加以验证，以生态型法治模式来实现生态系统服务的稳定、改善和优化。

（三）从机械型法治到生态型法治

生态型法治模式与机械型法治模式的根本不同在于，生态型法治模式向自然学习，向人类规则形成的历史经验学习，借鉴生态系统的一些特征和规律，运用系统性、整体性思维来考虑法治问题，克服了机械型法治的僵化性和机械性，体现了法治的有机观念、演进观念。用这种新型的法治模式来制定、实施法律，有利于人们的行为方式逐步向适应生态文明的方向转变，推动生态文明的扩展。生态型法治模式不可能凭空产生，中国古代的整体观念和西方现代系统理论都为之提供了支持，成为其理论基础。

中国古代社会特别崇尚自然，提倡人与自然和谐相处，其人与自然的整体观为生态型法治提供了有力的思想支持。虽然现代中国随着工业化的展开，人们的行为规则开始更符合工业文明，但这些深层的思想或者规则依然为很多人遵行，这为生态型法治和行为规则的生态文明化提供了坚实的基础。正如美国学者约翰·柯布所指出的，呼吁克服现代性的毁灭性特征在西方遭遇了根深蒂固的反对之声，而中国现代性的轨迹尚未像西方那样深入骨髓，“中国或许可以引领世界走出这种体制化的残酷和毁灭”。[1]

1.［澳］查尔斯·伯奇、［美］约翰·柯布：《生命的解放》，邹诗鹏、麻晓晴译，中国科学技术出版社 2015 年版，中文版序言第 3 页。

任俊华、李朝辉认为，儒家的“天人合一”思想发端于《周易》，经过孔子、孟子、荀子、董仲舒的确立和发展，到宋明理学时代趋于成熟。[1] 张世英认为，“天人合一”思想在历史上有三个发展阶段，分别是先秦、西汉初年和宋明时期。[2]《周易》有三才论，天、地、人谓之三才。孔子认为，“天”是道德权威性的最终根据；孟子认为，人心以天为本。[3] 董仲舒提出的天人感应论认为，天、地、人是一个相互感应的整体。[4] 老子云：“人法地，地法天，天法道，道法自然。”陈鼓应认为，这四句的可贵之处在于体自然而行，道法自然就是以自然为归，道的本性就是自然。[5] 道家的另一代表人物庄子在《达生》中曰：“天地者，万物之父母也。”在《齐物论》中有言：“天地与我并生，而万物与我为一。”古代思想家的观点不免有些缺陷，比如董仲舒以“天人相副”提出的三纲论，有着不平等的主从关系。[6] 但先哲从整体把握人与自然关系的世界观是当今仍然可以学习和借鉴的。天人合一的思想倡导人与自然是平等的，人类虽然具有改造自然的能力，创造了灿烂的文明，但过度地从自然索取，会反噬人类自身。

苗东升认为，系统科学成型于20世纪40年代，60年代正式问世，70年代形成初步的结构框架，系统科学从成型到完善是由从贝

1. 任俊华、李朝辉：《儒家“天人合一”三才论的自然整体观》，《理论学刊》2006年第5期。
2. 张世英：《中国古代的“天人合一”思想》，《求是》2007年第7期。
3. 同上。
4. 任俊华、李朝辉：《儒家“天人合一”三才论的自然整体观》，《理论学刊》2006年第5期。
5. 陈鼓应：《老子注译及评介（修订增补本）》，中华书局1984年版，第165页。
6. 张世英：《中国古代的“天人合一”思想》，《求是》2007年第7期。

塔朗菲到钱学森的诸多学者共同完成的。[1]何为系统？“两个或两个以上的组分相互作用而形成的统一整体，就是系统。”系统具有多元性、关联性和整体性。多元性是指系统一般有两个及以上的元素组成；关联性是指不同元素之间按一定方式相互联系、相互作用，彼此无法孤立；整体性是指由于多元性与关联性叠加，导致系统有整体的形态，整体的结构，整体的边界等，值得注意的是，“系统与整体不是一个概念，系统必为整体，整体不一定是系统”[2]。

整体观演变有生态整体观与生态整体主义。李爱年、陈程认为，生态整体观将世界看作一个具有内在关联的动态系统，它主张整体性，强调内在联系性，强调人与自然的同一，认为生态系统的整体利益是最高价值。[3]王诺认为：“生态整体主义（ecological holism）的核心思想是：把生态系统的整体利益作为最高价值而不是把人类的利益作为最高价值，把是否有利于维持和保护生态系统的完整、和谐、稳定、平衡和持续存在作为衡量一切事物的根本尺度，作为评判人类生活方式、科技进步、经济增长和社会发展的终极标准。”[4]生态整体主义与儒家“天人合一”的整体观都有着对超越人类自身利益，为自然着想的同情心理，任俊华、李朝辉认为，在“三才”整体论中，人类是不可或缺的一部分，但“人类是宇宙中之最贵者，其贵不是表现为对天地万物的凌辱，而恰恰在于它能自觉地为整个大自然着想，起

1. 苗东升：《系统科学精要》（第 4 版），中国人民大学出版社 2016 年版，第 14 页。
2. 苗东升：《系统科学精要》，中国人民大学出版社 2016 年版，第 21 页。
3. 李爱年、陈程：《生态整体观与环境法学方法论》，《时代法学》2008 年第 4 期。
4. 王诺：《“生态整体主义”辩》，《读书》2004 年第 2 期。

到天地之心的作用”[1]。王诺认为：“人类还是有同情心的物种，同情心使人类能够超越自身的视野、经验和利益的局限去认识和关怀万事万物。”[2]由上观之，生态整体观和生态整体主义已经具有某种超越人类自身的价值取向，它们不是以人类为中心，而是把人类看作是生态系统中的一部分，在这种价值导向下，人类的利益不具有唯一性。在这种价值观的作用下，生态文明具有合法性，同时具有崇高价值。

系统论方法很早就在法学研究中有所应用，季卫东、齐海滨在他们的文章中有所介绍。[3]在运用系统论研究法律问题的著述中，有关卢曼的系统论与法学研究的文章颇多。按照卢曼的观点，每一个社会都是一个系统，社会系统包含经济、政治、法律、教育等多个子系统，法律系统作为一个社会子系统，社会系统的其他部分都是它的环境。法律系统是一个运作上封闭，认知上开放的系统，它通过合法或非法符码运作，通过认知开放从环境中获取信息。[4]借助卢曼的“系统 / 环境”的二分视角，陈锦波认为，在法治中国建设过程中，我们的思维方式经历了由封闭的法律思维向开放的法治思维的转变。[5]曲广娣综合系统论和分析法学视角，认为法律体系构建的一般条件是封闭性与开放性相结合，“法律体系的构建因而在做内部自我静态结构的文本完善的同时，也要保持一个开放的视角，需要从文本拓展到实

1. 任俊华、李朝辉：《儒家“天人合一”三才论的自然整体观》，《理论学刊》2006 年第 5 期。
2. 王诺：《“生态整体主义”辩》，《读书》2004 年第 2 期。
3. 季卫东、齐海滨：《系统论方法在法学研究中的应用及其局限——兼论法学方法论问题》，《中国社会科学》1987 年第 1 期。
4. 鲁楠、陆宇峰：《卢曼社会系统论视野中的法律自治》，《清华法学》2008 年第 2 期。
5. 陈锦波：《法治中国建设进程中的思维方式演进——一个社会系统论的视角》，《内蒙古社会科学》（汉文版）2019 年第 6 期。

践，从法律内部拓展到法律外部”[1]。

与法律系统的封闭与开放之论述相类似的是系统理论中的自组织与他组织理论。每一个系统都有驱使这个系统运作的力量，组织力来自系统内部的是自组织，组织力来自系统外部的是他组织。[2]制定、执行法律如果纯粹依赖立法、执法和司法部门，法治社会不可能建立，法的运行需要社会成员的“配合”，为法学界熟知的亚里士多德认为的法治包括良好的法律与普遍的遵守两个方面。也正是在这个意义上，苗东升谈到，“现代社会是法治社会，成功的法治社会必定是自组织和他组织的适当结合”[3]。

在中国的传统智慧和西方的系统理论的支持下，生态产品价值实现为我国提出的生态文明提供了可行的路径，在生态产品价值实现的规则转换下，人们的行为也将发生转变。这种转变实现了从机械型法治到生态型法治的法治转型。生态型法治融入了生态产品价值实现的制度精神内核，使机械型法治的工具理性转化为人性尊严的生态理性；使机械型法治的机械规整性转化为生态的系统复杂性和包容性；使机械型法治的精英利益联合治理走向开放权利的自组织与他组织的人民共治。

1. 曲广娣：《论法律体系的概念及其构建的一般条件——综合系统论和分析法学视角》，《中国政法大学学报》2015 年第 3 期。
2. 苗东升：《系统科学精要》，中国人民大学出版社 2016 年版，第 169 页。
3. 同上书，第 188 页。

第七章
生态产品价值实现的商业支撑：营商环境的法治化趋势

生态产品价值实现需要企业家发挥主体作用，需要良好的营商环境。从营商环境的变迁趋势中，可以有利于生态产品价值实现的营商环境正在形成。本章指出，为了适应生态文明的扩展，需要不同于工业文明的新规则，在商业领域则需要推动从制造到创造的新的营商环境规则。产权保护、市场规制（平等竞争）、公共服务（法治、金融、教育）是营商环境规则的支柱，产权是基石，市场是动力，服务是基础，不同的理念之下，这些营商环境规则展现出不同的形态。以2006年我国提出建设创新型国家为分界线，营商环境规则从推动制造逐步转向培育创造，其深层原因正是文明的转型。

一、问题的提出

2018年宪法修改，把生态文明作为发展的方向，把实现中华民族伟大复兴作为发展的目标。生态文明是一种新型的文明形态，人的行为模式需要改变成与生态环境和谐共存，生态系统能够有效运作的方式；中华民族伟大复兴意味着我国在许多方面特别是科技领域领先世界。这对我国的经济发展提出了更高的要求，特别需要更优的规则来培育创新和创造，因此营商环境规则成了关键。

2006年我国提出了建设创新型国家的目标，经过多年的努力，取得了辉煌的成绩，许多领域创新能力有了较大的提升。成思危认为，从经济全球化的发展历史来看，存在四个层次的国家，分别是输出初级产品、制成品、资本和知识。[1]输出初级产品、制成品是初阶，输出资本和知识是进阶。知识是经济发展的核心，许多经济学家肯定知识在经济发展中的重要作用。[2]从制造到创造所体现的是走向以知识为基础的经济发展模式，制造所要求的自主知识比重低，可以引进技术，采取"拿来主义"；创造则要求掌握核心科技，自身发展不会被其他国家钳制。近20年来，我国进口的高技术产品占商品进口贸易总额的30%左右，2015年后，这一比重较以往有所上升，而出口的高技术产品则变化甚微。[3]时至今日，中国与西方发达国家在科技创新能力方面还存在差距。[4]

1. "从许多国家的发展过程来看，大体上有四个层次，第一个层次是输出初级产品，如农产品、矿产品等；第二个层次是输出制成品；第三个层次是输出资本；第四个层次是输出知识。"参见成思危：《论创新型国家的建设》，《中国软科学》2009年第12期，第10页。
2. 经济合作与发展组织（OECD）：《以知识为基础的经济》，杨宏进、薛澜译，机械工业出版社1997年版，第1、4—5页。
3. 数据来源：国家统计局统计数据，参见国家统计局网站，https://data.stats.gov.cn/easyquery.htm?cn=C01&zb，2022-10-13访问。
4. 西桂权、付宏、王冠宇：《中国与发达国家的科技创新能力比较》，《科技管理研究》2018年第23期。

进入新时期，我国经济体制蕴含着由农业社会转向工业社会，[1]经济体制的转变要求制度设计者探索适宜的制度促成国家富强、民族复兴的实现。实现这一目标离不开经济活动，因为经济活动影响着税收，国家推进任何事业都需要花钱，国家不富裕很难变得强大，民族复兴也难以实现。营商环境规则的优劣决定了经济活动的活跃程度。这是因为营商规则能引导人的行为。弗里德里希·哈耶克指出，人类会遵循规则决定自己如何行为，文化、法律、习俗等都是一种规则。[2]

营商环境规则是一套规则体系，它的构成可以从学术界、世界银行营商环境评估指标和我国2019年制定的《优化营商环境条例》分析得出。从学术界来看，杜运周等人梳理前人的研究发现，政府效率、人力资源、金融服务、公共服务、市场环境和创新环境会影响创业活跃度。[3]从世界银行《营商环境报告》指标来看[4]，企业开办、建设许可、破产关涉竞争主体进入某一领域难易度和退出的保障，跨境贸易涉及不同地区竞争主体的产品进入某一市场平等竞争的难易度；税收对企业的影响很大，尤其是民营企业，可以说税收也属于竞争，如果税收太重，一些企业迟早要关门大吉，竞争主体就会减少；财产登记、保护中小投资者和执行合同涉及产权的保护；获得信贷即融资；获得电力属于基础公共服务。从《优化营商环境条例》的篇章结

1. 厉以宁：《中国经济双重转型之路》，中国人民大学出版社2013年版，第2页。
2. ［英］弗里德里希·冯·哈耶克：《法律、立法与自由》，邓正来、张守东、李静冰译，中国大百科全书出版社2022年版，第9、12页。
3. 杜运周、刘秋辰、程建青：《什么样的营商环境生态产生城市高创业活跃度？——基于制度组态的分析》，《管理世界》2020年第9期。
4. 杨继瑞、周莉：《优化营商环境：国际经验借鉴与中国路径抉择》，《新视野》2019年第1期。

构来看，市场主体的保护是保护产权，市场环境、监管执法即营造良好的市场环境、竞争环境，人力资源、金融和法治对营商环境起保障作用。可以看出，学术界意见、世界银行营商环境评估指标和官方意见对于优化营商环境的思维路径大同小异，产权保护、平等竞争、人才支撑、资金支持、法治保障等是重要的。基于以上认识，产权保护、市场规制（平等竞争）、公共服务（法治、金融、教育）是营商环境规则的三个支柱，产权是基石，市场是动力，服务是基础。

我国的营商环境规则不断变化，这些变化的趋势是什么，其内在逻辑如何展开，是本文要分析的问题。

二、推动制造：创新型国家提出之前营商环境规则变迁的主线

（一）产权：从单一集中到多元分散

我国的经济改革始于农村，而农村的经济改革始于土地产权改革，分离土地的所有权和使用权，即家庭联产承包责任制。[1]家庭联产承包责任制带来的积极效益无需多言，这一变革背后涉及的正是产权规则的变化。产权规则，尤其是土地产权规则的变化对我国经济发展起到巨大推动作用，张五常提出的县际竞争中很重要的一点就是县政府拥有土地的使用权和转让权，县级政府能够转让土地才会有后续

1. 赵源、余必龙：《土地关系的变革是深化农村经济改革的重要步骤》，《农业经济问题》1987 年第 8 期。

的收入。[1]改革开放之前，我国的产权形式单一，对产权的认识仅限于国家或集体所有，产权高度集中于国家和集体。国家所有、集体所有是空洞的，说不清是谁的，无法盘活产权。改革开放之后，产权从单一权利变为多元权利束，所有权不再是农村土地产权的唯一形式；产权主体也由高度集中开始分散于各主体，广大农民可以承包土地，享有对土地的使用权、收益权。[2]

农村经济改革为城市经济改革提供了参考，城市经济改革的重点是对国有企业进行改革。城市经济改革基本延续了农村经济改革的思路，将国有企业的所有权和经营权进行分离，扩大企业自主权。这同样是将所有权拆分为多种权利，权利从单一走向多元。我国早在1978年就开展了扩大企业自主权的试点工作。[3]1984年《中共中央关于经济体制改革的决定》提出要使企业成为相对独立的经济实体，自主经营、自负盈亏。[4]1993年11月党的十四届三中全会《关于建立社会主义市场经济体制若干问题的决定》提出，要“转换国有企业经营机制，建立现代企业制度”，现代企业制度的四个指标是“产权清晰、

---

1. 张五常:《经济解释》(卷五:国家的经济理论)，中信出版社2019年版，第63页。
2. 农村土地“三权分置”也是产权主体分散的体现，2014年中共中央办公厅、国务院办公厅发布《关于农村土地征收、集体经营性建设用地入市、宅基地制度改革试点工作的意见》，农村土地产权改革开始试点，2016年国务院颁布《关于农村土地所有权承包权经营权分置办法的意见》，农村土地“三权分置”制度显现，2018年12月全国人大常委修改《农村土地承包法》，农村土地“三权分置”正式入法。
3. 黄群慧:《“新国企”是怎样炼成的——中国国有企业改革40年回顾》,《China Economist》2018年第1期。
4.《中共中央关于经济体制改革的决定》提出要“增强企业活力”“确立国家和企业、企业和职工这两方面的正确关系”。“总之，要使企业真正成为相对独立的经济实体，成为自主经营、自负盈亏的社会主义商品生产者和经营者……”参见《中共中央关于经济体制改革的决定》(国务院公报1984年第26号)。

权责明确、政企分开、管理科学”。紧随其后的是《公司法》，于同年12月在第八届全国人大常委会第五次会议上通过。国有企业产权改革的集中到分散体现为在国企中推行混合所有制、股份制改革，国有企业变为混合所有制企业使得政府不再是国企的唯一产权人。[1]

上述改革所采取的所有权与经营权相分离改善了农村和国企的生产效益，收入权作为激励机制激发了农民和国企经营者的积极性。由此可见，产权的多元分散所带来的是农村生产力的提高，国企经营质量改善，国家财政负担减轻，这是国家通过改革积极推动制造的体现。

（二）竞争：从闭塞隔绝到开放融合

闭塞隔绝是计划经济的特征。在计划经济时代，市场主体之间缺乏竞争，生产什么，生产多少按照行政指令操作即可，一切资源由国家调配。若是有个体户雇用八个以上的工人会被称为剥削；若是将海南的水果私自运输至其他省份出售，可能触犯投机倒把罪；两个相邻的处于产业上下游的工厂无法直接进行货物交易。“计划”阻断了地区间竞争，大量存在的“国营”企业使个体的生产动力不足。

开放融合是社会主义市场经济的特质。改革开放以后，市场经济为我国所肯定，随后转向了建立和完善社会主义市场经济体制的阶段。走向市场实则是走向竞争，我们必须接受现实，只有竞争才能提高科技水平，产出优质的产品。

---

1. 党的十六届三中全会提出，要“大力发展国有资本、集体资本和非公有资本等参股的混合所有制经济，实现投资主体多元化，使股份制成为公有制的主要实现形式”。参见《中共中央关于完善社会主义市场经济体制若干问题的决定》（国务院公报 2003 年第 34 号）。国务院进一步提出“鼓励非公有制经济参与国有经济结构调整和国有企业重组”。参见《国务院关于鼓励支持和引导个体私营等非公有制经济发展的若干意见》（国发〔2005〕3 号）。

竞争是不同类型市场主体间的竞争。改革开放以后，国家首先肯定了个体经济，然后私营经济得到确认，[1]个体经济、私营经济的地位在一次次党的决定和宪法修正案中逐步提高。党的十一届三中全会公报肯定了家庭副业、集市贸易是必要的，[2]十二大报告肯定了多种经济形式合理配置和发展对于城乡经济发展和便利人民生活的作用，[3]1988年宪法修正案以根本法的形式肯定了私营经济。1993年中共中央《关于建立社会主义市场经济体制若干问题的决定》提出要平等对待各类所有制企业，让它们参与市场竞争，[4]十五大报告指出非公有制经济是我国社会主义市场经济的重要组成部分，要继续鼓励、引导。[5]随后，1999年宪法修正案和2004年宪法修正案又对有关个体经济和私营经济的表述作了调整。

竞争也是不同地区市场主体间的竞争。这是说竞争的场域在扩大，既要破除国内地区间的障碍，建立全国统一大市场，也要积极融

1. 万一：《个体和私营经济法律地位发展史述略》，2012年4月27日，中国人大网，http://www.npc.gov.cn/zgrdw/npc/xinwen/rdlt/fzjs/2012-04/27/content_1719289.htm。
2. “社员自留地、家庭副业和集市贸易是社会主义经济的必要补充部分”，参见《十一届三中全会公报》，2009年10月13日，中国政府网，http://www.gov.cn/test/2009-10/13/content_1437683.htm。
3. “只有多种经济形式的合理配置和发展，才能繁荣城乡经济，方便人民生活。”参见《胡耀邦在中国共产党十二大上的报告》，共产党员网2012年9月27日，https://fuwu.12371.cn/2012/09/27/ARTI1348712095996447_all.shtml。
4. “国家要为各种所有制经济平等参与市场竞争创造条件，对各类企业一视同仁。”参见《中共中央关于建立社会主义市场经济体制若干问题的决定》，《国务院公报》1993年第28期。
5. “非公有制经济是我国社会主义市场经济的重要组成部分。对个体、私营等非公有制经济要继续鼓励、引导，使之健康发展。”参见江泽民：《高举邓小平理论伟大旗帜，把建设有中国特色社会主义事业全面推向二十一世纪——在中国共产党第十五次全国代表大会上的报告（1997年9月12日）》，《求是》1997年第18期。

入世界。建立全国统一的市场首次于1993年出现在《中共中央关于建立社会主义市场经济体制若干问题的决定》中，《决定》提到“建立全国统一开放的市场体系”，2003年《中共中央关于完善社会主义市场经济体制若干问题的决定》阐述为“加快建设全国统一市场”。全国统一的市场无疑有助于各类商品在全国范围内流动，不断扩大开放的国内市场将吸引其他国家的商品漂洋过海而来，我国的产品能走出去，外国的产品也能进入中国市场，不同地区市场主体所生产的产品聚集到一起会带来更为激烈的竞争，只有能够制造出优质产品的市场主体才能在这个开放融合的市场上生存下去。

综上所述，在开放融合的竞争环境下，不同类型、不同地区的市场主体聚集在一起，会形成浓厚的竞争氛围。

（三）法治：从健全法制到依法治国

“有法可依、有法必依、执法必严、违法必究”是社会主义法治建设的十六字方针，最早出现在党的十一届三中全会的公报中。立法居于基础地位，也正是因此，与营商环境关联度高的民商事立法在十一届三中全会后密集出台。[1] 法治建设有着明确的时间节点，到20世纪末要初步建立与社会主义市场经济相适应的法律体系，[2] 到2010

1. 除了具有代表意义的《民法通则》（1986年），在合同法方面有《经济合同法》（1981年）《经济合同法》（1985年）《技术合同法》（1987年），在企业经营方面有《公司法》（1993年）《合伙企业法》（1997年）《个人独资企业法》（1999年）《中外合资经营企业法》（1979年）《中外合作经营企业法》（1988年）《外资企业法》（1986年），在知识产权方面有《商标法》（1982年）《专利法》（1984年）《著作权法》（1990年）。参见王利明：《中国民事立法的成就与展望》，《法学家》2009年第5期。
2.《中共中央关于建立社会主义市场经济体制若干问题的决定》，《国务院公报》1993年第28期。

年要建成中国特色社会主义法律体系。[1]总之，在党中央提出依法治国方略之前，“有法可依”正逐年推进。

1997年党的十五大报告提出依法治国，1999年宪法修正案将“依法治国，建设社会主义法治国家”写入宪法。在推行依法治国之前，从认识上来看，人们对法律的认识是用法治国，也即以法治国，[2]在此意义下，正式法律的工具色彩浓重；就实际情况而言，由于对政府权力约束少，市场主体的生产经营活动处于不稳定状态，极易受公权力影响。依法治国对公权力机关而言，意味着它们受法律约束，要在法律的范围内行事；对于市场主体而言，相当于给它们划定了活动范围，在正式法律范围内，市场主体可以从事任何经营活动。法治一方面约束政府，另一方面也约束着市场主体的行为。[3]法治具有的秩序价值和公正价值[4]可为市场主体的生产经营活动提供保障。

（四）金融：从形式单一到体系健全

融资是企业经营所需的基本要素，常见的融资方式无外乎银行

1. 江泽民：《高举邓小平理论伟大旗帜，把建设有中国特色社会主义事业全面推向二十一世纪——在中国共产党第十五次全国代表大会上的报告》（1997年9月12日），《求是》1997年第18期。
2. 如王礼明等人所认识的法治就是“以法治国”，参见王礼明、刘海年、罗耀培：《法制与法治》，《学习与探索》1979年第5期。秦前红、苏绍龙认为，20世纪80年代初期，“以法治国”是主流话语，参见秦前红、苏绍龙：《从“以法治国”到“依宪治国”——中国共产党法治方略的历史演进和未来面向》，《人民论坛·学术前沿》2014年第22期。
3. 钱颖一：《市场与法治》，《经济社会体制比较》2000年第3期。
4. 张文显：《法治与国家治理现代化》，《中国法学》2014年第4期。

贷款，发行股票、债券是在资本市场建立以后才会有的。改革开放之前，中国人民银行是唯一的金融机构[1]和唯一的商业银行，办理对企业的存贷款业务，1979年后四大专业银行相继成立，1986年后股份制银行、城市商业银行开始出现。[2]这一系列变革背后自然少不了正式制度的支持。[3]1993年国务院发布《关于金融体制改革的决定》，文中提出“建立政策性金融与商业性金融分离，以国有商业银行为主体、多种金融机构并存的金融组织体系”。随后，我国的三大政策性银行相继成立。1995年《中国人民银行法》颁布，这是首次以法律形式明确中国人民银行的中央银行地位，同年还颁布《商业银行法》，该法明确商业银行是企业法人，它们要“自主经营，自担风险，自负盈亏，自我约束”。[4]城市合作银行也于1995年首先在京、津、沪等城市进行试点，随后在35个大中城市推开。[5]除了城市，农村地区的金融改革也在推进，2003年国务院发布的《深化农村信用社改革试点方案》提出把农村信用社打造成为农民、农业和农村经济服务的金融机构。[6]至此，从中央银行到商业银行，覆盖城市和农村的银行业

---

1. 曹远征：《大国大金融：中国金融体制改革40年》，广东经济出版社2018年版，第47—48页。
2. 曾刚：《单一到多元的银行体系变迁》，《中国金融》2019年第13期。
3. 1983年国务院决定让中国人民银行专门行使中央银行职能，参见《国务院关于中国人民银行专门行使中央银行职能的决定》（国发〔1983〕146号）。
4. 参见《商业银行法》第四条。
5. 《国务院关于组建城市合作银行的通知》（国发〔1995〕25号）。
6. “把农村信用社逐步办成由农民、农村工商户和各类经济组织入股，为农民、农业和农村经济发展服务的社区性地方金融机构。”参见《深化农村信用社改革试点方案》（国发〔2003〕15号）。

金融机构的基本健全，这为不同类型、不同规模企业的融资创造了条件。

除了银行业这一间接融资机构体系的健全，以股票为代表的直接融资市场也粗具规模。股市最基本的作用就是为企业融资。[1]上交所、深交所于1990年成立，数据显示，1991年至2003年股票筹资额超过一万亿元。[2]2004年国务院发布《关于推进资本市场改革开放和稳定发展的若干意见》，明确资本市场的一项任务为“扩大直接融资”。[3]2004年至2008年股票筹资额超过两万亿元。[4]如此巨量的资金流向上市企业对提高其生产制造的能力是显著的，统计数据显示，我国上市公司总市值占国内生产总值比重较大，2000年、2005年和2010年的比重分别为48.5%、34.6%、81%。[5]

（五）教育：从积贫积弱到规模庞大

“1978年，我国小学升入初中比率只有60.5%，高校在校生85.6万人，研究生1万人。”[6]教育事业的落后难以满足经济社会的需求。推

1. 除了融资，中国股市还有其他作用有待发挥。参见陈志武：《财富的逻辑2：所有的泡沫终将破灭》，上海三联书店2018年版，第46—48页。
2. 数据来源：国家统计局统计数据，参见国家统计局网站，https://data.stats.gov.cn/easyquery.htm?cn=C01&zb，2022年10月13日访问。
3. “以扩大直接融资、完善现代市场体系、更大程度地发挥市场在资源配置中的基础性作用为目标，建设透明高效、结构合理、机制健全、功能完善、运行安全的资本市场。”参见《国务院关于推进资本市场改革开放和稳定发展的若干意见》（国发〔2004〕3号）。
4. 国家统计局统计数据，参见国家统计局网站，https://data.stats.gov.cn/easyquery.htm?cn=C01&zb，2022-10-13。
5. 《上市公司数和上市公司总市值占国内生产总值比重》，2012年7月11日，国家统计局网站，http://www.stats.gov.cn/ztjc/ztsj/gjsj/2011/201207/t20120711_72719.html。
6. 陈宝生：《中国教育：波澜壮阔四十年》，《人民日报》2018年12月17日，第11版。

动制造需要一大批劳动者，我国首先做的是推行义务教育，推进中等职业教育，扩大大学招生规模，增加有生产制造能力的劳动者数量。

推行义务教育，改善人口素养。人才既是制造的基础，也是创造的基础，但两者对人才的要求有所不同。改革开放前期，我国发展的劳动密集型产业居多，被称为世界工厂。吴要武的研究发现，改革开放初期，我们之所以能发展劳动密集型产业，与我国国民普遍受教育密切相关。国家统计局的数据显示，1982 年我国的文盲率为 22.8%，1990 年为 15.9%，2010 年降至 4.1%，2011 年，中国宣告全面实现九年义务教育。发展劳动密集型产业需要大量的劳动力，劳动力受教育程度跟不上会限制其发展，1986 年颁布的《义务教育法》是继《学位条例》之后，我国在教育领域颁布的第二部法律，推行义务教育或许可以称之为扫盲运动，既是完成历史伟业，也是发展经济所需。

推进职业教育，增加技术人才。适应经济建设、社会发展、企业需求是发展职业教育不变的主题，1985 年中共中央《关于教育体制改革的决定》明确了技能人才对社会主义现代化建设的重要性，有关"职普比例相当"的表述最早出现在这份文件中，"职普比例相当"的初衷也许仅是为了快速增加技能人才。[1]2002 年国务院《关于大力推进职业教育改革与发展的决定》，依然强调职业教育应适应经济、社

1. "社会主义现代化建设不但需要高级科学技术专家，而且迫切需要千百万受过良好职业技术教育的中、初级技术人员、管理人员、技工和其他受过良好职业培训的城乡劳动者。""力争在 5 年左右，使大多数地区的各类高中阶段的职业技术学校招生数相当于普通高中的招生数，扭转目前中等教育结构不合理的状况。"参见《中共中央关于教育体制改革的决定》，《国务院公报》1985 年第 15 期。

会和企业需求。[1]2005 年《国务院关于大力发展职业教育的决定》更是提出“把发展职业教育作为经济社会发展的重要基础”。[2]

改革高等教育，扩大人才队伍。制造需要技术人才，也需要高素质人才，自 1978 年以来，普通本专科招生数和研究生招生数基本呈递增趋势，1999 年 1 月，国务院批转的《面向 21 世纪教育振兴行动计划》提出，到 2000 年高等教育入学率达到 11% 左右，到 2010 年入学率接近 15%。1999 年全国普通本专科招生 159.7 万人，同比增长 47%。[3]1999 年后，高等教育院校招生人数进入快速增长阶段，截至 2010 年，我国高等教育毛入学率达 26.5%。[4]

总之，全面覆盖的义务教育体系，庞大的技术人才队伍、大量的高素质人才为制造活动提供了更多可能，我国业已成为教育大国。

三、培育创造：创新型国家提出之后营商环境规则变迁的主轴

创造是成为制造大国后的新目标，创造意味着寻求创新，进入 21 世纪以后，“创新”一词出现的频率越来越高，以“国民经济和社

1. “推进管理体制和办学体制改革，促进职业教育与经济建设、社会发展紧密结合”和“深化教育教学改革，适应社会和企业需求”是两大任务。参见《国务院关于大力推进职业教育改革与发展的决定》(国发〔2002〕16 号)。
2.《国务院关于大力发展职业教育的决定》(国发〔2005〕35 号)。
3. 国家统计局统计数据，参见国家统计局网站，https://data.stats.gov.cn/easyquery.htm?cn=C01&zb，2022-10-13。
4.《2010 年全国教育事业发展统计公报》，参见教育部网站，http://www.moe.gov.cn/srcsite/A03/s180/moe_633/201203/t20120321_132634.html，2022-10-13。

会发展五年规划纲要”为观察样本，从“创新”在各规划中出现的次数来看，“十五”规划为42次，“十一五”规划为67次，“十二五”规划为120次，“十三五”规划为227次，“十四五”规划为174次；就“规划”的篇章结构而言，“十五”规划到“十二五”规划中的科技、教育和人才是每年强调的三点内容，此后的“规划”有一些新提法，“十三五”规划提出“深入推进大众创业、万众创新”“构建激励创新的体制机制”，“十四五”规划提出“强化国家战略科技力量”“提升企业技术创新能力”。可见，自2006年党中央提出建设创新型国家以来，[1]创新逐步成为热度很高的词语，营商环境规则也逐步发生变化。无论是“创新型国家”的提法，还是“创新驱动发展”的理念，[2]都是为了培育创造。

（一）产权：全面布局、严格保护

微笑曲线指的是产品的附加值的高低，一般来说，研发环节和营销环节的附加值高，制造环节的附加值低。[3]培育创造需要摆脱低附加值的制造环节，向高附加值的研发环节转移。创造性的生产活动历来困难重重，如果没有特殊的制度支持与特别保护，市场主体将没有动力从事这项工作，这需要知识产权规则发挥更好的保护作用。众多

1. 2006年1月9日，胡锦涛在全国科学技术大会上发表重要讲话，“坚持走中国特色自主创新道路，为建设创新型国家而努力奋斗”是这次会议的主题。参见胡锦涛：《在中国科学院第十三次院士大会和中国工程院第八次院士大会上的讲话》，《人民日报》2006年6月6日，第2版。

2. 党的十八大报告提出“实施创新驱动发展战略”，2015年，中共中央、国务院印发《关于深化体制机制改革加快实施创新驱动发展战略的若干意见》（中发〔2015〕8号）。2016年，中共中央、国务院印发《国家创新驱动发展战略纲要》。

3. 施振荣：《微笑曲线》，《三联竞争力》2010年第4期。

研究表明，知识产权保护有助于创新。[1]

保护知识产权需要法律法规和政策文件的支持。我国在20世纪末和21世纪初已经搭建知识产权保护的基本框架。[2]2006年全国人大常委会决定加入《世界知识产权组织版权条约》，2008年国务院印发《国家知识产权战略纲要》，完善制度和加强保护是这一战略的重点。2015年国务院发布《关于新形势下加快知识产权强国建设的若干意见》，与以往不同的是，《意见》提出"实行更加严格的知识产权保护"。[3]2015年以后，我国也开始按照国民经济和社会发展五年规划纲要，每五年单独制定一个知识产权保护与运用规划。2019年修订的《反不正当竞争法》主要对商业秘密的相关内容作了修改，加强了对商业秘密的保护。2021年，中共中央、国务院印发《知识产权强国建设纲要（2021—2035年）》，"严格保护"是一项基本工作原则。

知识产权保护也需要执法和司法活动。从执法领域来看，自1998年，我国开始编制发布知识产权保护状况白皮书，介绍我国知

1. 吴超鹏、唐菂的研究发现，"地方政府加强知识产权保护执法力度，可以激励当地企业增加研发投资强度，并提升专利产出"。参见吴超鹏、唐菂：《知识产权保护执法力度、技术创新与企业绩效——来自中国上市公司的证据》，《经济研究》2016年第11期。史宇鹏、顾全林的研究发现，知识产权保护对企业创新活动具有显著的激励作用，尤其是对非国有企业。参见史宇鹏、顾全林：《知识产权保护、异质性企业与创新：来自中国制造业的证据》，《金融研究》2013年第8期。刘思明等人的研究表明，"加强知识产权保护能够促进我国绝大多数地区工业创新能力的提升，并且对以发明专利体现的核心技术成果的作用效果更加明显"。参见刘思明、侯鹏、赵彦云：《知识产权保护与中国工业创新能力——来自省级大中型工业企业面板数据的实证研究》，《数量经济技术经济研究》2015年第3期。
2. 吴汉东、刘鑫：《改革开放四十年的中国知识产权法》，《山东大学学报》（哲学社会科学版）2018年第3期。
3. 《国务院关于新形势下加快知识产权强国建设的若干意见》（国发〔2015〕71号）。

识产权保护状况，行政执法状况是一重要组成。以 2020 年的白皮书为例，专利、商标、版权、反不正当竞争、植物新品种、海关和网络市场行政执法全面开展。从司法领域来看，2008 年以来，司法机关也出台了诸多司法规范性文件支持知识产权的保护工作。[1] 此外，在国务院印发《国家知识产权战略纲要》后，最高法每年发布知识产权案件年度报告，向全社会公开其办理知识产权案件的情况，精选典型案件，归纳有指导意义的法律适用问题。

可以看到，国家对知识产权的重视程度在逐步提升，也正是因为重视这项工作，知识产权领域的立法修改频率，政策文件的发文数量自 2008 年以来一直处于高位，执法和司法保护的保护力度在不断加大，为增加市场主体创新创业热情保驾护航。

（二）竞争：充分开放、公平竞争

经济学告诉我们，资源是有限的，人与人之间存在竞争。因为竞争的存在，确定竞争规则显得至关重要，否则将是无序的竞争，处于一种混乱状态。竞争形式多样，显规则、潜规则，正式制度、非正式制度等都是竞争的一种形式。在走向法治之后，任何组织或者个人都必须在宪法和法律范围内活动，这要求市场主体依据正式制度进行竞争。我国在增加市场主体，扩大对外开放，维护公平竞争上的积极行动是为了给市场主体提供一个更加公平高效的市场，这将进一步促进

---

1. 2009 年最高人民法院印发《关于贯彻实施国家知识产权战略若干问题的意见》。2015 年前后，最高法密集发布司法文件，印发《知识产权法院法官选任工作指导意见（试行）》《关于知识产权法院案件管辖等有关问题的通知》《关于知识产权法院技术调查官参与诉讼活动若干问题的暂行规定》《关于在全国法院推进知识产权民事、行政和刑事案件审判“三合一”工作的意见》等文件。

创造活动。

在增加市场主体方面，有修改公司注册资本的规定。2013 年，立法机关将《公司法》中的注册资本改为"认缴制"，取消了有限责任公司注册资本的最低限额，降低了设立公司的门槛，市场主体参与市场竞争的成本下降。

我国利用外资的水平不断提高。2001 年我国制定了外资保险公司、外商投资电信企业的文件，2006 年制定了对外资银行的管理条例，2002 年国务院还发布了一份给外商投资的指导文件。[1]2013 年中共中央发布的《关于全面深化改革若干重大问题的决定》提出要"放宽投资准入"，这事关外商投资。2017 年，国务院发布《关于扩大对外开放积极利用外资若干措施的通知》，明确进一步放宽的领域。[2]2019 年我国颁布《外商投资法》，规定准入前国民待遇和负面清单。以上规范性文件的颁布是不断扩大对外开放的真实写照。

在维护公平竞争方面，国家大力推进建设全国统一大市场，反垄断、反不正当竞争，保障各类市场主体受到平等对待。党的十八大以来，为推进全国统一大市场建设，废除垄断，打击不正当竞争，党中央和国务院发布了众多规范性文件。[3]2021 年，市场监管总局、发展

---

1. 参见《外资保险公司管理条例》《外商投资电信企业管理规定》《外资银行管理条例》《指导外商投资方向规定》。

2.《国务院关于扩大对外开放积极利用外资若干措施的通知》（国发〔2017〕5 号）。

3. 2013 年《中共中央关于全面深化改革若干重大问题的决定》提出："实行统一的市场监管，清理和废除妨碍全国统一市场和公平竞争的各种规定和做法，严禁和惩处各类违法实行优惠政策行为，反对地方保护，反对垄断和不正当竞争。"2020 年《中共中央　国务院关于新时代加快完善社会主义市场经济体制的意见》提出要"逐步清理废除妨碍全国统一市场和公平竞争的存量政策"，2022 年发布的《中共中央　国务院关于加快建设全国统一大市场的意见》再一次表明国家建设全国统一市场的决心。

改革委、财政部等部门印发《公平竞争审查制度实施细则》，2022年修订的《反垄断法》的立法宗旨增加“鼓励创新”“建立健全公平竞争审查制度”，加强执法、司法对公平竞争秩序的维护。2019年公布的《优化营商环境条例》规定建立统一开放、竞争有序的现代市场，保障各类市场主体平等竞争，规定平等对待外资。[1]这些规定充分表明国家意图为所有市场主体提供平等的竞争机会，不论市场主体的籍贯和国籍。

（三）法治：系统治理、全面推进

党的十八届四中全会通过的《中共中央关于全面推进依法治国若干重大问题的决定》将依法治国推到了一个新高度。“全面推进依法治国是一个系统工程”，不仅要发挥国家法的作用，也需要村规民约、行业规章等社会规范的支持，正式法律固然需要被严格贯彻执行，但社会不仅仅只有或依靠一套正式法律作为规则，还有许多的规则在发挥作用。正式法律的运行有着巨大的成本，依附于国家的立法、执法、司法和守法，缺少了哪一环都无法形成良好的社会秩序。立法、执法和司法活动并不生产制造社会所需的产品，是纯粹消耗社会资源的活动。它们存在的意义是为社会的运行节约交易费用，良好的法律环境可以给生产生活带来便利，也可以使市场主体获得预期，从而有序地开展生产交易活动。如果没有正式制度做后盾，相隔成百上千公里素未谋面的交易者无法放心地完成商品交易。但正式法律亦有缺陷，立法滞后，执法不严，司法不公等问题时有发生，成本相对较低

1. 参见《优化营商环境条例》第五条、第六条第二款。

的社会规范对于维护生产生活所需的基本秩序有着不可替代的作用。正是基于此，系统治理这一命题应时而生。

立法、执法、司法和守法全面推进是新时期法治建设的指导方针，它要求国家机关在立法、执法和司法环节主动作为，通过科学的立法活动，为市场主体的经济活动扫清制度障碍；通过严格的执法活动，对一切违背市场经济规则的行为予以严厉打击；通过公正的司法活动，校正权利人被侵害的合法权益，守护好社会公平正义的最后一道防线。[1] 与营商活动密切相关的《民法典》的出台，修改《公司法》等商事法律法规；深化执法体制改革，推进综合执法，行政处罚权可交由基层政府；法官检察官“员额制”改革，以审判为中心的诉讼制度改革等立法、执法和司法领域的变革将深刻影响我国的法治。除此之外，守法环节尤其要推进领导干部带头守法。

（四）金融：服务实体，层次多样

无论是制造还是创造，都需要资金，尤其是创造活动，高投入却可能低产出甚至零产出。如何保障市场主体的融资因此变得重要。上文提到，我国的银行业体系基本健全，资本市场也粗具规模。民营银行是一个新生事物，以股票为代表的资本市场对于创新创造的支持力度空前巨大，健全的银行体系，多层次的资本市场对于实体经济的发

1. 法学界基本从立法、执法和司法活动论述优化营商环境，如苟学珍：《地方法治竞争：营商环境法治化的地方经验》，《甘肃行政学院学报》2020 年第 4 期；张志铭、王美舒：《中国语境下的营商环境评估》，《中国应用法学》2018 年第 5 期；姜明安：《新时代法治政府建设与营商环境改善》，《中共中央党校（国家行政学院）学报》2019 年第 5 期。

展，创新创造活动的产出有着推动作用。[1]

强调金融要服务实体经济是十八大以来党和国家重点关注的工作，[2]在十八大之后，银行、期货和证券领域[3]有诸多政策文件出台，用以支持实体经济的发展。在银行领域，民营银行的出现是我国银行业的重大变革，关于民营银行的支持政策最早出现于2013年，国务院办公厅发布《关于金融支持经济结构调整和转型升级的指导意见》，支持建立民营银行，2015年中国银监会印发《关于促进民营银行发

1. 金融能够支持创新是学界的共识。黄国平、孔欣欣认为“从增强科技创新的角度，国家有必要建立促进科技创新的金融支持体系”。参见黄国平、孔欣欣:《金融促进科技创新政策和制度分析》,《中国软科学》2009年第2期。翟淑萍、顾群的研究表明，高新技术企业普遍存在融资约束，金融发展、金融中介发展以及股票市场发展可以缓解这个问题，进而提高它们的研发投资效率。参见翟淑萍、顾群:《金融发展、融资约束缓解与高新技术企业研发投资效率研究》,《经济经纬》2013年第2期。卢馨等人以2007—2009年上市的并披露R&D费用的高新技术企业作为样本，研究发现这些企业存在融资约束，并限制了R&D投资。参见卢馨、郑阳飞、李建明:《融资约束对企业R&D投资的影响研究——来自中国高新技术上市公司的经验证据》,《会计研究》2013年第5期。钟腾、汪昌云认为，提升股票市场在我国金融体系中地位，完善知识产权保护法律法规可以促进企业创新产出。参见钟腾、汪昌云:《金融发展与企业创新产出——基于不同融资模式对比视角》,《金融研究》2017年第12期。周开国等人在考察企业协同创新活动时发现，融资问题会抑制企业的创新活动，知识产权保护不佳会影响企业协同创新活动。周开国、卢允之、杨海生:《融资约束、创新能力与企业协同创新》,《经济研究》2017年第7期。
2. 党的十六大报告、十七大报告并未明确提及金融应服务实体经济，十八大报告和十九大报告才有这一提法，十八大报告指出，“健全促进宏观经济稳定、支持实体经济发展的现代金融体系”，“牢牢把握发展实体经济这一坚实基础，实行更加有利于实体经济发展的政策措施”。参见胡锦涛:《坚定不移沿着中国特色社会主义道路前进　为全面建成小康社会而奋斗》,《人民日报》2012年11月18日，第1版。
3. 证券领域有中国证券投资基金业协会发布的《关于进一步支持私募基金服务实体经济的若干备案便利措施》，深圳证券交易所发布的《关于支持实体经济若干措施的通知》《关于进一步支持企业发展服务实体经济的通知》。这些政策文件的出台是国家支持实体经济的实证。

展的指导意见》，为实体经济的发展注入动力。[1]至2022年6月末，我国共有19家民营银行。[2]在期货领域，2022年4月发布的《期货和衍生品法》“鼓励实体企业利用期货市场从事套期保值等风险管理活动”，“通过完善期货品种上市程序，丰富期货品种，增强期货市场服务实体经济的能力”[3]。

层次多样是我国资本市场当前的样态，2014年发布的《国务院关于进一步促进资本市场健康发展的若干意见》中提及的主要任务是建立一个功能更加完善和运行更加规范的股权市场。[4]注册制是我国证券上市发行制度的重要变革，它要求证监会减少证券上市发行的许可，加强对公司上市后的监管。[5]证券上市发行实施注册制是2019年《证券法》修订的新内容，在这之前我国已经先行试点。[6]2019年7月22日，科创板开市。至2022年7月22日，科创板共有上市公司439

1. 银监会还印发有《中国银监会关于银行业服务实体经济的指导意见》(2013年)、《中国银监会关于银行业进一步做好服务实体经济发展工作的指导意见》(2015年)、《中国银监会关于提升银行业服务实体经济质效的指导意见》(2017年)、《中国银保监会办公厅关于进一步做好信贷工作提升服务实体经济质效的通知》(2018年)等文件。
2. 《银行业金融机构法人名单(截至2022年6月末)》，参见中国银行保险监督管理委员会网站，http://www.cbirc.gov.cn/cn/view/pages/govermentDetail.html?docId=1070089&itemId=863&generaltype=1，2022-10-13。
3. 祝惠春：《期货市场将更好服务实体经济》，《经济日报》2022年4月21日，第1版。
4. 《国务院关于进一步促进资本市场健康发展的若干意见》(国发〔2014〕17号)。
5. 蒋大兴：《隐退中的“权力型”证监会——注册制改革与证券监管权之重整》，《法学评论》2014年第2期。
6. 2015年12月，全国人大常委会作出《关于授权国务院在实施股票发行注册制改革中调整适用〈中华人民共和国证券法〉有关规定的决定》；2018年2月，该决定获得延期；2019年1月中央全面深化改革委员会第六次会议通过《在上海证券交易所设立科创板并试点注册制总体实施方案》《关于在上海证券交易所设立科创板并试点注册制的实施意见》，同年3月证监会发布《科创板首次公开发行股票注册管理办法(试行)》《科创板上市公司持续监管办法(试行)》。

家，首次公开募股（IPO）融资总金额6400亿元。[1]科创板是我国利用资本市场支持科技创新企业融资的一大举措。科创板开通之后，创业板进行了注册制改革。2020年4月，中央全面深化改革委员会第十三次会议审议通过《创业板改革并试点注册制总体实施方案》，2020年8月24日，创业板注册制首批企业挂牌上市。[2]创业板和科创板直接对标创新型企业，[3]实行注册制有助于相关企业通过资本市场获得直接融资，用以支持创新、创造活动。除了创业板的注册制改革，科创板的开通，我国还于2021年9月3日注册成立北京产权交易所，旨在“打造服务创新型中小企业主阵地”。朝着“结构合理、功能完善、规范透明、稳健高效、开放包容”进发的资本市场将为企业融资提供更大便利，为创造活动提供更大支持。

（五）教育：注重质量、全面发展

技术无法通过“等靠要”获取，技术的获取需要的是自力更生，更需要一大批人才，几代人的不懈努力。由此可见，人才之于创新的重要性。培养什么样的人才，如何培养等问题在我国已有探索，科教兴国、人才强国是我国分别于1996年、2002年提出的战略，科教兴国要求“把经济建设转移到依靠科技进步和提高劳动者素质的轨道上

1. 赵展慧：《科创板让更多硬科技脱颖而出》，《人民日报》2022年8月17日，第10版。
2. 温济聪、杨阳腾：《创业板注册制首批18家首发企业上市》，《经济日报》2020年8月25日，第4版。
3. 科创板“面向世界科技前沿、面向经济主战场、面向国家重大需求，主要服务于符合国家战略，拥有关键核心技术，市场认可度高的科技创新企业”。参见《关于在上海证券交易所设立科创板并试点注册制的实施意见》，2019年10月18日，中国政府网，http://www.gov.cn/zhengce/zhengceku/2019-10/18/content_5441532.htm。

来”，[1]人才强国要求“重点培养人的学习能力、实践能力，着力提高人的创新能力”。[2]党的十八大以来，我国在人才培养方面出台的政策法规更加凸显对教育质量和人的全面发展的重视。

从基础教育来看，减轻义务教育阶段学生的负担是改革重点。2018年12月，教育部等部门印发《中小学生减负措施》(减负三十条)，文件从学校办学、校外培训、家庭监护和政府监管四个方面描绘为中小学生减负的举措。2021年7月，中共中央办公厅、国务院办公厅印发《关于进一步减轻义务教育阶段学生作业负担和校外培训负担的意见》，“双减”政策的出台进一步细化了减负要求，力度更大。《意见》要求为学生的负担做减法，为教学质量做加法。从中等教育来看，培养高素质技术技能人才是改革方向。2014年国务院发布《关于加快发展现代职业教育的决定》，提出要“培养数以亿计的高素质劳动者和技术技能人才”。2019年国务院发布《国家职业教育改革实施方案》，要求职业教育服务现代化经济体系、高质量和充分就业的需要。[3]2022年修订的《职业教育法》明确职业教育是“为了培养高素质技术技能人才”。发展职业教育是为社会提供高技能、应用型人才的举措，技能人才数量提高后，归因于高质量发展需求，对职业教育的质量也有了更高要求。从高等教育来看，提高人才质量

1.《中共中央　国务院关于加速科学技术进步的决定》,《国务院公报》1995年第13期。

2.《中共中央　国务院关于进一步加强人才工作的决定》，载《人民日报》2004年1月1日，第1版。

3.“牢固树立新发展理念，服务建设现代化经济体系和实现更高质量更充分就业需要”，“由追求规模扩张向提高质量转变”。参见《国务院关于印发国家职业教育改革实施方案的通知》，中国政府网2019年2月13日，http://www.gov.cn/zhengce/content/2019-02/13/content_5365341.htm。

和水平是改革主题。2012 年教育部印发《关于全面提高高等教育质量的若干意见》，文件提出保持本科招生规模稳定，全面实施素质教育。[1] 2015 年，国务院印发《统筹推进世界一流大学和一流学科建设总体方案》，“培养一流人才，产出一流成果”是目标，一流人才聚焦知识发现、科技创新、先进思想、优秀文化，一流成果，“支撑国家创新驱动发展战略、服务经济社会发展”。

2020 年 10 月，中共中央、国务院印发《深化新时代教育评价改革总体方案》，学校、教师“培养德智体美劳全面发展的社会主义建设者和接班人”。[2] 2021 年修订的《教育法》肯定教育对“促进人的全面发展、增强中华民族创新创造活力”的作用，将“劳”加入德智体美的序列。以往的教育机制难以培养高质量和全面发展的人才，改变评价指标，即通过改变原有规则，引导各方主体培养高质量和德智体美劳全面发展的人才。

四、结语

生态文明是一种新的文明形态，这种文明形态在工业文明的基础上，需要在某些方面改变人的行为规则，以形成人与自然的和谐相

1. “保持公办普通高校本科招生规模相对稳定”，“全面实施素质教育，把促进人的全面发展和适应社会需要作为衡量人才培养水平的根本标准”。《教育部关于全面提高高等教育质量的若干意见》，参见中国政府网，http://www.gov.cn/gongbao/content/2012/content_2199085.htm，2022 年 10 月 13 日访问。
2. 中共中央 国务院印发《深化新时代教育评价改革总体方案》，中国政府网 2020 年 10 月 13 日，http://www.gov.cn/zhengce/2020-10/13/content_5551032.htm。

处，恢复地球的生态环境，确保地球生态系统的良性运作，实现在可预见的未来服务地球生物的理想。

培育创造主要是科学技术上的创新，唯有此才不会受制于人，被“卡脖子”。人类社会的整体进步需要不同群体之间的学习和交流，但是基于各种因素，这种交流往往会被人为地设置障碍。科学技术的进步因此无法依赖其他国家，很多方面必须依靠自身的创造能力。在利润的驱动和企业家的创新冒险精神的引导下，企业成为创新创造的主体，营商环境规则就是为企业的创新创造提供支持。上文探讨的培育创造的规则（立法）作为一种权威性资源对市场主体从事创造活动有着强大的支持作用，但国家倡导的规则（文本规则）转变为市场主体遵循的规则（行为规则）是困难的。创造是一项冒险的事业，它需要社会科学培育具有浓厚科学精神的学人，自然科学为科研攻关和技术突破提供力量支撑，还需要敢为天下先的企业家，[1] 培育创新的社会氛围。

我国在创新型国家建设中取得丰硕的果实。[2]

创新是一项高风险的事业，反对冒险、重视功用的实用理性不利

---

1. 张维迎、盛斌认为，企业家短缺是发展中国家经济起飞的主要瓶颈。参见张维迎、盛斌：《论企业家：经济增长的国王》，生活·读书·新知三联书店2004年版，第34页。
2. 2021年3月，李克强在十三届全国人大四次会议闭幕后的答中外记者问上说道：“多年来，我国在科技创新领域有一些重大突破。在应用创新领域发展得也很快，但是在基础研究领域的确存在着不足。”参见《李克强：建设科技强国，必须打牢这个根基》，新民网2021年3月11日，http://shanghai.xinmin.cn/xmsz/2021/03/11/31917762.html。
   2021年5月，习近平总书记在中国科学院第二十次院士大会、中国工程院第十五次院士大会和中国科协第十次全国代表大会上指出，“加强基础研究是科技自立自强的必然要求”，“更加重视科学精神、创新能力、批判性思维的培养培育”。参见习近平：《在中国科学院第二十次院士大会、中国工程院第十五次院士大会、中国科协第十次全国代表大会上的讲话》，载《人民日报》2021年5月29日，第2版。

于创新创造活动，新型企业家的出现需要鼓励创新的社会环境。2021年修订的《科学技术进步法》第九十七条旨在给创新创造活动中可能出现的偏差兜底，打消科研机构和科研人员的疑虑，不让他们因创造活动的失败而担责。[1]2020年7月，习近平总书记在企业家座谈会上谈道："创新就要敢于承担风险。敢为天下先是战胜风险挑战、实现高质量发展特别需要弘扬的品质。"[2]未来，国家需要再次发挥政策和法律的作用，引导越来越多从高等学府走出来的年轻人进入市场历练，成为新型企业家；加大对科研的支持，让科研工作者能够专注于基础研究；培育大学的科学精神，使之成为新思想迸发的摇篮。

---

1. 参见《科学技术进步法》（2021）第九十七条。
2.《习近平：在企业家座谈会上的讲话》，2020年7月21日，求是网，http://www.qstheory.cn/yaowen/2020-07/21/c_1126267637.htm。

第八章
生态产品价值实现的权利机制：尊重、促进、保护环境权

维护生态系统的服务功能是全人类的事业和难题。解决这个难题，一方面，我国把生态系统服务作为一种产品的做法，是将生态环境保护与经济系统联系起来，使生态环境保护不再仅仅与经济活动相对立，而是融入其中，让生态环境保护成为一项符合新质生产力要求的企业创新事业，符合人的心理需求。另一方面，生态产品价值实现还需要将其纳入法律系统的权利话语之中。通过对环境权的确立、尊重、促进和保护，使环境权成为人民认可和为之奋斗的基本人权，这可以不断增加对生态产品的需求，使之成为推动生态产品价值实现的重要动力。除了要把环境权纳入宪法成为公民基本权利外，在编撰生态环境法典的过程中，也需要把环境权作为核心权利纳入法典。生态文明积分制度、生态文明教育制度是环境权与生态产品价值的互动双重实现的支持制度；发展新质生产力下的生态经济、推进生态创业教育、弘扬企业家创新精神，则把生态产品与经济系统连接起来，也间接保护了环境权。

一、文献回顾与问题提出

环境权是我国学术界具有广泛争议性的学术问题。在学术界的推动下，2023 年 9 月十四届全国人大常委会发布立法规划，提出“积极研究推进环境（生态环境）法典和其他条件成熟领域的法典编纂工作”。这引发学术界对环境权讨论新热潮。[1] 根据中国知网的统计，环境权的研究集中在行政法、环境法和宪法学者之中，研究的重点包括环境权的基本理论、环境权入宪、公法环境权、私法环境权、环境侵权等方面。这里主要梳理一下是否需要环境权，环境权到底包括什么内容。

对于是否需要环境权的问题，有些学者支持环境权和环境人权，[2]

1. 我国社会科学学术界的有些研究与政府的政策之间有着循环式的互动。学术问题经过多年的研究，经过有影响力的学者不断建议，引起决策者注意和采纳，成为政策或者法律。这些新的政策和法律会引来更多学者的注意，进一步对这一学术问题进行探讨，特别是法律学者进行释义学的解读，从而深化了对这一主题的研究。深入的研究又为新的学术话题和政策提供基础。环境法典研究就是如此。早在 1995 年，王灿发就提出了环境法律法典化，编纂环境法典成为几代环境法学人的学术梦想。环境法典编纂 2023 年得到全国人大常委会的肯定，现在又开始了新的环境法典和环境权的研究热潮。参见王灿发：《瑞典环境法的体系及其借鉴意义》,《中国环境管理》1995 年第 5 期；方印、刘秀清：《我国环境法法典化研究：进展、争鸣和展望》,《中国地质大学学报》（社会科学版）2023 年第 3 期。但这也使得有些学者把自己的观点获得政府的承认作为荣耀，可能会扭曲学术本身的传统和规律。社会科学的传统是实证的和批判的，实证的传统要求观点有事实依据，不能仅仅是逻辑推演；批评的传统要求学者直面社会问题，有问题意识，找到已有研究的缺陷。参见李连江：《不发表就出局》，中国政法大学出版社 2016 年版，第 59—61 页。
2. 支持环境权的学者较多，代表性的有吕忠梅、吴卫星、蔡守秋、汪劲等。参见吕忠梅：《再论公民环境权》,《法学研究》2000 年第 6 期；蔡守秋：《论环境权》,《金陵法律评论》2002 年春季卷；吴卫星：《环境权内容之辨析》,《法学评论》2005 年第 2 期；汪劲：《论环境享有权作为环境法上权利的核心构造》,《政法论丛》2010 年第 5 期。

有些学者则持反对态度。[1] 支持环境权的学者吕忠梅认为，“环境权的正当性来自环境保护对于人类生存和发展的需要。公民在健康优美的环境中生存的权利实为公民与生俱来的应有权利”。[2] 公民之所以有环境权，是因为环境权可以保护公民在健康优美的环境中生存。环境权的另一个理由是国际软法和其他国家已经承认了环境权，所以我国也需要借鉴，在宪法和法律中纳入环境权。142 个国家的宪法直接或间接承认了环境权、许多国家的民法、环境法对环境权作出了规定，环境权是环境法学的“权利基石”。[3]

反对环境权的学者认为，生态环境是公共物品，因此在环境保护的领域，国家会运用行政管理权来解决环境问题，没有公民环境权存在的必要。一方面，即使承认公民环境权，它也只是附属于国家环境管理权。[4] 另一方面，公民环境权是对环境要素和功能的使用权，这些权利与财产权、人身权重叠，[5] 公民的环境利益可以通过这些权利得到保护，没有必要创造出环境权重复保护。环境权是属于整个人类的，只能承认整体人类有环境权，自然人没有环境权。但自然人有环境义务，每个人履行具体的环境义务，就可以保护好生态环境。[6] 从实践的角度来看，承认不承认环境权，对环境的改善并不重要，即使

1. 不支持环境权的学者较少，代表性的有朱谦、徐祥民、巩固等。徐祥民：《对“公民环境权论”的几点疑问》，《中国法学》2004 年第 2 期；朱谦：《反思环境法的权利基础——对环境权主流观点的一种担忧》，《江苏社会科学》2007 年第 2 期；巩固：《环境权热的冷思考——对环境权重要性的疑问》，《华东政法大学学报》2009 年第 4 期。
2. 吕忠梅：《再论公民环境权》，《法学研究》2000 年第 6 期。
3. 杨朝霞：《论环境权的性质》，《中国法学》2020 年第 2 期。
4. 徐祥民、张锋：《质疑公民环境权》，《法学》2004 年第 2 期。
5. 朱谦：《论环境权的法律属性》，《中国法学》2001 年第 3 期。
6. 徐祥民：《对“公民环境权论”的几点疑问》，《中国法学》2004 年第 2 期。

有了环境权，可能“也只是一种口惠而实不至的虚化权利，难以发挥实际功效”。[1] 整体而言，反对环境权的学者从国家主义立场出发，认为即使没有环境权，通过国家的努力也可以达到保护生态环境和公民权利的目标。

对于环境权的内容，学者吴卫星在 2014 年对环境权作过一个综述性研究，分析了最广义环境权说、广义环境权说和狭义环境权说等环境学说。[2] 最广义环境权的主张者认为，环境权的主体具有广泛性，包括公民、法人、国家、人类等，[3] 环境权的内容包括生命权、健康权、日照权、通风权、安宁权、清洁空气权、清洁水权、观赏权、环境资源权、环境使用权、环境处理权等。[4] 广义的环境权的主张者认为环境权的主体包括人类和公民，环境权的内容则包括良好环境权、环境资源开发利用权、环境参与权等。[5] 狭义的环境权则是把环境权的主体限定为公民，环境的内容限定为环境品质享受权，[6] 不包括排污权、资源权、自然保护地役权、环境知情权和环境参与权等。[7]

在全国人大常委会提出制定生态环境法的今天，学术界对是否需要环境权和环境权的内容依然争议不断。现实需要回答的问题是，承

1. 巩固：《环境权热的冷思考——对环境权重要性的疑问》，《华东政法大学学报》2009 年第 4 期。
2. 吴卫星：《我国环境权理论研究三十年之回顾、反思与前瞻》，《法学评论》2014 年第 5 期。
3. 吕忠梅、刘超：《环境权的法律论证——从阿列克西法律论证理论对环境权基本属性的考察》，《法学评论》2008 年第 2 期。
4. 吕忠梅：《论公民环境权》，《法学研究》1995 年第 6 期；陈泉生：《环境权之辨析》，《中国法学》1997 年第 2 期。
5. 周训芳：《环境权论》，法律出版社 2003 年版，第 169 页。
6. 吴卫星：《环境权内容之辨析》，《法学评论》2005 年第 2 期。
7. 杨朝霞：《论环境权的性质》，《中国法学》2020 年第 2 期。

认环境权并把它写入环境法乃至宪法是否有助于生态环境的改善，是否有助于公民在良好环境中生活？本文试图从生态产品价值实现的新角度回答这个问题。生态产品价值实现是经济学者提出的命题，目的是维护生态系统服务功能的正常运作。本文主要从经济学的供给需求角度进行论证，认为环境权为生态环境的改善提供了强大的需求和动力机制，从而促进了生态产品的供给，满足了公民在健康优美的生态环境中生活的需要。

二、证成环境权的传统思路：法律依据维度和反驳环境权质疑者

从传统的角度来说，学者证成环境权一般有两个角度，一是说明法律上是否有环境权的规定作为依据，二是对环境权提出的质疑问题进行反驳，指出环境权质疑者的观点并不成立。我们首先从这两个方面分析环境权。

虽然环境权的含义有着诸多的争议，对环境权含义的理解还要以我国法律和国际法为基础。从宪法和法律的角度讲，无论是作为民事权利还是作为公法权利，我国并不存在明确的环境权条款，目前只有地方立法有环境权的规定。比较典型的是《广东省环境保护条例》（2022 年修订）第五条规定：“公民、法人和其他组织依法有享受良好环境、知悉环境信息、参与及监督环境保护的权利，有权对污染环境和破坏生态的行为进行举报，有保护和改善环境的义务。”虽然如

此，我国政府公布的《国家人权行动计划》《人权白皮书》等都将环境权作为一项人权。[1] 特别是《国家人权行动计划（2021—2025年）》把环境权利作为与经济、社会和文化权利，公民权利和政治权利，特定群体权益并列的权利。《国家人权行动计划（2021—2025年）》提出的制定依据是“国家尊重和保障人权的宪法原则，遵循《世界人权宣言》和有关国际人权公约精神”。由于《世界人权宣言》和国际人权公约并没有环境权的明确规定，[2] 那么它就是依据了我国宪法，从“国家尊重和保障人权”和其他宪法条款中推导出了环境人权。[3] 这可以看作国务院对宪法的解释，这种解释与全国人大常委会的解释是一致的。全国人大常委会在备案审查工作中，大量审查清理了与宪法生态文明建设、“国家保护和改善生活环境和生态环境，防治污染和其他公害”的宪法条款相抵触或者不一致的规范性文件，“2018年针对生态环保领域、2020年针对野生动物保护领域、2021年针对长江流域保护领域开展规范性文件集中清理和专项审查工作”[4]。2023年公布

1. 2009年的《国家人权行动计划（2009—2010年）》就把环境权作为经济、社会和文化权利的一部分。后面两个人权行动计划（2012—2015年）（2016—2020年）延续了这种做法，《国家人权行动计划（2021—2025年）》则进一步提升环境权的地位，使之成为与经济、社会和文化权利并列的权利。
2. 在国际法层面，国际人权公约只有区域性的《美洲人权公约经济社会和文化权利附加议定书》明确了健康的环境权（Right to a Healthy Environment），因此国家人权计划不可能依据国际人权公约。
3. 参见吴卫星：《我国环境权理论研究三十年之回顾、反思与前瞻》，《法学评论》2014年第5期。
4. 参见沈春耀：《全国人民代表大会常务委员会法制工作委员会关于十三届全国人大以来暨2022年备案审查工作情况的报告——2022年12月28日在第十三届全国人民代表大会常务委员会第三十八次会议上》，《中华人民共和国全国人民代表大会常务委员会公报》2023年第1期。

两个生态环保地方性法规存在的问题的案例。[1] 由于全国人大常委会很少对宪法作出解释，目前的备案审查可以看作一种潜在的解释。根据全国人大常委会和国务院对宪法的解释，可以认为我国对环境人权是予以认可的。

联合国第 76/300 号决议关于“享有清洁、健康和可持续环境的人权”把环境权上升为普遍权利，是国际软法层面最为明确的环境权规定。[2] 联合国环境署的一份报告对环境权做了详细说明。报告指出环境权包括实体性权利和程序性权利两个方面，其中实体性权利有安全气候、清洁空气、生态系统和生物多样性、清洁饮用水、可持续的食物和无毒环境，程序性权利包括获取信息、公众参与、诉诸司法。[3] 参考国际软法的定义和其他国家宪法中的规定，从我国现有的法律规定出发，可以认为，环境权是每个人有在优美、健康的生态环境中生活的权利，以维护个人的生存和尊严。[4] 我国《国家人权行动计划（2021—2025 年）》提出，环境权是为了“不断满足人民群众日益增长的优美生态环境需要，促进人与自然和谐共生”，这基本明确了环境权的内涵。优美环境需要就是能够在优美、健康的环境中有尊严地

---

1. 参见沈春耀：《全国人民代表大会常务委员会法制工作委员会关于 2023 年备案审查工作情况的报告——2023 年 12 月 26 日在第十四届全国人民代表大会常务委员会第七次会议上》，《中华人民共和国全国人民代表大会常务委员会公报》2024 年第 1 期。
2. 杜群、都仲秋：《环境权利的人权演进及其法治意蕴——以国际人权法为视角》，《中国政法大学学报》2023 年第 6 期。
3. 参见联合国：*What is the Right to a Healthy Environment?—Information Note*，2023 年 2 月 25 日，联合国环境署官网，https://www.unep.org/resources/publication/what-right-healthy-environment-information-note，2024 年 4 月 15 日访问。
4. 杨朝霞认为，环境权是一项以环境要素为权利对象、以环境利益为权利客体、以享用良好环境为主要内容的，具有人格面向的非财产性权利，比较符合现有法律政策，对此笔者比较认同。参见杨朝霞：《论环境权的性质》，《中国法学》2020 年第 2 期。

生活，人与自然和谐共生则是维持人的生存。生存与有尊严的生活是两个层面不同的需要，生存需要更为基础。之所以认为生态环境与人的生存有关，是因为生态环境的破坏已经危及生态系统的正常运行，使生态系统难以维持其对人类的服务功能。

环境权的质疑者认为，在现有的法律框架下，只要国家认真对待环境保护问题，落实宪法中的国家目标，努力实现环境保护的国家义务，"完全可以达到保护环境和维护公民权益的效果"，[1] 不必纠结于是否把环境权明确写入宪法和法律。特别是2018年修宪，纳入"生态文明""和谐美丽"作为国家目标，赋予国务院"生态文明建设"的职权，这些表述使得宪法成为环境宪法，能够实现环境权的功能。[2] 如果环境权的功能只是让国家承担环境保护义务，从而使公民享有国家行为的反射利益，确实没有环境权也可以。但是，作为公民在优美生态环境中生活的环境权，其功能仅仅是让国家承担保护环境义务这么简单吗?

环境权的质疑者还认为，民法上的权利已经可以对环境损害提供救济。"个人有'权'[3] 在遭受环境侵害之时提请救济并参与环境公共事务的监督与管理也早已成为法律界的共识"[4]，何必需要环境权。也就是说，环境权可能与其他权利重叠而没有必要存在。在公法层面，环境权被认为是社会权，对社会权提起诉讼要求国家做出或者不做某

1. 巩固:《环境权热的冷思考——对环境权重要性的疑问》,《华东政法大学学报》2009年第4期。
2. 张翔:《环境宪法的新发展及其规范阐释》,《法学家》2018年第3期。
3. 这里的权是指公民的生命健康权和参与权。
4. 巩固:《环境权热的冷思考——对环境权重要性的疑问》,《华东政法大学学报》2009年第4期。

些行为，在许多国家认为是不可行的，或者说社会权不可诉。例如在德国，法院不支持增加学位的诉讼，因为这是立法机关裁量的事项。[1]既然不可诉，基于有权利必有救济的原则，环境权存在的意义不大。环境权真的与其他权利重叠吗？环境权在公法层面不可诉吗？

首先，国家承担保护环境的义务，的确能够改善生态环境的状况。但是在人民主权的现代国家，国家的行为来自公民的要求，或者说国家行为的动力是公民的要求。如果公民没有强烈的优美生态环境诉求，国家也不可能积极行为。把公民的优美生态环境诉讼总结上升为环境权，公民为了实现环境权而斗争，才能使国家更好地保护生态环境。也就是说环境权是一种动力机制，可以促进生态环境保护。其次，优美生态环境的生活权无法被其他民事权利所覆盖，因为即使公民健康没有受到损害，但这并不意味着其生活的生态是良好的。环保团体为了保护某种鱼类，会提起诉讼要求停止大坝的建设，这时公民健康等民事权利并没有受到损害，但环保团体依然会提起诉讼。与公民其他民事权利不重合的部分，来自生态系统维护对公民带来的利益。再次，社会权不可诉并不能说环境权不可诉，关于环境权的诉讼在许多国家都被允许。[2]特别是环境公益诉讼，公民、环保团体或者其他机构被允许通过诉讼方式来维护生态环境，诉讼既可以针对行政机关，也可以针对私人进行。《全球气候诉讼报告：2023 年现状综

1. 这是德国“大学招生名额案”中宪法法院的意见。法院认为，对于是否个人可以请求国家增加学位，“这首先应由立法者依其自身职责加以评估，这必须在预算范围内对其他的共同体利益加以考虑”。参见张翔：《德国宪法案例选释》第 1 辑《基本权利总论》，法律出版社 2012 年版，第 97 页。
2. 参见吴卫星：《环境权理论的新展开》，北京大学出版社 2018 年版，第 99—188 页。

述》指出，越来越多的人通过求助法院来应对气候危机，案件数量从2017年的884起稳步增长至2022年的2180起。[1]2024年4月9日，欧洲人权法院裁定瑞士政府未履行气候义务，侵犯了人权，律师认为这确立了“气候保护是一项人权”。[2]

以美国为例进行说明。1962年，美国海洋生物学家雷切尔·卡森发表了《寂静的春天》一书，引起了巨大轰动，[3]民众开始关注生态环境问题，成立了大量的环境团体来推动生态保护。在环保团体的推动下，1970年的《清洁空气法修正案》引入了公民诉讼的制度，公民可以对行政机关和私人提起环境公益诉讼。这就开始了美国生态环境管理的博弈过程。在环保团体的压力下，国会倾向于制定严格的生态环境保护法律。当行政机关执行国会法律而制定环境标准规则时，它将面临环保团体和企业利益团体在司法上双重挑战。一项环保标准过低，环保团体会提出诉讼，环保标准过高，企业利益团体就会提出诉讼，行政机关的每一部环保规制规章都面临司法挑战。当公民提出公民诉讼时，并非维护个人的健康权、财产权，因为这些权利如果受到损害，均可以采用私法救济的方式进行救济。因此，当法院承认公民诉讼时，其实就是承认了公民在美好生态环境中生活的权利。因为

1.《气候诉讼案件数量在五年内翻了一倍以上，现已成为实现气候正义的关键工具》，联合国环境规划署官网，https://www.unep.org/zh-hans/xinwenyuziyuan/xinwengao-43，2024-4-15。

2.《“保护人民免受气候变化影响是国家义务”，七旬女性诉赢瑞士政府》，《界面新闻》，https://m.jiemian.com/article/11026320.html，2024-04-15。

3. 美国前副总统戈尔曾经这样评论《寂静的春天》：《寂静的春天》犹如旷野中的一声呐喊，播下了新行动主义的种子，并且已经深深根植到每一位公民的心中，成了现代环境运动的肇始。参见汪劲等编译：《环境正义：丧钟为谁而鸣：美国联邦法院环境诉讼经典案例选》，北京大学出版社2006年版，第89页。

如果不是权利，就无法得到救济。对于普通法系而言，法典上的权利需要法院的承认，法院确认的权利才是公民拥有的权利。在公法层面，对行政机关制定的规章提起诉讼，更表明了环境权并非不可诉。

三、证成环境权新角度的基础：以人的需要的理解权利

要回答我们是否需要环境权，首先回答需要说明权利是什么。经典的定义是权利主体能够要求其他主体做出一定行为或者不做出一定行为的资格。一个人拥有权利，似乎与一个人拥有某件衣物一样。拥有物品事实上就是一项权利，虽然不一定有权利的称谓。一个人如何拥有衣物？无非是要求他人不能拿走，如果不幸被拿走，可以通过某种制度安排来讨回。这种制度安排中可能有国家作为服务者，可以要求国家作出追讨行为，或者居中裁决。当然他还可以进行交易，把衣物卖出，要求他人给予对价。权利与义务相对，权利人有请求义务人做出一定的行为或者不做出一定的行为，[1] 权利人之所以行使自己的权利，是因为这样可以维护自己的利益。或者反过来说，某些利益被法律认可成为权利。[2] 比如迁徙自由是一种利益，如果被法律认可，就

1. 关于权利，霍菲尔德的理论影响很大。霍菲尔德把权利（right）的定义与义务（duty）关联起来，义务是一个人应当或不应当做某事的关系，权利就是要求相对人遵守义务的关系，严格意义上的权利（right）就是一种请求（claim）的概念。参见［美］霍菲尔德：《基本法律概念》，张书友译，中国法制出版社 2009 年版，第 31—32 页。
2. 对此认识耶林是开创者。耶林认为，创造法律者不是概念而是利益和目的。人们应该为权利而斗争，只有如此，才能维护自己的生存，同时维护所有人的现实利益，维护“交易生活的稳定秩序”。参见傅广宇：《利益法学》，《比较法研究》2006 年第 6 期；［德］鲁道夫·冯·耶林：《为权利而斗争》，胡宝海译，中国法制出版社 2004 年版，第 53—54 页。

成了迁徙自由权。

人们为了自己的生存和利益，发明了权利并用法律保护。另外一个疑问是，人类为何发明了权利这个虚拟的物品呢？这一点需要从人性的角度，或者心理学的角度进行解读。人类通过反复博弈，不断试错形成了权利概念和制度，从根本上讲是为了满足每个人的需要。无论是生理需要、安全需要、归属和爱的需要、自尊和自我实现的需要，还是认知和审美需要、超越需要，[1]都是人的动物性和人性的体现，是经由长期的选择使有利于生存的习性通过基因代代得以传递至今的。从这个角度来说，权利是用来满足人的需要的设计。

虽然权利可以满足人类的需要，但从权利的发展历程可以看出，权利的内容获得广泛的扩展，并且进入各国的宪法，成为基本的人权，却是人类进入工业文明时期的标志。农业文明的时代，虽然已经有了财产权、物权、债权等权利种类，但现代社会司空见惯的权利却很少。梅因认为，从古代社会到现代社会是一个从身份到契约的过程。契约与权利相连，而身份与特权一致，这也从侧面证明了权利到了工业文明才变得发达起来。权利之所以在工业文明发达，是因为工业文明需要权利，更为重要的是，有了权利的助力，工业文明在满足人类需要方面大大超过了农业文明。人口暴增、人均寿命大幅增长、人均财富剧烈增加，多数人从附属地位成为独立个体，人性尊严、自我发展成为每个人可以追求的目标。

一般认为，人权有三代权利，分别是第一代的自由权、第二代的

1. [美] 亚伯拉罕·马斯洛：《动机与人格》，许金声等译，中国人民大学出版社 2012 年版，第 19—29 页。

社会权以及第三代以环境权为代表的新兴权利。[1]这些权利均可以促进工业文明的发展，从而满足人的需要。工业革命开始的时代，人们还处于农业文明的身份时代，人身自由权的出现有助于工业革命对劳动力的大量需要。工业文明需要不断地创新，于是言论自由权、知识产权等提供了基本的保障；工业文明需要在陌生人之间建立信任进行交易，契约自由成为必要的权利。公平竞争是工业文明发展的动力，职业自由权提供了保障。随着竞争的发展，一些人在竞争中失败，或者一开始就处于不利地位，无法公平竞争，一些社会权开始出现。基本生活的权利保障了最基本的生存需要，社会保障权则是让人们生活处于无忧的状态，教育权让人们接受良好的教育，能够成为工业社会的合格就业者。

工业革命在满足人类需要方面取得的成绩，也让人类开始自满，认为理性可以战胜一切，改进一切，最终可以征服自然。然而 20 世纪五六十年代频发的环境事件让人们开始警醒，人们认识到原来生态系统有其运作规律。生态系统服务为人类提供最基本的生存条件，人类在这个方面无法人造一个生态系统来提供。为了使生态系统能够正常运作，使得其功能得以发挥，以满足人类的需要，于是环境权开始出现。因此，对于环境权的理解，需要从两个方面进行解读，一方面，环境权作为一项权利，要求他人对良好的生活环境和生态环境不予破坏；另一方面，环境权也要求通过维持和恢复生态系统功能，让生态系统提供足够的产品来满足人类的需要。在这一过程中，权利人

1. 从权利发展的角度，可以把权利分为三代人权，但从权利的特征来看，自由权和社会权的区分并非如此明显，均有权利的属性。或者说这种区分有些武断。比如，教育权被认为是典型的社会权，但很多国家的法院关于教育权的判决却表明了其自由权的意味。

不仅可以实现健康、安宁的需要，还有人性尊严、自我实现、审美等的需要。更为重要的是，它还促进了工业文明的效率和物质利益逻辑，通过环境权的保护来获取物质利益。环境权与工业文明的结合，促进了人类从工业文明向生态文明的转型。人类开始从生态环境的改造者向生态环境的融入者的角色转变。

以上的叙述基本上是西方的故事，权利的发展在中国有相同的地方，也有其特殊性。生活在中国土地上的人民首先是人，在心理上与其他地方有着相同的机制，只是在外在行为的表现形式上有所不同。虽然古代的中国人没有权利的概念，但为了满足其需要，发展了类似权利的观念。比如为了生存需要一定的私有财产，对财产的观念与财产权有着相同的地方，要求他人不侵犯，要求政府予以保护，可以进行交易来实现财产功能。新中国成立时，人民的生活水平很低，生存需要依然是多数人首先满足的事项。因此中国政府适应了这种需要，特别对生存权、发展权、教育权等社会权予以大力促进，认为生存权和发展权是首要人权。同时，为了适应工业文明的发展，人身自由、迁徙自由、契约自由等自由权也获得了广泛的认同。工业文明带来的污染问题也使得对优美环境的需要日益增长，环境权成为我国人权保障的重要部分。[1]

概括而言，权利的产生有其动力机制。从心理学的角度而言，动力机制是需要，权利可以满足人的某种需要；从经典经济学的角度而言，动力机制是需要，权利是满足需要而形成的供给；从制度经济学

1. 2019 年国务院新闻办公室发布《为人民谋幸福：新中国人权事业发展 70 年》白皮书，把环境权利作为人民各项权利之一。参见中华人民共和国国务院新闻办公室：《为人民谋幸福：新中国人权事业发展 70 年》，《人民日报》2019 年 9 月 23 日，第 14 版。

的角度而言，权利是一系列的制度，其发展有其路径依赖，需要同内在制度相互契合。一方面，生态环境恶化带来了优美环境的需要；另一方面，我国人民对美好环境的需要初步获得激发，环境权得以形塑。中国人对山水的热爱是一种内在的规则，或者说文化。山水画、诗词中对自然的向往，“汕头”“汕尾”等为代表的地名等都是这种内在规则的体现。在热爱山水的内在规则配合下，环境权逐步被认可。

四、证成环境权的新理由：生态产品价值实现

从传统的证成方法可以得出结论，公民的环境权是一项可诉的、区别于其他权利的优美生态环境生活权。虽然无论公民是否有环境权，国家均可以采取措施保护环境，但如果在优美健康环境中生活是一项权利，它还有一项被人忽略的隐形功能。这种功能就是为生态服务功能的维护提供动力机制，促进生态产品价值实现。如果环境权不是一项权利，公民维护生态系统服务的热情可能会减弱，同时生态环境保护的执行机制也会缺少重要的可行机制，从而使环境保护单纯依赖国家。

一般认为，生态产品是指维系生态安全、保障生态调节功能、提供良好人居环境的自然要素，包括清新的空气、清洁的水源和宜人的气候等。之所以称其为产品，乃是“从需要角度，这些自然要素在某种意义上也具有产品的性质”[1]。可以说，生态产品是一种拟

1.《全国主体功能区规划》(国发〔2010〕46号)，2010年12月21日发布。

制的产品，并非人类制造或者提供的服务，区别于一般的工业、农业产品和服务。生态产品（自然要素）为人类提供大量的服务，被称为生态系统服务，包括供给服务（食物、淡水、燃料、纤维、基因资源、生化药剂）；调节服务（气候调节、水文调节、疾病控制、水净化、授粉）；文化服务（精神与宗教价值、故土情结、文化遗产、审美、教育、激励、娱乐与生态旅游）；支持服务（土壤形成、养分循环、初级生产、制造氧气、提供栖息地）等[1]，概括来说就是大气调节、气候调节、水调节、土壤形成、生物控制、遗传资源等等。[2]因此，生态产品对人类有巨大的价值，不仅满足了人的基本生存需要，也满足了人的更高层次的需要。地球的生态系统提供的服务是每一个人所必需的，人类无法离开地球生态系统而长久生存。[3]生态系统服务在目前的技术条件下也是无法替代的，尤其维持 80 亿人的生存更不可能。如果生态系统遭到破坏，例如碳排放导致地球气温上升，会给每一个生活在地球上的居民带来生存威胁。因此，生态产品与人的生存相关，人与自然的和谐共生的理念实际是维护生态系统服务。为维持生态系统服务的需要，就产生了环境权。

随着人类社会的发展，生态系统服务功能受到了一定的损害，因此需要修复或者支持生态系统服务的人类制度。其中环境权可以称

1. 联合国《千年生态评估报告》(MA)，2005 年 3 月 30 日发布。
2. 赵桂慎：《生态经济学》，化学工业出版社 2021 年版，第 233 页。
3. 地球被称为“生物圈 1 号”，美国一些学者在 1984 年开始设计建造了模拟地球生态环境的“生物圈 2 号”。建造完成后，一些人进入“生物圈 2 号”生活，但不久不得不出来，“生物圈 2 号”实验失败。具体参见郭双生、孙金镖：《美国生物圈 2 号及其研究》，《中国航天》1996 年第 4 期。

为生态产品的支持权利。环境权之所为可以称为生态产品的支持权利，来源于一般产品的供给需要理论，或者供求理论。此理论认为，一个物品如果有用，就可以是商品。有商品就有生产者和消费者的存在。生产者决定了有多少供给会被产出，而消费者决定了有多少需要，而且消费者的“求”是影响生产者“供”的数量的主要因素。生态产品是有用的，因此可以成为商品。此商品的生产者就是生态产品的维护者和修复者，比如为了改善空气质量和温室气体的排放，改用清洁能源或者减少温室气体排放。此商品的消费者就是对优美环境有强烈需要的人。对优美环境有强烈需要的人越多，则生态产品的生产者也就会越多。通过这样的过程，生态系统服务就会得到维持和改善。

消费者的需要从来不是一成不变的，而是随着人们的观念而不断变化的。把优美环境的需要变成公民的权利，成为生态产品的支持权利，可以更好地培养公民对生态产品的需要。宪法和法律确定的权利一直是消费者需要的主要推动者。

有了环境权，可以促进对生态产品的需求，进一步使生态产品的价值得以实现。生态产品作为拟制的产品和公共物品，虽然对人类有着极大的功能，其价值如何实现是一项难题。价值实现的核心方案就是让生态产品纳入人类的经济系统，让人类的需要推动形成生态支持产品、生态衍生产品和服务。从这个角度来说，环境权不仅使生态产品价值实现成为可能，更是推动技术创新、产品创新的动力，或者说是推动新质生产力发展的动力。工业社会的产品和技术很大程度上并没有考虑对生态系统的影响，为了满足人们对生态产品的需要，保护环境权，就必须对现有的技术进行创新。这可以用物流理论进行解释。此理论认为，物质的转化过程就是物质的流动过程，物流即流动的物质在流动过程中产生化合分解等一系列物理、化学和几何形态的变化。物流表明物质可以循环使用，但在物质的循环过程中，可能会对生态系统造成破坏，因此需要减少物流。有研究推算，要使全球生态系统保持稳定就必须把全球的物流减少一半。[1]降低物流消费的根本途径在于技术的革命性创新。新质生产力由技术的革命性突破、生产要素的创新性配置、产业的深度转型升级而催生，以劳动者、劳动资料、劳动对象及其优化组合的跃升为基本内涵，以全要素生产率大幅提升为核心标志，特点是创新，关键在质优，本质是先进生产力。发展新质生产力的核心要素，是用科技创新特别是原创性、颠覆性科技创新，催生新产业、新模式、新动能。因此，实现环境权需要减少物流，推动新质生产力的发展。

五、确立环境权的路径探索：从入宪入典到发展生态经济

当生态环境不断恶化时，人们意识到了生态环境对人的重要性，认为维护地球生态系统服务、在优美健康的环境中生活是自己的重要利益。为了更好地维护这项利益人们逐步形成了环境权。环境权的实现需要相关制度的支持和配合，需要把生态产品纳入生态经济系统，需要发展新质生产力。因此，首先需要使环境权进入宪法和环境法，

1.［德］弗里德希·亨特布尔格等：《生态经济政策——在生态专制和环境灾难之间》，葛竞天等译，东北财经大学出版社 2005 年版，第 34 页。

使环境权成为公民基本权利和民事权利；其次以生态文明积分制度、生态文明教育制度让环境权获得更多公民的认同，激发其由环境权而产生的生态产品需要；最后以发展新质生产力下的生态经济、进行生态创业教育、弘扬企业家创新精神等，把生态产品与经济系统连接，使经济发展与生态系统维护融为一体。由于生态文明积分制度、生态文明教育、生态创业教育以及企业家创新精神在其他章节已经论述，这里主要从环境权入宪入典和生态经济两个方面进行说明。

第一，将环境权写入宪法和生态环境法。

2018 年的修宪，体现出我国更加重视对生态文明的建设。从目标而言，就是实现以生态文明为基础的生态环境美丽的国家；就手段而言，则是赋予国务院以“生态文明建设”的职权，以创新发展来保护生态环境。将环境权写入宪法，则是为实现目标提供动力机制。

在制定生态环境法过程中，也可以把健康优美生态环境生活权、环境知情权、环境参与权、环境诉权等纳入其中。可以在生态环境法的总则中首先确认这些权利，然后在分则各章中对这些权利进行详细规定。[1]

第二，以新质生产力为驱动，发展生态经济。

随着环境权成为公民的基本权利，公民有可能从“理性经济人”变成“生态经济人”。[2]“理性经济人”是主流经济学的假设，这一假设认为人都是理性的，都是自利的，每个人的行为都是为了满足自己的经济利益，当在经济活动中面临不同的行为选择时，人们总是选择

1. 吴卫星：《环境权在我国环境法典中的证成与展开》，《现代法学》2022 年第 4 期。
2. 张德昭、李树财：《生态经济学的哲学基础》，科学出版社 2013 年版，第 51 页。

经济利益最大的选项。经济活动之所以能够进行，不是因为人们关心他人，而是为了自己的利益。[1]“理性经济人”是经济发展的动力，由于人们都追求最大化的经济利益，经济自然繁荣。然而如果“理性经济人”心中没有保护生态环境的理念，经济活动破坏生态环境的情况就会发生。当环境权成为公民需要为之斗争、为之奋斗的权利时，生态环境保护就成为理性的一部分，人们就变成“生态经济人”。“生态经济人”并不是对“理性经济人”的根本否定，而仅仅是其补充和发展。“生态经济人”把在健康、优美生态环境生活的利益放在更为重要的位置，使经济利益与环境利益结合在一起。“生态经济人”之所以能够成立，还来源于“理性经济人”假设人的理性是有限的，人总是可能处于理性的无知之中。[2]人们虽然作出自己认为是利益最大化的决策，但对于什么是利益以及利益最大化却只能基于有限认知进行判断。如果环境权观念深深地嵌入其认知之中，人们就会把优美环境作为重要的利益，从而成为“生态经济人”。

有了“生态经济人”，发展生态经济就成为一条可行的路径。生态经济包括生态农业、生态工业、生态建筑、生态旅游、生态服务业等。生态经济的关键是模拟自然生态系统的结构和功能，实现以较少的物质能量输入，获得更多的经济效益产出，同时降低污染物排放或

---

1. 亚当·斯密是“理性经济人”假设的奠基者，他说：“我们每天需要的食物和饮料，不是出自屠户、酿酒家和面包师的恩惠，而是出于他们自利的打算。我们不说唤起他们利他心的话，而说唤起他们利己心的话，我们不说我们自己需要，而说对他们有好处。”［英］亚当·斯密：《国民财富的性质和原因研究》（上卷），商务印书馆 1985 年版，第 14 页。
2. 卡尔·波普尔指出：“尽管我们各人所有的各种点滴知识大不相同，在无限的无知上却全都一样，记住这一点对我们所有人都会是有益的。”参见［英］卡尔·波普尔：《猜想与反驳》，傅季重等译，上海译文出版社 1986 年版，第 41 页。

实现零污染。[1]可以看出生态经济必须以新质生产力为驱动，以企业创新为主要动力。

六、结语

习近平总书记强调，绿色发展是新质生产力的内在要求，也是高质量发展的底色，新质生产力本身就是绿色生产力。[2]生态经济、新质生产力、生态产品价值实现需要政府的推动，更需要内在的动力。公民环境权则提供了这一内在动力。有了公民环境权，公民逐步树立了在优美健康的生态环境中生活是其基本权利，就会增加生态支持产品、生态衍生产品的需要。具有创新精神的企业家敏锐地感知到这一需求，通过技术、管理等的创新加以满足。在需求满足的过程中，新质生产力得到发展，生态产品的价值得以实现。

1. 赵桂慎：《生态经济学》，化学工业出版社 2021 年版，第 102 页。
2. 王勃：《习近平总书记强调的“新质生产力”》，《学习时报》2024 年 3 月 18 日，第 2 版。

第九章
生态产品价值实现的供给根基：法治化的生态创业教育

生态创业教育不仅提高人们的生态意识，还可以指导创业者以生态产品价值实现为思路进行创业。本章指出，为了适应生态文明的发展趋势，提供更好的生态产品应该成为创业的重要方向。实现这一目标的方式之一就是强化生态创业教育。各国生态创业教育有科教主导型、企业主导型和政府主导型三种模式。基于我国生态创业教育面临的困难，可以尝试构建“学校 + 政府 + 企业”多渠道的生态创业教育联合机制，以期将生态优势转化为经济发展动力又反作用于生态环境，达到突破创业教育的桎梏，实现生态可持续发展的目的。

一、引言

2021 年，国务院办公厅颁发《关于进一步支持大学生创新创业的指导意见》，全面、具体地提出了关于构建适应新时代趋势下“双创”教育发展的要求。同时，中共中央办公厅、国务院办公厅印发

《关于建立健全生态产品价值实现机制的意见》，以促进我国生态产品的发展。生态产品是指维系生态安全、保障生态调节功能、提供良好人居环境的自然要素，包括清新的空气、清洁的水源和宜人的气候等。[1] 生态产品实质上是自然生态系统提供的具有一定产品功能属性的自然要素，其主要功能是维持人类良好的生存环境。[2] 我国正处于构建新发展格局的重要时期，引导学生通过创业提供更好的生态产品。

创新创业教育[3] 作为构建新形势下培养“应用型人才”战略目标的有力保障，能够有效应对在国家创新驱动发展战略与产业结构优化升级背景下劳动力市场对应用型人才“爆发式”增长的需求。[4] 但从我国创业教育的运行实践来看，大部分人将创业教育视为获取经济利益的实现手段，在认知方式上集中反映出“人类中心主义”的价值取向。以创业为途径实现经济快速发展而忽略生态环境的现象屡屡出现，这种以牺牲良好生态为代价的发展模式，不仅给人类的生活带来无穷隐患，同时恶化的生态环境又反过来阻碍经济的继续发展。

要推动环境保护与经济稳定的同步可持续发展，离不开在生态文

1. 这是《全国主体功能区规划》给出的定义。
2. 李忠等：《践行“两山”理论，建设美丽健康中国：生态产品价值实现问题研究》，中国市场出版社 2021 年版，第 51 页。
3. 创新教育和创业教育在我国的政府文件一般连用，称之为创新创业教育，原因是两者有着密切的联系，创业者需要企业家精神，创新精神和冒险精神是企业家精神中必不可少的部分。但创业教育和创新教育是可以分开的，创新教育可以贯穿于整个学校教育过程之中，而创业教育主要应该存在于大学教育阶段。有创新精神的学生不一定创业，毕竟创业者占少数。所以本文主要聚焦于生态创业教育，并不涉及创新教育，以下称为创业教育。
4. 周文霞、李硕钰、冯悦：《大学生就业的研究现状及大学生就业困境》，《中国大学生就业》2022 年第 7 期。

明视域下展开创业教育。这既能够有效地引导创业者将自己的个人理想融入新发展格局的国家大势，使创业者既能够释放发展自我的创业潜能，又具备维护自然环境和生态系统的经营理念。这不仅满足了创业教育培养“应用型人才”的诉求，同时培养了符合社会前进方向的“应用型人才”，又进一步反作用于整个生态环境，从而推动创业教育的更深层次发展。

根据我国生态创业现有模式探讨其内在机理及发展逻辑，不仅是为了解决创业中已存在的问题，更重要的意义在于提出我国生态创业教育未来的发展趋势，在保证创业积极性的前提下推动经济的稳定发展，从而突破创业教育的桎梏，实现生态可持续发展。然而，现阶段我国的生态创业教育尚处于起步阶段，仍然面临着一些困境。生态创业教育有什么样的规律性，如何应对当前的困境，是本章所要解决的问题。

二、生态创业与生态创业教育的模式

从概念层次来看，生态创业可分为狭义和广义两种。[1] 狭义是指现存企业为了追求在生产成本、技术创新或者推广营销等方面的亮点而积极主动选择生态绿色化，或者设立一个以供应环保节能类产品以及服务为目标的创新型企业；广义的生态创业是指以环境保护为根本

1. 林启艳、陈江：《生态创业研究：定义、影响因素和风险规避机制》，《铜陵学院学报》2015 年第 5 期。

宗旨，在市场导向性作用下由个体推进展开自主创新来创造社会价值的一种模式，或者以生态绿色化为目标设立环境友好型企业。[1]

以上两种生态创业的概念分类均在本质上展示了生态文明建设理念和经营战略，诱导企业借助生态绿色化的表现形式来达到实现经济效益的目的，通过充分发挥创业的市场导向作用来形成一种“靶向”效应，在潜移默化中激励其他企业积极主动地打造出一条自己的绿色化道路，使得创业在达到经济增长的同时，还能兼顾环境的可持续发展和社会的健康发展。

通常认为生态创业的基本构成要素由创业生态群落与创业支撑环境两大部分组成。其中创业生态群落主要涵盖高校及科研机构、投资机构和创业企业等，创业支撑环境的核心涵盖经济环境、科技环境、自然环境等宏观环境。基于这些构成要素，形成科教资源驱动型、企业驱动型和政府服务驱动型三种生态创业发展模式。与之相对应，生态创业教育也就有了科教主导型、企业主导型和政府主导型三种模式。[2]

（一）科教资源驱动型生态创业与科教主导的生态创业教育模式

以创新为导向的科技创新体制使创业的“生态圈”具备了强大的吸引力和发展潜力。科教资源驱动型模式以人才引进、成果转化、资本对接为关键手段，通过大力推进生态创新研究成果的转化和运用，

1. 尤建新：《产业创新生态系统——理论与案例》，清华大学出版社 2017 年版，第 5—7 页。
2. 胡晓：《体验文化：社会化 · 生态化 · 智慧化》，清华大学出版社 2020 年版，第 200 页。

激励创业人才队伍持续以科技创新为核心推进企业全面创新[1]。丰富的科教资源作为科教资源型生态创业模式的基础要素，通过人才集聚优势以坚持科技创新为核心持续释放发展潜能，充分发挥桥梁功能，利用创业体制不断发展壮大并服务于生态创业成果转化，切实将科教资源优势转化为发展优势。[2]

与之相对应，在生态创业教育中，以学校为主体的科教机构成了主导力量，形成科教主导的生态创业教育模式。从幼儿园到高中，各类学校通过开设相关课程和社会实践活动，培养学生的批判精神、生态意识和创新能力；在大学阶段，各类高校则强化生态创业的教育，注重与企业的合作培养，来提升学生的生态创业能力。

（二）企业驱动型生态创业与企业主导的生态创业教育模式

企业驱动型模式通过改善市场环境构建有利于维护企业创业多样性的生态环境，以企业推动科技创新、加快生态创业成果转化速度已经成为推动经济发展的第一增长点。开放包容的创新氛围和社会环境促进企业快速发展，同时企业的创业发展又反过来推动生态创业环境

1. 中关村创业生态系统是以科教资源为驱动力的典型实例，其创业资源丰富，各类孵化模式多样，形成以“天使投资 + 合伙人制 + 股权众筹”为主流趋势的孵化模式。中关村创业是融合了创业个人和团体、领军企业家和企业、形式各异的孵化机构、投资平台载体、高校科研院所以及中央和直辖市各级政府机构等多元创新主体，始终坚持科技端发力，坚持以科技创新为核心推进产业全面创新，以需求为导向持续深化体制机制改革和政策创新，促进科技成果市场应用转化和产业化，以产业链、资金链、政策链为中心，畅通科技与经济社会发展的通道，构建了以科教资源为原动力创新生态体系和产业圈。

2.《中关村国家自主创新示范区优化创业生态环境支持资金管理办法（试行）》，2022 年 6 月 17 日，国际科技创新中心网站，https://www.ncsti.gov.cn/zcfg/zcwj/202206/t20220617_83705.html。

的有机构建，[1]形成良性持续的双向循环[2]。

与之相对应，在生态创业教育中，以企业为主体的公司成了主导力量，形成企业主导的生态创业教育模式。在世界范围，企业是创新的主体。通过在企业中的实际训练和交互学习，企业进行生态创业教育将产生较好的成效。生态企业通过扁平化管理模式的转换、小组式互动研究，激发员工的创新创造潜力。

（三）政府服务驱动型生态创业与政府主导的生态创业教育模式

政府服务驱动型生态创业模式是以问题为导向立足需要精准定位，利用企业强大的资源整合能力作为综合创新平台，充分发挥“市场＋政府”的综合效益，进一步强化政府在生态创业中的引导作用，通过“人才＋资本”的孵化形式全方位对接生态创业项目，[3]实现自身可持续发展的关键转型[4]。

1.《如何推动“新发展”？深圳全面深化全过程创新生态链》，2022 年 8 月 17 日，深圳新闻网，https://www.sznews.com/news/content/2022-08/17/content_25315381.htm。

2. 深圳创业生态与企业驱动型生态创业模式密不可分。深圳以民营企业内化持续为核心，以市场和价值创造为导向，以政府战略规划和全方面服务为引导，以营造有利于创新主体成长的友好型社会环境为依托，以“科技—经济—科技”有效循环为演化动力。科技民营企业集聚的深圳拥有良好的创业环境，给予科技民营企业蓬勃生长的肥沃土壤，形成兼具包容性和创造性的创业氛围，社会鼓励创新、宽容失败，创业产业链较为完备。

3. 杨富、李艳玲：《成都以服务新发展格局为引领　奋力推动高质量发展》，《成都日报》2022 年 10 月 19 日。

4. 成都在政府服务创新推动下，以问题为导向，对标国际先进水平，有针对性地精准施策，提升和增强企业发展核心动力，打造创业生态群。一方面针对创业中出现的种种现实问题，从政府自身服务质量提升和企业内外发展环境改善，增强生态内生动力；另一方面，以国际化的创业中心为标准，最大化地汇聚全球创业的要素和资源，解决主体资本、人才、政策、平台等要素短缺问题，建立全链条化的创业服务平台，并在发展中不断创新。

与之相对应，在生态创业教育中，政府成了主导力量，形成政府主导的生态创业教育模式。政府主导生态创业并不是由政府直接进入教育体系，而是政府在教育过程中起到更大的指导作用。政府通过制定生态教育法规政策，推动教育机构和企业共同开展生态创业教育。

三、生态创业教育面临的困境

由于生态创业教育起步较晚，缺乏完备的生态创业制度和成熟的创业教育模式，我国生态创业教育主要面临两个方面的困境：

（一）生态创业教育的参与主体缺乏人文环境的适应力

在生态创业教育中，人文环境是高校人才培养的土壤，加强人文环境建设能够积极发挥个体特征在人才培养中的基础性作用[1]。社会人文环境是个体为了适应当下环境建立起来的生存结构，而特定的生存结构会作用于个体的思维和认知，进而影响个体的决策逻辑和行为模式。[2] 从这个角度看，生态创业教育不仅重构着个体的认知，更是通过重构个体的认知与行为同步塑造着个体所处的人文环境。但我国高校生态创业教育对于生态文明理论中人文环境建设的覆盖面和作用力还不够，以及高校大学生自身缺乏相关的生态知识和理念导致生态创

1. 人文环境可以定义为一定社会系统内外文化变量的函数，文化变量包括共同体的态度、观点、信仰系统、认知环境等。
2. 张蕾：《基于创新素养提升的大学生创新创业生态系统运行路径研究》，《中国职业技术教育》2021 年第 28 期。

业教育的可持续发展受到一定程度的制约。这主要表现在：

第一，高校人文环境建设和生态创业教育发展不相符。个体的发展是在与环境的多元化复合作用下形成和演变而来的，不断强化高校校园文化和人文环境建设是高校大学生生态素质提升的主导因素。在传统的创业教育中，课程开展往往聚焦于创业资金、场地支持和师资力量等客观条件，以生态文明理念为核心的创业教育同时将人文建设作为推动教育发展的根本任务，而高校在生态创业教育实践中忽视了对人文环境的建设导致两者发展方向和功能定位不一致。[1]

一方面，由于高校对校园文化建设的重视程度不够，导致高校大学生缺乏健康积极的生态创业环境，严重制约学生在创新能力和创业意识方面的综合提升，扼制了高校在生态创业教育中发挥的人才培养机能。[2]另一方面，高校人才培养机制的功能失灵，致使我国高校生态创业教育人才流失严重，无法从根本上解决高校对培养适应社会发展、符合企业需要的应用型人才难题。要解除目前高校在生态创业教育中难以可持续发展的困境，必须从根本上改善校园文化氛围，加强高校人文环境建设。

第二，高校大学生未达到个体生态素质的要求。人文环境可以作用于高校的人才培养机制，相反，个体的生态素质也会反作用于高校人文环境建设。[3]大学生作为推动高校生态创业教育发展的主力军，

1. 程媛媛：《文化生态位视角下高校创新创业教育生态系统优化研究》，《镇江高专学报》2022年第1期。
2. 徐伟明、何燕：《公民素质教育融入大学生日常思想政治教育的路径建构》，《汕头大学学报》（人文社会科学版）2018年第5期。
3. 姚远：《高校创新创业教育生态系统构建研究——以“立德树人”为引领》，四川大学出版社2019年版，第156—172页。

国家不仅对教育主体提出新的生态要求，更是要求将个体自我与外部自然的双向关系置于生态文明视域下，逐步按照生态文明知识、生态文明理念和生态文明行为等次序形成综合性生态素养[1]。在高校开展创业教育的实践中，高校大学生没有形成与生态文明建设相适应的生态思维方式和行为规范，缺乏将生态价值观、生态正义观等理念内化为生态素质的能力。[2]

高校大学生缺乏在生态创业教育中自主吸收生态知识的硬实力。个体的生态素质是高校大学生的生态知识、生态意识在生态创业教育中的自然展现，它包含着高校创业者对自然的基本态度是协调发展而非超越征服。目前高校大学生在生态创业教育中难以形成自主吸收相关生态知识的潜能，对于生态知识缺乏一定的储备量导致难以构建完备的生态知识体系。[3] 高校大学生的生态文明知识教育不应局限于生态环境保护和绿色可持续发展理念的片面学习和被动灌输，而应在新时代生态文明理念的基础上开展课堂教学以及丰富教学形式[4]。

高校大学生缺乏将生态知识内化为个体生态素质的软实力。高校大学生利用其在生态创业教育中获取的生态知识，结合自身的行为模

1. 生态素质实质上是人们把个体自我与外部自然界的双向关系置于人文伦理域境，认同对自然生态环境的道德情感，展现出人类整体生态道德文明的进步和个体自我生态素质的提升。公民生态素质作为公民在生态文明建设过程中必备的素质内容，是人类文明素质的核心部分，反映了自然界和人类社会发展的生态需要和共同利益。
2. 贺腾飞、刘文英：《创新创业教育高地建设的现实困境与发展策略》,《国家教育行政学院学报》2022 年第 8 期。
3. 刘学：《重构平台与生态——谁能掌控未来》，北京大学出版社 2017 年版，第 32—36 页。
4. 开展翻转课堂教学组可利用组织参加生态文明报告、讲座和研讨等形式，围绕“如何理解可持续发展与生态文明的关系”“推进生态文明建设为什么必须要转变发展方式”等创新型问题开展讨论与交流；丰富教学形式，打造一批生态文明建设网络课，激发大学生学习自主性和积极性，建好生态文明知识网络题库，实现大学生便捷高效学习和检验。

式和大自然演变规律开始重新构建个体的生态行为，将生态知识内化为生态素质，同时将生态素质外显于生态行为。高校大学生缺乏运用政策、法律、道德等多元化方式建立对自然环境保护的义务感和责任感，要在维持生态创业教育和生态环境体系相平衡的基础上推动生态文明理念的良性发展，高校大学生必须将生态知识融入生态创业教育中，利用内化的生态素质完成可持续发展理念的情感认同，达到个体行为引导的目的。

（二）生态创业教育的外部环境缺乏机会创造之驱动力

将生态创业教育视为独立于政府和企业而专属于高校任务的偏颇观念导致高校、政府、企业三方之间在实际操作中缺乏有效及时的沟通而自成体系。仅将高校创业教育视为解决毕业生严峻就业问题的措施，将会导致很多亟待解决的问题，例如高校对社会现状的不清晰导致很难通过创业教育培养出符合社会需求的人才，企业未参与创业教育将导致自身所需类型化的人才缺乏，这些问题的解决都有赖于在创业教育中搭建高校、政府、企业三方协同运行机制。[1] 创业教育要想在生态文明领域取得较为明显的阶段性成果，就必须摒弃以往各自为战的格局，将维护环境可持续发展视为三方共同的利益诉求，互相合作协同推进生态创业教育的进程。

生态创业教育需要依靠高校、政府和企业的三方力量共同合作，高校按照生态文明理念的要求制定人才培养方案以提供生态知识教育，而政府、企业作为生态创业教育的外部环境在高校人才培养进程

1. 夏群、宋之帅：《高校创新创业教育生态系统高质量建设研究》，《常州工学院学报》2022 年第 3 期。

中也充分发挥着积极作用。政府在制定有关生态创业教育指导意见的过程中能够提供政策引领，但在实践中无法充分展现出对公众的有效引导而限制了政府在生态创业教育中发挥积极作用，这种限制使得以政府为导向主体构成的舆论环境中有关生态创业机会的流失。这主要表现在：

第一，政府引导公众参与力度的缺乏。在生态创业教育的能动主体中，公众发挥的能量既强盛又呈现出零星散布的形态。公众作为生态环境的利益相关方，个体的环境利益因生态环境的无界性特征而与不同主体建立起共有的利益关联机制。政府作为正向引导公众投身于生态创业教育实践的主导力量，无法借助政府权威性在公共利益与个体利益之间建立双向桥梁，导致公众缺乏参与生态创业教育实践的平台和渠道。

生态创业教育离不开政府权威与公众参与形成多主体多机制合力，政府和公众围绕推动生态文明理念和绿色可持续发展的目标逐渐呈现出新的合作关系。政府引导公众参与生态创业教育实践的主要形式是通过提炼和凝聚公共利益共识，利用协商互动等方式融合公众参与意愿，实现提升公众自我生态教育能力和依生态规则行动能力，将环境责任细化到个体达到公众参与程度自觉性进一步增强的目的，使得在政府的引导力作用下提炼公共利益共识更为顺畅，避免生态环境相关问题陷入拖延无解的困境。[1]

政府的主导作用体现在生态创业教育的提倡和实施中，要让公众

1. 谢守美：《基于知识生态理论的企业竞合关系对知识流动效率的影响研究》，武汉理工大学出版社 2021 年版，第 66—68 页。

意识到生态文明理念和环境可持续理论的重要性，通过引导公众选择和购买生态标志产品以有效刺激市场需要，利用积极良好的生态文明氛围反向推动企业采取生态化生产方式，为生态创业教育的稳定发展提供支撑和保障。

第二，企业在市场创造方面存在机会短板。在以提高效率、降低成本和风险为首要诉求的企业环境中，生态绿色化的商业逻辑在操作层面和技术层面仍然存在着较多的问题。对创业型企业而言，应对生态环境的问题在很大程度上是针对现有的产品和服务作出相应的符合法律规定的改进行为，其本质上仍然是以提高效率、降低成本和风险为首要诉求，而通过政府实施的环境管制便成了创业型企业的压力，在一定程度上增加了成本负担和商业风险。[1]

生态创业型企业的产品方式以一种绿色环保、生态可持续的理念开拓了新的市场，这是生态创业者市场创新的一个核心部分，但生态产品在生产理念、制造工艺和产品设计上的与众不同并不能自然而然地促使生态创业者在市场独占一席之地。[2]生态产品在市场竞争中只是预占着一个潜在市场，要将这个潜在市场转化为实际市场离不开生态产品目标受众群体的参与。生态创业型企业在分析和筛选生态产品或服务的目标受众群体过程中存在一定程度的困难，生态市场中企业所需定位受众的群体特征、消费理念均有别于传统市场的消费者。要在市场创造上取得跳跃性的成果首先要以市场的“绿色化”“可持续发展”趋势为创业

1. 马浩：《从竞争优势到卓越价值：赢得持久超常经营绩效》，北京大学出版社 2021 年版，第 16 页。
2. 李华晶、张玉利：《创业研究绿色化趋势探析与可持续创业整合框架构建》，《外国经济与管理》2012 年第 9 期。

依据，有目的地研制出能够满足目标受众群体的生态产品或服务，完成将生态产品的潜在需要者转化为产品关注者最后成为品牌忠诚者的连续三级跳跃，在补足市场创造短板的同时，通过扩大生态创业型企业品牌忠诚者的规模进一步巩固生态可持续理念的发展。

四、我国生态创业教育的改进路径

为了适应生态文明的发展和生态创业的要求，借鉴三种教育模式的优点，基于我国生态创业教育内部与外部的困境，我国可以从以下方面改进生态创业教育：

（一）形成“目标—理论—实践”多层次的生态创业教育模式

第一，细化生态创业教育人才培养目标。

首先，逐步细化高校创业教育对人才培养的核心方案。随着“以学生为中心”的基础教育理念在高校不断推进深化，学生在高校教育中的地位从单纯的被动接受者转变成主动合作者，摒弃了以往学生在教育问题上缺乏话语权的形象。[1]这种转变使高校学生掌握更大的选择权，通过高校的人才培养方案来实现自身的发展，达到教和学相辅相成的目的。明确高校生态创业教育的人才培养方案，不仅满足了在尊重学生主体的基础上培养社会所需“应用型人才”的要求，更切合在国家生态文明理念推动下创业教育可持续发展的趋势，其本质是面

1. 侯俊华、彭珍、秦顺乔：《新媒体环境下高校创新创业教育生态系统的建设研究》，《齐齐哈尔大学学报》（哲学社会科学版）2022年第7期。

对全体教育主体开展实践性和理论性相结合的实用教育，促使高校学生成长为契合社会需求、顺应时代发展的应用型人才[1]。

其次，明确高校创业教育对人才培养的功能定位。高校创业教育要在充分尊重和认同学生主体地位的基础上，在确保市场供需平衡的层面展现生态环境理论下高校教育的健康持续发展。[2]以学生主体地位为依据构建创业教育生态系统，在充分运用学生主观创造性的基础上提升教育实效，利用高校人才培养的终极社会服务机能追溯生态教育的功能定位，有意识地引导教育主体将创业聚焦于生态市场需求最薄弱的地方，同时根据社会人才需求数目和类型，紧密结合人才培养方案为学生提供有目的性和指向性的生态创业教育课程，在一定程度上有效增加高校生态创业的人才供给，优化形成支撑我国传统创业向生态可持续创业转变的关键要素。

第二，完善生态创业教育课程教育理论。

高校生态创业教育是以高质量有效的课程教育体系为基础而发展起来的，在创业课程设置方面，具体要依据创业教育人才培养方案的要求加强课程理论和生态可持续创业的衔接，通过课程优化给高校学生提供符合生态文明理论的创业技能和知识，使其能够成长为具备生态价值观和绿色创新意识且符合社会发展规律的人才。

一是基于不同专业的课程设置，进一步强化创业课程与专业课程

1. 生态系统理论重视个体在系统中的发展，高校创业教育即以此为依据，强调学生主体地位，并明确学生创业角度的特征和需求，以此为依据构建教育生态系统，在保障供需平衡的基础上实现创业教育在生态系统理论下的高效发展。

2. 石弘颖、眭国荣：《基于生态系统理论的高校创新创业共同体研究》，《技术与创新管理》2022 年第 4 期。

的交叉融合点。[1]发展专业课程的创业教育人才培养方案是进一步完善生态创业课程教育理论的前提，在探索不同专业特色的基础上，更要顺应不同的专业课程内容及时对课程建设体系进行调整，同时将创业元素和生态文明理论嵌入专业课程，使得生态创业课程与现阶段国家的相关政策方针紧密联系，充分调动高校大学生进行生态创业的积极主动性。

二是依据区域地理环境的发展，将创业课程与区域发展的总体规划相结合。[2]生态创业课程教育理论离不开与创业教育息息相关的区域地理环境，正是由于将地理环境发展和创业教育作为一个相互作用、相互促进的有机整体，生态创业才发挥了自身独有的优势，不仅着眼于创业教育的发展，更立足于地方区域经济文化发展的需要，逐步完成由教育内容和方式的相对单一向全面教育的转变。生态创业要结合区域地理环境发展，将创业教育鲜明的地域性显现在高校与地方行政区域关系之中，两者相互推动产生的高度联动效应作用于高校人才培养方案，将地方区域特色围绕生态创业教育课程而展开，满足生态创业教育与区域发展之间的多元化需求。[3]

第三，促进生态创业教育实践资源融合。

生态创业不应当只着眼于创业教育的浅层表现形式，而要将生态

1. 孙跃：《应用型人才培养体系建构研究》，华中科技大学出版社 2021 年版，第 22—27 页。
2. 王慧玲：《大学生创业教育生态转型的探索与发展》，《湖北第二师范学院学报》2017 年第 11 期。
3. 促进创业教育的特色发展，必须充分考虑区域地理、产业的需要，充分利用区域地理环境优势，围绕区域转型升级，与区域特色相结合，开设与需要相关的课程，实现课程多元化和需要的协调，强化创新创业教育与区域发展之间的耦合机制，依托区域发展需要，培养与地方产业群相关的创新创业人才，实现教育资源的有效利用，通过凝练和放大创新创业教育自身优势和区域发展特色，实现教育的供需平衡。

文明可持续发展战略交融糅合于创业教育实践的深层次发展中，达到实现“经济—生态—社会”三重底线诉求的终极目标，逐步构建体系性和实践性的创业教育进程，通过促进生态创业资源融合为培养绿色可持续价值观的高层次人才提供契机。

整合校内外的有效资源，协力缔造良好的生态创业氛围。创业教育在高校实践中鼓励学生以创新、创业为任务倾向，通过校内和校外两方资源之间相互流动、相互融合，从而促进高校与社会各方的良性循环互动。[1] 高校相关的创业部门应推广平台共享和资源开放政策。[2] 在校内，将开设的与生态创业相关的课程设置为公开课，旨在使学生深入剖析可持续发展原则，在理解生态创业核心主旨的基础上，了解如何将保护环境践行在平时生活和工作的一言一行中。同时，在生态创业课程中增加绿色消费教育，培养高校大学生健康适度的生活方式和消费态度，将生活中养成的绿色消费习惯运用在创业过程中，不仅大幅度增强了高校大学生的环境保护意识，而且为生态创业营造了一个良好的社会环境。在校外，加强校企深度合作，促进产业与教育密切结合，在发挥高校培养人才优势的同时，利用地方经济亮点以及企业特色实训为促进生态创业实践资源融合保驾护航。

（二）完善“创新＋创业＋知识产权”多领域综合的生态创业教育内容

生态创业教育要跳出传统创业的平面固定思维，重新构造“创新

1. 于海：《生态系统理论下高校创新创业教育机构建设路径研究》，《中国轻工教育》2022年第2期。
2. 杨雪梅：《创新创业教育论》，清华大学出版社2017年版，第215—259页。

教育 + 创业教育 + 知识产权教育”三育融合的创新性框架，对生态创业教育与知识产权教育之间存在的缺口进行必要性填充，加强生态创业教育成果的知识产权保护意识，让知识产权教育成为保障生态创业教育成果的有效途径。[1]

第一，将创新教育融入高校教育的全过程。

我国把创新与创业两个词结合起来，称之为“双创”，说明创新教育与创业教育密不可分。虽然不是所有创造能力强的学生都会进行生态创业，但能够成功进行生态创业的学生一定具有较强的创造能力。创新教育的核心议题就是如何培养学生的创造力或者说创新能力。

如果说高校创新教育以前还没有什么迫切性，但随着人工智能的突破性进展，高校必须作出转变。自 OpenAI 开发的 ChatGPT 2022 年 11 月上线以来，人工智能领域获得重大进展。GPT-4 已经在编程、绘图、翻译、论文润色等领域取得巨大成绩，在不久的将来可以替代一些原来需要专业知识的工作。如果高校还是一如既往地以传授知识为主要任务，其培养的学生很容易被人工智能替代。人工智能目前不能替代的就是创新能力。具有较强创新能力的学生可以运用其创造力，把人工智能作为智慧工具，在生态创业方面取得成功。

很多人把创造力认为是少数人才有的天才能力，只有如牛顿、爱因斯坦、马斯克等才具有这样的能力。[2] 事实上研究表明，创造力每个人都可以拥有，高校更是可以通过课程来培养学生的创造

1. 段刚龙等：《基于“三融合”的高校创新创业教育生态系统建设研究》，《高等理科教育》2021 年第 6 期。

2. 宋京双：《大学生创新创业教育“金课”教程》，清华大学出版社 2021 年版，第 109—130 页。

力。[1] 高校可以开设一些通识课来训练和培养创造力，比如开设逻辑、应用创造力等课程，还可以开展 STEAM 的跨学科项目，更需要在大学课堂的每一门课增强学生的创造性思维和批判性思维。[2]

第二，将知识产权教育纳入生态创业教育人才培养方案。

为了从根本上改变“双创”背景下知识产权教育的缺位现象，要将知识产权教育纳入生态创业教育人才培养方案，明确以知识产权保护意识和能力为培养方向，以健全、完善的知识产权制度为维护生态创业教育成果保驾护航，能够全面激发公众的创业热情并自愿投身于生态创业。同时政府要完善生态创业知识产权的配套保护措施，大力构建全国性知识产权基本保障渠道。[3] 把生态创业知识产权的确权保护作为政府的工作重点，不仅有利于建设生态创业成果的知识产权保护体系，更增强了生态创业意识，实现创新意识促进生态创业、生态创业带动确权保护的良性循环发展。

生态创业能力的培养更应该注重实践教学环节，只有加强知识产权的实践运用能力，才能保障学生走向社会时具备企业期望的潜质。学生需要充分挖掘其主观能动性，有意识地了解收集相关的知识产权实际案例，并紧密结合自身拥有的知识进行具体分析，提高在实践中运用知识产权知识和思维解决问题的能力。[4]

---

1. 在 20 世纪 50 年代之前，多数心理学家认为创造力就如 IQ 一样，是由基因决定而不能随意提升的。随着心理学研究的发展，多项研究表明训练可以提升创造力。
2. [美] 索耶：《创造性：人类创新的科学》，师保国译，华东师范大学出版社 2013 年版，第 468 页。
3. [美] 巴克托、考夫曼：《培养学生的创造力》，陈菲等译，华东师范大学出版社 2013 年版。
4. 贺武华、董旭：《创新创业教育发展：价值理念、生态系统及其实践优化——兼评〈中国高校创新创业教育质量评价研究〉》，《当代教育文化》2022 年第 5 期。

第三，将知识产权教育融合专业方向进行有针对性的调整。

人才博弈和技术创新已经成为“双创”背景下的竞争焦点，在生态创业教育中培养学生的知识产权实践运用能力也处于越来越重要的地位，要融合专业方向对知识产权课程和内容进行有针对性的选择，灵活运用知识产权相关理论和方法巩固生态创业教育成果。

生态创业教育需要将知识产权课程与专业背景相结合，同步提高知识产权保护意识和解决专业问题的能力。知识产权教育有助于协助学生自主构建产权保护和技术创新体系，融合专业方向开设与本专业相关的知识产权讲座和课程，不仅夯实了专业课的基础知识，更是增强了对知识产权保护的价值认同。[1]

（三）构建“学校 + 政府 + 企业”多渠道的生态创业教育联合机制

学校、政府、企业三大创业主体联合形成协同力量作用于生态创业教育体系，及时根据市场需求调整生态创业教育的方向和内容，这种开放式的教育模式将三方主体的信息、资源进行融合。学校立足于专业特色开展生态创业知识教育，结合政府相应的政策指向和行为引导，三方信息、资源的共享和流通有效摆脱生态创业教育与企业实际生产脱节的困境。[2]

第一，学校积极开展系统化的生态创业知识教育。

---

1. 司春林：《创新型企业研究：网络化环境，商业模式与成长路径》，清华大学出版社2016年版，第79—82页。
2. 李亚员、刘海滨、孔洁珺：《高校创新创业教育生态系统建设的理想样态——基于4个国家8所典型高校的跨案例比较分析》，《高校教育管理》2022年第2期。

学校开展的生态创业教育是一项系统性工程，学校必须将生态创业教育贯穿于校园工作的各环节、全过程，使之渗透在教学活动和学生日常学习中，形成系统化的生态创业知识教育，同时结合“目标—理论—实践”的生态创业教育实现路径，促进生态文明理念和绿色可持续理论的全面发展。

学校应当采取分时分阶段的教学模式来帮助学生构建完整系统的生态创业知识体系。根据不同阶段不同特点的学生采用相应的教学方式，使学生完成从了解生态创业知识的初学者到建立起整体性认知的角色转变，并通过系统性的学习逐步提升绿色可持续发展意识。

第二，政府主动引导日常化的生态创业行为教育。

政府在创业教育中发挥着关键性的引领作用，从整体性视角出发，对生态创业的全方位、各层次、总要素进行集中的统筹规划，通过有效利用资源达到生态可持续发展的目标。

政府出台的各项有关生态创业的核心文件具有高度决定性。生态创业的核心理念和实现目标都源于政府，中央部门和各级地方政府遵从文件指示解决创业过程中出现的相关问题，两者相互协作、统筹配合，为生态创业的良好发展奠定基础。[1] 同时，政府的引领地位也在市场人才配置上凸显关键性的催化作用。市场内部人才结构交错影响、相互作用，政府的引领功能通过市场的整体人才配置形成合力，反作用于创业教育人才培养层次，实现为社会提供符合生态可持续发展理念专业人才队伍的教育培养目标。

1. 王菡：《高校创新创业教育生态系统构建与运行机制研究》，《北京邮电大学学报》（社会科学版）2022 年第 1 期。

政府要充分展现主导地位，发挥引导作用，利用互联网、知识讲座、公益活动等多种渠道加强对公众生态创业行为的导向效力。紧紧围绕生态可持续发展理念，发挥各级政府和官方媒体的积极性，深入实际挖掘正面的新闻素材，通过主流媒体开展对外宣传工作，构建良好的生态创业舆论氛围，为激励公众培养和践行日常化的生态创业行为起到正向的促进作用。[1]

第三，企业配合开展成果化的生态创业实践教育。

企业作为联结整个生态创业过程的关键枢纽，在将生态创业活动落实到实质市场环境中发挥着助推器作用，在加强产教融合、校企合作的基础上为高校创业的人才培养创造了良好的平台。生态创业教育的发展要同市场实际需求相适应，企业积极响应学校和政府的绿色可持续发展诉求为生态创业教育提供了实践平台，实现政府引导、学校推进、企业落实三大生态创业教育环节的有效衔接。

一方面，企业应主动加强与高校人才培养的深度合作，实现高校生态创业与企业吸纳就业之间的无缝衔接。[2]只有以实质的企业生产为基础，在企业文化和校园文化有机结合的氛围下，创造高校生态创业者与企业直接对话的机会，才能实现引导创业者自主培养企业所需要的职业发展技能和生态创业意识的目标。

另一方面，企业应当加大促进高校生态创业成果的转化力度，最大限度释放大学生创业领域的动能。在中央大力推进生态创业教育的

1. 司春林：《创新型企业研究：网络化环境，商业模式与成长路径》，清华大学出版社 2016 年版，第 79—82 页。
2. 陈倩、毕亚琴：《产学研三位一体理念下高校创新创业教育生态系统研究》，《锦州医科大学学报》（社会科学版）2022 年第 1 期。

基础上，生态创业日渐成为一种全新的创业形式，企业在产教融合的基础上不断参与高校人才培养和就业吸收，要使高校创业教育持续为企业发展输送符合需求的人才，就必须加快高校生态创业成果的转化速度。[1] 利用企业的催化功能实现生态创业成果的快速转化，不仅巩固了生态创业项目已有的新产品和新服务，更在一定程度上激励了高校大学生全身心地投入生态创业的大环境。

1. 施生旭：《高校大学生创新创业创造教育研究》，《集美大学学报》（教育科学版）2021 年第 2 期。

第十章 生态产品维护保障的新探索：人文遗迹损害的惩罚性赔偿

在生态系统服务功能中，文化功能被广泛认为是生态系统提供的重要功能。联合国《千年生态系统评估报告》中的生态系统服务提供的文化功能包括精神与宗教价值、故土情结、文化遗产、审美、教育、激励、娱乐与生态旅游。根据联合国《保护世界文化和自然遗产公约》的规定，文化遗产是指文物、建筑群和遗址，因此文化遗产就是人文遗迹。这些人文遗迹与自然环境、生态系统密切相连，实现了人与自然的融合，人们从中获得审美、教育、娱乐等服务，对人文遗迹的保护可以维护生态系统的服务功能。为了更好地保护人文遗迹和生态系统功能，既要使人文遗迹破坏者承担损害赔偿责任，又要对其施以惩罚性赔偿。

一、文献回顾与问题提出

探讨人文遗迹民事公益诉讼是否适用赔偿要解决几个问题：首

先，环境公益诉讼是否适用惩罚性赔偿。许多学者认为惩罚性赔偿可以适用于环境民事公益诉讼，认为公益诉讼是私人执法机制的具体表现，但无法完全弥补环境法上存在的公法执法不力和威慑不足的问题[1]，而惩罚性赔偿可以惩罚、救济和保护生态环境[2]，随着时代发展强调用私人执法方式来直接保护社会整体利益，是补强公益诉讼威慑水平的最优选择[3]；检察机关提起环境公益诉讼的目的与惩罚性赔偿制度功能一致，公益性诉权可以作为公益诉讼惩罚性赔偿的诉讼权益基础[4]；惩罚性赔偿的威慑预防效果与环境公益诉讼的救济保护功能相契合，能实现社会整体利益最大化[5]；在我国法律实践的背景下，惩罚性赔偿制度与环境公益诉讼的适配度更高，可以鼓励社会公众参与公益诉讼，推动我国公益诉讼发展[6]。适用惩罚性赔偿时应当审慎谦抑[7]，不得泛化使用[8]，只能作为补充适用，

---

1. 周骁然：《论环境民事公益诉讼中惩罚性赔偿制度的构建》，《中南大学学报》（社会科学版）2018 年第 2 期。
2. 宋海鸥、杨宇静：《生态环境损害惩罚性赔偿规则的检视与适用》，《中国环境管理》2022 年第 3 期。
3. 张继恒：《经济法视域下的惩罚性赔偿之规范建构》，《经济法论坛》2023 年第 1 期。
4. 张旭东、颜文彩：《环境民事公益诉讼惩罚性赔偿的性质定位与制度构建》，《中国石油大学学报》（社会科学版）2022 年第 1 期。
5. 张锋、孙萧宇：《环境公益诉讼惩罚性赔偿制度适用研究——兼评〈最高人民法院关于审理生态环境侵权纠纷案件适用惩罚性赔偿的解释〉》，《山东法官培训学院学报》2022 年第 2 期。
6. 吴宇：《论生态环境侵权中惩罚性赔偿的适用——基于环境私人执法的视角》，《荆楚法学》2022 年第 6 期。
7. 吴卫星、何钰琳：《论惩罚性赔偿在生态环境损害赔偿诉讼中的审慎适用》，《南京社会科学》2021 年第 9 期。
8. 单平基：《环境民事公益诉讼惩罚性赔偿的适用及规制》，《政法论坛》2023 年第 6 期。

避免滥用[1]。惩罚性赔偿适用规则不明易致其在司法实践中泛用或滥用，仍需细化惩罚性赔偿的构成要件、数额计算等具体规则，以确保类案类判[2]。

其次，人文遗迹民事公益诉讼惩罚性赔偿的正当性。对于人文遗迹的环境公益诉讼，学者指出，环境公益诉讼制度至多只能保护人文遗迹的环境审美价值，无法对更为重要的文化和历史价值进行跨界保护。文物和环境两大概念存在一定交叉，所以要完善人文遗迹民事公益诉讼制度，构建适用惩罚性赔偿的人文遗迹民事公益诉讼制度[3]，做到既保护人文遗迹作为文化遗产的价值，也要保护其作为景观环境那部分的功能价值[4]。

再次，惩罚性赔偿与其他惩罚方式的关系。人文遗迹环境公益诉讼之前可能存在行政处罚、刑事处罚，如果这些处罚方式共用，是否侵害公民权利呢？有学者认为惩罚性赔偿与刑事责任、行政责任都是以惩罚为手段，但存在根本区别，本质上是完全不同的责任类型。两者并不冲突，可以并处，而非禁止、替代或折抵关系[5]，以防止因惩罚性赔偿数额不足而难以真正实现其制度本身所具有的激励私人执法与

---

1. 李艳芳、张舒：《生态环境损害惩罚性赔偿研究》，《中国人民大学学报》2022 年第 2 期。
2. 孙佑海、张净雪：《生态环境损害惩罚性赔偿的证成与适用》，《中国政法大学学报》2022 年第 1 期。
3. 宋才发：《生态环境损害赔偿诉讼制度研究》，《重庆工商大学学报》(社会科学版)，2023 年 11 月 10 日网络首发。
4. 杨朝霞：《环境公益诉讼制度的诉因检视：从解释论到立法论——以“生态”与“环境”的辨析为中心》，《中国政法大学学报》2021 年第 5 期。
5. 何江：《生态环境侵权惩罚性赔偿的二元性展开》，《法商研究》2023 年第 6 期。

填补社会整体利益损害的特定功能和目的。[1] 有学者认为惩罚性赔偿与行政处罚互补和重叠 [2]，会导致过度威慑，则需要创设同一生态环境违法行为中两者的折抵顺序规则 [3]；有学者认为，可以按照私人诉讼与民事公益诉讼性质区分，分情况将惩罚性赔偿与行政罚款进行折抵 [4]，还应该优先考虑私益，在重罚中适当折抵。[5] 有学者认为法院应在合理解决惩罚性赔偿所涉及的责任竞合的情况下，将被告被确定有罪并被追究刑事责任作为惩罚性赔偿适用的排除条件 [6]；有学者认为罚金应作为惩罚性赔偿的加重或减轻因素，但应根据求偿主体身份来作具体分析。[7] 另有学者认为，罚金或罚款作为公法责任的一部分不可避免地存在执行成本巨大、政府失灵这样的弊病，[8] 惩罚性赔偿作为公法责任的私法操作，是对刑事罚金和行政罚款的补充，所以能否折抵只在于惩罚性赔偿数额是否超过了报应与威慑之需。[9]

最后，惩罚性赔偿金的使用和管理。惩罚性赔偿一旦被判决确定，

1. 张继恒：《经济法视域下的惩罚性赔偿之规范建构》，《经济法论坛》2023 年第 1 期。
2. 赵鹏：《惩罚性赔偿的行政法反思》，《法学研究》2019 年第 1 期。
3. 郑少华、王慧：《环境侵权惩罚性赔偿的司法适用》，《上海大学学报》（社会科学版）2022 年第 3 期。
4. 韩利楠：《论惩罚性赔偿与行政罚款的适用规则》，《湖湘法学评论》2022 年第 4 期。
5. 向玲玲：《〈民法典〉背景下环境民事公益诉讼适用惩罚性赔偿研究》，《河北企业》2023 年第 5 期。
6. 郑少华、王慧：《环境侵权惩罚性赔偿的司法适用》，《上海大学学报》（社会科学版）2022 年第 3 期。
7. 王承堂：《论惩罚性赔偿与罚金的司法适用关系》，《法学》2021 年第 9 期。
8. 朱广新：《论生态环境侵权惩罚性赔偿构成条件的特别构造》，《政治与法律》2023 年第 10 期。
9. 康京涛：《生态环境损害惩罚性赔偿的逻辑理路与适用规则——基于功能主义视角的分析》，《中南大学学报》（社会科学版）2023 年第 1 期。

其包括的内容以及如何使用和管理也是学者讨论的重点。有学者认为，惩罚性赔偿分为侵权惩罚性赔偿与违约惩罚性赔偿，侵权惩罚性赔偿具有兼具公益和私益的复合性特征[1]，建议按照二元逻辑构建差异化司法适用机制[2]，以公私法合力方式，分情况规定惩罚性赔偿金的归属、用途及与刑事罚金、行政罚款的关系。有学者认为，生态环境的性质为公共公用物，赔偿金应合理分配给被侵权人和国家，分配给国家的部分用作恢复与保护生态环境[3]，统一纳入专门公益基金账户进行管理，或采用第三方公益信托的方式统一管理[4]；有学者认为惩罚性赔偿应该纳入环境损害补偿基金或者环境整治基金，受害人可以主张获得部分惩罚性赔偿金[5]；也有学者认为公益诉讼不需要激励原告起诉，应当全部归属国家或社会所有，私人受害者或不特定公众均无权从中支取。[6]有学者认为应在惩罚性赔偿公益金组织与法院之间建立信息沟通机制，或者直接将公益金来源对象和缘由进行公开，这也有利于公众监督。[7]

1. 杨立新:《〈民法典〉惩罚性赔偿规则的具体适用》,《荆楚法学》2022 年第 1 期。
2. 邢鸿飞、曾丽渲:《论公私法分离的“二元”环境侵权惩罚性赔偿》,《学海》2022 年第 4 期。
3. 朱晓峰:《论〈民法典〉对惩罚性赔偿的适用控制》,《暨南学报》(哲学社会科学版)2020 年第 11 期。
4. 钟瑞友、王波、路志鹏:《环境民事公益诉讼中的惩罚性赔偿制度探究》,《中国检察官》2023 年第 15 期。
5. 吕忠梅:《“生态环境损害赔偿”的法律辨析》,《法学论坛》2017 年第 3 期。
6. 王勇:《刑附民公益诉讼案件惩罚性赔偿的民事适用及其刑事调和》,《政法论坛》2023 年第 3 期。
7. 万世花:《法经济学视域中民事公益诉讼与惩罚性赔偿分立之证成》,《中财法律评论》2023 年，第 77—103 页。

概括来说，学者对环境民事公益诉讼是否适用惩罚性赔偿，以及适用惩罚性赔偿应该注意的问题作出了深入的探讨。整体而言，人文遗迹环境公益诉讼的讨论较少。人文遗迹的环境公益诉讼与其他环境公益诉讼相比有其特殊性，其适用惩罚性赔偿的必要性需要进一步地证成。其适用惩罚性赔偿后，也将面临与其他环境公益诉讼类似的问题，如何结合人文遗迹的环境诉讼的特性加以解决，也是需要探讨的问题。

二、人文遗迹的界定与适用惩罚性赔偿的必要性

（一）人文遗迹的范围界定

在人文遗迹环境公益诉讼中，人文遗迹的范围需要加以确定，否则会造成公益诉讼的滥用。我国的《环境保护法》把人文遗迹作为环境的一部分。当然《环境保护法》的目的并不是保护人文遗迹，而是保护与人文遗迹相关的自然因素，因为环境保护法指出，“本法所称环境，是指影响人类生存和发展的各种天然的和经过人工改造的自然因素的总体”。人文遗迹是生态系统服务功能的一种，人们在生态系统中创造了与自然浑然一体的人造物，以满足其审美、娱乐等需要。《环境保护法》把人文遗迹与自然遗迹并列为环境的组成部分，与《世界文化遗产与自然遗产公约》相一致，因此人文遗迹等同于文化遗产，人文遗迹的范围与文化遗产的范围一致。

在“江西省金溪县人民检察院诉徐华文、方雨平人文遗迹保护民事公益诉讼案”中，法院指出：“因破坏古迹、建筑群、遗址等人文

遗迹造成生态资源损害的，侵权人应当承担侵权责任。检察机关可以依法对破坏人文遗迹造成生态资源损害的案件提起环境民事公益诉讼。”[1] 这里法院把古迹、建筑群、遗址作为人文遗迹，这正是《世界文化遗产与自然遗产公约》对文化遗产的界定。《世界文化遗产与自然遗产公约》中对文物有明确的界定，即“从历史、艺术或科学角度看具有突出的普遍价值的建筑物、碑雕和碑画，具有考古性质的成分或结构、铭文、窟洞以及联合体”。[2] 可以看出，这里的文物其实就是古迹。在《世界文化遗产与自然遗产公约》的英文中，“文物”对应的词是“monuments”，“monuments”翻译为古迹更为合适，这更符合后面对 monuments 一词的界定。[3]

综上，环境公益诉讼中的人文遗迹，包括古迹、建筑群和遗址，这些人文遗迹与周围生态环境融为一体，具体种类可以参考《世界文化遗产与自然遗产公约》。人文遗迹虽然多数是不可移动的文物，但也存在大量没有被国家认定为文物的人文遗迹。同时，被国家认定为不可移动的文物，由于其与生态环境的联系极弱，比如城市中的某个纪念碑，也未必是人文遗迹。

---

1. 最高人民法院典型案例。
2. 联合国《保护世界文化和自然遗产公约》第一条：“在本公约中，以下各项为‘文化遗产’：文物：从历史、艺术或科学角度看具有突出的普遍价值的建筑物、碑雕和碑画、具有考古性质成分或结构、铭文、窟洞以及联合体；建筑群：从历史、艺术或科学角度看在建筑式样、分布均匀或与环境景色结合方面具有突出的普遍价值的单立或连接的建筑群；遗址：从历史、审美、人种学或人类学角度看具有突出的普遍价值的人类工程或自然与人联合工程以及考古地址等地方。”可以看出，文化遗产特别强调与生态环境融为一体，并非孤立的可以在博物馆展览的可移动文物以及与生态环境无关联的不可移动文物。
3. 在联合国教科文组织官方提供的中文翻译中，把“monuments”翻译为“文物”，参见 World Heritage Convention 网站，https://whc.unesco.org/en/conventiontext/，2024-04-03。

（二）人文遗迹民事公益诉讼适用惩罚性赔偿的必要性

习近平总书记在全国生态环境保护大会上强调，要始终坚持用最严格的制度和最严密的法治来保护生态环境，保持外部压力的常态化，并激发全社会共同呵护生态环境的内生动力。[1]中共中央《法治中国建设规划（2020—2025年）》要求“探索建立民事公益诉讼惩罚性赔偿制度”。最高人民法院陆续发布一系列规范性文件，强调加大对污染环境和破坏资源行为的惩罚力度，并通过事前预防措施减少环境风险发生的可能性和损害程度，探索建立环境惩罚性赔偿制度和适用责任，依法严肃追究违法者责任。《民法典》第一千二百三十二条首次明确将惩罚性赔偿引入生态环境侵权领域，与绿色原则相一致。《人民检察院公益诉讼办案规则》规定，在办理破坏生态环境与资源保护领域的案件中，可以提出惩罚性赔偿诉讼请求。《生态环境惩罚性赔偿解释》第十二条规定，被侵权人代表，即国家规定的机关或者法律规定的组织也可以主张惩罚性赔偿责任。

在这些规范性文件的指引下，环境民事公益诉讼中适用惩罚性赔偿的案件逐步增多，司法实践中也已经出现了一些人文遗迹民事公益诉讼惩罚性赔偿的案例。但是统计显示，人文遗迹适用惩罚性赔偿的案件极少，这说明人们对其必要性还认识不足。人文遗迹民事公益诉讼适用惩罚性的必要性，主要有以下三个方面：

第一，人文遗迹的双重属性需要更严格的制度保护。人文遗迹具

1.《习近平在全国生态环境保护大会上强调：全面推进美丽中国建设　加快推进人与自然和谐共生的现代化》，中国政府网，https://www.gov.cn/govweb/yaowen/liebiao/202307/content_6892793.htm，2024-04-17。

有文化价值和环境价值双重属性。人文遗迹具有丰富的历史价值和独特的文化、艺术价值，承载着古代文明和历史事件的痕迹，反映了特定时期的艺术、建筑、宗教和社会制度，可以成为教育的资源，培养公民意识和历史责任感，还是社会认同和身份的象征，对于文化传承和增强民族凝聚力具有重要意义。人文遗迹不同于一般意义上的“文物和文化遗产”，具有独特和稀有的多元价值，不仅包括文化和历史价值，还包括与其相伴相生的自然环境和生态价值。但它也不同于普通意义上的“环境”，许多人文遗迹与周围的自然景观融为一体，如古代建筑与自然地貌的结合，有些人文遗迹所在的地区具有特殊的地理景观，保护人文遗迹也有助于保护周围的生态平衡，体现人类与自然和谐共生的理念。如果人文遗迹遭到破坏，可能会造成人文遗迹文化价值的永久性损失，甚至导致文化传统的断裂，后代无法通过被毁损的人文遗迹深入了解和体验古代文明的精髓，更可能损害周边的自然生态，破坏周围的景观与生物多样性。

第二，现有制度难以有效保护人文遗迹。第三次全国文物普查显示，22 年间约有 4.4 万处人文遗迹消失，平均每年约 2000 处消失。其中一半以上消失的原因是各类开发建设活动，但很多造成严重后果的破坏行为未受到行政或刑事法律追究。[1] 多数人文遗迹侵权人的主观目的并非想要损害不可移动文物或破坏传统村落等人文遗迹所承载的景观和生态价值，而是出于追求经济利益的动机，顺带侵害了人文遗迹。在这种情况下，实施人文遗迹侵权行为的主体会面临着对“侵权成本”与“经济效益”的对比选择。只要经济效益大于侵权成本，

1. 王云霞主编：《文化遗产法学：框架与使命》中国环境出版社 2013 年版，第 269 页。

实施或继续实施侵害人文遗迹的行为就被视为有利可图，这也是造成我国人文遗迹屡遭毁损的主要原因。绝大多数人文遗迹民事公益诉讼都是遵循着传统的私法责任，将对损害的弥补作为关注的核心，判决结果大多是要求侵权人单纯对其造成的损害进行修复，以实际损失为限的损害赔偿数额，侵权要付出的成本与侵权人获得的收益比起来微不足道。况且人文遗迹损害具有潜伏性，损害的程度及价值难以直接快速地测量出来，仅判决补偿性赔偿会忽视了人文遗迹修复的长期性、损失的潜伏性，无法实现完全弥补人文遗迹遭受全部损失的目标。

目前对人文遗迹的监管和执法存在漏洞，往往不能在第一时间发现针对人文遗迹的侵权行为，导致侵权人能够逍遥法外，缺乏有效的打击和制裁。即使能够及时发现侵权人实施侵权行为，行政执法与刑事司法往往更侧重于惩戒侵权行为以及惩罚侵权人，即使可以达到惩戒与威慑的目的，但是难以完成对受损人文遗迹的公共文化利益与环境利益的修复。另外，行政执法与刑事司法程序中针对人文遗迹的损失程度难以准确鉴定，在衡量刑罚与确定罚款、罚金时往往与侵权人造成的损失不匹配，导致惩戒与威慑的力度减少。

第三，惩罚性赔偿可以实现人文遗迹公益诉讼的功能目标。人文遗迹公益诉讼的功能目标包括惩罚、威慑、预防侵害，激励对人文遗迹保护和公共利益保护的功能。《最高人民法院关于审理生态环境侵权纠纷案件适用惩罚性赔偿的解释》起草的背景和意义中指出，惩罚性赔偿突破了损害赔偿填平原则，通过让恶意的不法行为人超出实际损害数额的赔偿，达到充分救济受害人、制裁恶意侵权人的效果，具有惩罚、威慑、预防等多重功能。[1] 其中，惩罚功能在于对恶意破坏人文遗迹的侵权人进行惩罚，充分发挥惩罚性赔偿的制度功能，依法提高人文遗迹违法成本，严惩突出人文遗迹违法行为，使其承担应有的代价。同时，惩罚功能也包括对侵权人的惩罚与对受害人的补偿，即以补偿实现惩罚。[2]

在人文遗迹民事公益诉讼中，惩罚性赔偿的适用不仅有助于受害人维护其个人利益，还具有激励功能。它可以为环境保护组织等社会团体提供一定的经济支持，以支持他们继续进行人文遗迹的修复和保护工作，并且能够调动公众保护人文遗迹的积极性。惩罚性赔偿的一个目的就是通过激励私人实施惩罚，以弥补公共执法的不足。

填补社会整体利益损害也是惩罚性赔偿的核心功能。近年来，国内外对惩罚性赔偿的法治实践已经开始注重于保护社会整体利益。在人文遗迹的侵权案件中，通常缺乏直接受害人，因此难以提起诉讼保护人文遗迹。在司法实践中，大多数情况下由检察机关代表社会公众提起惩罚性赔偿，这种做法不仅可以更好地发挥惩罚性赔偿的威慑作用，避免和减少司法资源的过度消耗，而且能够为人文遗迹领域提供全方位的保护。

1.《最高法发文明确生态环境侵权纠纷案件适用惩罚性赔偿相关问题》，人民网，http://www.news.cn/legal/2022-01/13/c_1128260572.htm，2024-04-17。

2. 刘长兴：《环境损害惩罚性赔偿的公法回应》，《政治与法律》2023 年第 10 期。

三、人文遗迹民事公益诉讼适用惩罚性赔偿的实证分析

（一）案例检索与数据梳理

为了考查惩罚性赔偿制度在人文遗迹民事公益诉讼中的适用现状，特选取北大法宝司法案例数据库作为案例检索平台，为体现选取案例的全面性和典型性，同时考虑到单一平台具有局限性，特又在全网搜索含有关键词“人文遗迹”“文物”“惩罚性赔偿”“公益诉讼”的新闻和最高法最高检以及全国各法院发布的典型司法案例。现就检索到的案例对人文遗迹民事公益诉讼中惩罚性赔偿的司法适用现状进行整体描述与分析（见表 10-1 和 10-2）。

表 10-1　涉及人文遗迹刑事及附带民事案件统计

序号	罪名（件）	附带民事诉讼	宣告缓刑	免予刑事处罚	单处罚金	鉴定
1	故意损毁文物罪（59）	2	36	4	3	40
2	过失损毁文物罪（13）	0	10	2	0	11
3	故意损毁名胜古迹罪（7）	0	4	0	1	4
4	盗掘古文化遗址、古墓葬罪（2926）	15	0	0	0	13
5	失火罪（1）	1	0	0	0	1
6	故意毁坏财物罪（1）	1	0	0	0	1
7	盗窃罪（1）	1	0	0	0	2

搜索到的涉及人文遗迹犯罪的刑事案件共涉及 7 项罪名，其中失火罪、故意毁坏财物罪附带民事诉讼各 1 件；盗窃罪附带民事诉讼 2

件；妨害文物管理类犯罪中 4 项罪名，分别是故意损毁文物罪 59 件、过失毁损文物罪 13 件、故意损毁名胜古迹罪 7 件及盗掘古文化遗址、古墓葬罪 2926 件，故意毁损文物罪附带民事诉讼 2 件，盗掘古文化遗址、古墓葬罪附带民事诉讼 15 件。

表 10-2　涉及人文遗迹民事公益诉讼案件情况一览

序号	案号	案件类型	起诉主体	诉讼请求	结案方式	诉讼结果
1	〔2021〕甘 0725 刑初 52 号	刑附民	检察院	填埋修补修复费用	判决	支持
2	〔2020〕渝 0111 刑初 127 号	刑附民	检察院	保护修复工程费用 + 赔礼道歉	判决	支持
3	〔2021〕豫 0381 刑初 244 号	刑附民	检察院	勘探修复工程费用 + 赔礼道歉	判决	支持
4	〔2020〕黔 0521 刑初 241 号	刑附民	检察院	赔礼道歉	判决	支持
5	〔2020〕苏 0830 刑初 143 号	刑附民	检察院	抢救性考古费用 + 赔礼道歉	判决	支持
6	〔2021〕京 0107 刑初 240 号	刑附民	检察院	修复费用 + 赔礼道歉	判决	支持
7	〔2020〕豫 0381 刑初 482 号	刑附民	检察院	勘探修复工程费用 + 赔礼道歉	判决	支持
8	〔2020〕豫 0381 刑初 414 号	刑附民	检察院	勘探修复工程费用 + 赔礼道歉	判决	支持

续表

序号	案号	案件类型	起诉主体	诉讼请求	结案方式	诉讼结果
9	〔2020〕苏0830刑初30号	刑附民	检察院	抢救性考古费用+赔礼道歉	判决	支持
10	〔2018〕冀0125刑初116号	刑附民	检察院	替代性修复费用	判决	支持
11	〔2021〕豫0302刑初155号	刑附民	检察院	文物勘探费用+赔礼道歉	判决	支持
12	〔2019〕青2822刑初20号	刑附民	检察院	后期维护文物保护费+盗洞回填费用+赔礼道歉	判决	支持
13	〔2021〕渝0114刑初203号	刑附民	检察院	文物保护修复费+赔礼道歉	判决	支持
14	〔2018〕晋0427刑初135号	刑附民	检察院	经济损失	判决	支持
15	最高检文物和文化遗产保护公益诉讼典型案例之一	刑附民	检察院	修复费用+赔礼道歉	判决	支持
16	最高法发布15起保护文物和文化遗产典型案例之八	刑附民	检察院	修复费用40.64万元+盗洞回填费用2400元	判决	公益赔偿金40.88万元
17	最高法发布15起保护文物和文化遗产典型案例之七	刑附民	检察院	古墓修复费用+鉴定评估费用	调解	签订附带民事赔偿协议

续表

序号	案号	案件类型	起诉主体	诉讼请求	结案方式	诉讼结果
18	〔2020〕赣0222刑初24号	刑附民	检察院	基础整修＋聘请专家费＋赔礼道歉	判决	支持
19	泰山区故意损毁文物案	刑附民	检察院	生态修复评估费＋生态环境服务功能损失（采用公益劳务代偿方式）	判决	支持
20	〔2020〕黔06民初59号	民事公益诉讼	检察院	进行修复或替代性修复（提供2年无偿劳动）	判决	支持
21	针对〔2021〕赣1027刑初8号刑事案	民事公益诉讼	检察院	门楼修复费、人文生态环境服务功能损失300000元及鉴定费用	判决	支持
22	最高法发布15起保护文物和文化遗产典型案例之九	民事公益诉讼	检察院	修复费用＋勘察设计费＋惩罚性赔偿金50000元＋赔礼道歉	判决	惩罚性赔偿金25000元＋支持其他
23	最高法发布15起保护文物和文化遗产典型案例之十	民事公益诉讼	检察院	停止侵害＋限期拆除＋修复或修复费用，赔偿生态功能损失＋支付惩罚性赔偿金528397.81元＋鉴定费＋赔礼道歉	判决	支持
24	〔2020〕豫民终51号	民事公益诉讼	绿发会	停止侵害＋修复生态环境（包括不可移动文物）或修复费用＋赔礼道歉＋必要费用	调解	停止施工恢复原状＋实际损害另行解决＋必要费用

续表

序号	案号	案件类型	起诉主体	诉讼请求	结案方式	诉讼结果
25	〔2019〕豫民终1607号	民事公益诉讼	绿发会	恢复原状+替代性修复或修复费用+赔礼道歉+必要费用	判决	生态服务功能损失20万元用于市生态环境保护工作+赔礼道歉+必要费用
26	首例不可移动文物方面的环境公益诉讼（马固村）	民事公益诉讼	绿发会	未知	调解	原地保护+重新规划+建市民文化中心
27	中国绿发会保护恩宁路人文遗迹民事公益诉讼	民事公益诉讼	绿发会	停止毁损+修复或承担修复费用；赔偿损失+承担生态服务功能损失两倍的惩罚性赔偿+赔礼道歉必要费用	未知	未知
28	针对义顺巷民居、泗阳公馆等不可移动文物拆迁案	民事公益诉讼	绿发会	原址保护，按照修缮方案修复，已经拆除不可移动文物在建成后的历史文化街区中复建	和解	签订和解协议

（二）特征分析

本文通过详细梳理上述案件的图表及数据，分析出目前涉及人文遗迹诉讼以及适用惩罚性赔偿的案件具有以下几点特征：

一是涉及人文遗迹民事公益诉讼的主体主要有两个：人民检察院

和中国生物多样性保护与绿色发展基金会（简称绿发会）。检察院提起的民事公益诉讼数量多于绿发会，主要表现形式是刑事附带民事公益诉讼。

二是民事公益诉讼中请求的法定赔偿大多是已经实际支出的勘探、修复、填补及聘请专家的费用，并不能实际弥补人文遗迹被破坏所造成的损失。有些法定赔偿已经带有惩罚性质，例如后期维护文物保护费、公益赔偿金及人文生态环境服务功能损失等。而惩罚性赔偿金的赔偿标准也不明确统一，一例惩罚性赔偿金数额直接等同于生态环境功能损失费用[1]，另一例则通过专家评估方式确定人文遗迹民事公益诉讼惩罚性赔偿金数额。[2]还有地方法院创新用劳务代偿等替代性修复的形式来承担惩罚性赔偿金[3]。

三是鉴定未准确评估所损害的人文遗迹价值。表 10-1 所列的 94 件妨害文物管理类刑事诉讼案件中，只有 68 件案件对案涉人文遗迹的损失价值进行鉴定，而且不是所有案件都按照国家文物局指定的机构开展受损害人文遗迹的鉴定和价值认定工作。

四是涉及人文遗迹的刑事诉讼案件共 3006 件，超过半数的刑事案件在判处刑罚的同时均对被告人宣告缓刑，有些甚至免予处罚或单处罚金。

五是涉及人文遗迹的刑事诉讼案件中仅 19 起涉及刑事附带民事

---

1. 最高人民法院发布 15 起依法保护文物和文化遗产典型案例之十。
2.《随意留痕　教训"深刻"——梵净山金顶刻字案入选最高院发布依法保护文物和文化遗产典型案例》，搜狐网，https://www.sohu.com/a/643653474_121106687，2024-04-17。
3. 杨胜刚侵权责任纠纷一审民事判决书，贵州省铜仁地区中级人民法院〔2020〕黔 06 民初 59 号民事判决书。

公益诉讼案件，即故意毁损文物罪 2 件，盗掘古文化遗址、古墓葬罪 15 件。另检索到人文遗迹民事公益诉讼案件 8 件，失火罪、故意毁坏财物罪及盗窃罪附带民事诉讼各 1 件，上述案件中适用惩罚性赔偿制度的案件仅有 2 件。可知涉及人文遗迹的刑事诉讼案件数量远超民事公益诉讼案件。

六是上述案件中有的案件是以调解结案，调解协议的执行情况被法院用作考量刑事处罚的因素和依据。

七是有些案件既侵犯了公共利益，还侵犯了人文遗迹所有权人的私人利益，如承租人擅自将承租的被列为不可移动文物的民居装修，刑事判决被告人为故意毁损文物罪，但该民居所有权人的私益并未得到保护。

八是各项判决赔偿金的归属及用途不统一，有些归于文物局用于维护文物，还有些归于政府用于维护全市的生态环境保护，还有一案件只判决赔偿给当地村经济损失[1]。

四、人文遗迹民事公益诉讼适用惩罚性赔偿应注意的问题

（一）惩罚性赔偿金的赔偿数额如何确定

惩罚性赔偿金数额的确定需要考虑的因素包括计算基数、侵权人的行为情况以及倍数设置。计算基数是人文遗迹受到的损害的金

1. 刘学兵盗窃罪一审刑事判决书，山西省壶关县人民法院〔2018〕晋 0427 刑初 135 号刑事判决书。

额，重点是损害包括的具体内容和如何进行评估计算。侵权人的行为情况主要包括侵权人的恶意程度、侵权人因破坏人文遗迹行为所获得的利益或者侵权人所采取的修复措施及其效果等，也应适当考虑侵权人的财务状况。倍数设置就是在计算基数基础上需要乘以的倍数。

对此，从现行法律无法得到确定的答案。民法典中没有明确规定环境侵权案件中计算惩罚性赔偿金数额的标准，只规定有权请求相应的惩罚性赔偿。《生态环境惩罚性赔偿解释》第十二条确定了公益诉讼惩罚性赔偿金数额的计算基数，即以生态环境受损至修复完成期间服务功能丧失以及功能永久性损害造成的损失数额，而未规定最高和最低赔偿限额以及倍数设置。侵权人行为状况只在第十条进行了概括性说明，没有提供详细的指引。

在人文遗迹侵权案件中，计算惩罚性赔偿金需要综合考虑人文遗迹周边的生态环境价值以及其本身体现的人文价值，并根据具体损害情况来确定计算基数。尽管人文遗迹周边的生态环境价值有可能恢复，但被破坏的人文价值通常情况下难以恢复。因此，惩罚性赔偿金的计算尤其要重视人文遗迹在人文服务方面的功能损失和永久性损害，以更好地体现人文遗迹具有的人文价值。在这方面，人文遗迹民事公益诉讼惩罚性赔偿应确立最小必要数额的准则[1]，以人文遗迹的人文价值、周边环境受到损害至修复完成期间服务功能丧失导致的损失，以及永久性损害造成的损失数额作为计算基数。

1. 单平基：《环境民事公益诉讼惩罚性赔偿的适用及规制》，《政法论坛》2023 年第 6 期。

如何评估这些损失的数额又是一个需要解决的问题。人文遗迹具备的人文服务功能在性质上更不同于生态环境具备的生态服务功能，所以难以直接套用生态环境损害评估标准体系来衡量人文遗迹公共利益实际损害的程度。可以依据《环境损害鉴定评估推荐方法》（第 2 版）中推荐的条件价值方法并按照《生态环境损害鉴定评估技术指南总纲》中的程序来对人文遗迹的生态服务价值进行评估；可以参照刑事法律规范中有关妨害文物管理犯罪的相关规定对人文遗迹本身的人文价值来进行评估。对造成一定数量人文遗迹的损毁，以及破坏特定领域或者多次损害人文遗迹的行为，可以认定为“造成严重后果”。

可以建立专门的人文遗迹损害鉴定评估制度。制定专业的技术性规范，规定评估机构资质，对人文遗迹鉴定的制度架构、应当纳入鉴定评估的事项、鉴定机构的资质以及进行人文遗迹评估的程序流程进行规范。在确定人文遗迹及人文价值服务功能损失的过程中，可以多部门协作、专家辅助，对评估测算结果进行实质性审查，减少评估结果与实际损失之间的误差，灵活运用测算方法进行合理规范的测算，在此基础上平衡各种价值，保证惩罚性赔偿金额确定的公正合理。[1]各地的人文遗迹保护行政机构和保护组织可以与环保部门和保护组织之间进行交流沟通，构建人文遗迹民事公益诉讼专家库，共同推荐资深专家学者为人文遗迹民事公益诉讼提供专家意见，在案件审理以及开庭过程中为受损人文遗迹的多维价值进行全方位的专业评估和解

---

1. 张锋、孙萧宇：《环境公益诉讼惩罚性赔偿制度适用研究——兼评〈最高人民法院关于审理生态环境侵权纠纷案件适用惩罚性赔偿的解释〉》，《山东法官培训学院学报》2022 年第 2 期。

释，为法官和社会公众阐明人文遗迹的重要性以及损害人文遗迹行为的危害性和严重性。

由于计算基数不同，《生态环境惩罚性赔偿解释》对私益诉讼惩罚性数额的区间倍数不能作为判定公益诉讼惩罚性赔偿区间倍数的依据。为避免法官在人文遗迹民事公益诉讼中惩罚性赔偿金的自由裁量权过大，需要在明确定义计算基数的基础上，结合人文遗迹特点进一步确定合理的区间倍数。不同案件中损失费用差别明显，可能出现基数较大但其他情节较轻的情况，因此不宜设置惩罚性赔偿金的最低限额。如果在立法中明确规定惩罚性赔偿最高数额，虽然能预防侵权人破产的情况，但也无法起到惩罚、遏制犯罪的作用，导致丧失其制度功能，所以也不宜明确惩罚性赔偿最高限额。[1]

根据对现有规范的惩罚性赔偿计算基数与倍数（见表 10-3）进行梳理，发现惩罚性赔偿金数额没有设置最高限额，也没有设置最低限额，只有在知识产权领域难以确定损失、所获利益以及使用费倍数的情况下才设置了最高和最低限额。此外，根据学者调查，各地方法院多在 0.1—3 倍的范围内确定生态环境损害惩罚性赔偿金的倍数。[2] 因此，有必要进一步研究和探讨如何在保持灵活性的同时建立更具体的数额限定框架，以便更好地实现人文遗迹民事公益诉讼中惩罚性赔偿制度的预防和惩罚效果。

---

1. 周骁然：《论环境民事公益诉讼中惩罚性赔偿制度的构建》，《中南大学学报》（社会科学版）2018 年第 2 期。
2. 孙佑海、张净雪：《生态环境损害惩罚性赔偿的证成与适用》，《中国政法大学学报》2022 年第 1 期。

表 10-3　现有规范惩罚性赔偿计算基数与倍数统计

<table>
<tr><th>序号</th><th>规范名称及条文</th><th>计算基数</th><th>计算倍数</th></tr>
<tr><td>1</td><td>《消费者权益保护法》第五十五条</td><td>所受损失</td><td>二倍以下</td></tr>
<tr><td>2</td><td>《旅游法》第七十条</td><td>旅游费用</td><td>一倍以上
三倍以下</td></tr>
<tr><td>3</td><td>《电子商务法》第四十二条</td><td>所受损失</td><td>加倍承担</td></tr>
<tr><td rowspan="2">4</td><td rowspan="2">《商标法》第六十三条</td><td>实际损失 / 侵权获益 / 商标许可使用费倍数</td><td>一倍以上
五倍以下</td></tr>
<tr><td>难以确定</td><td>五百万元以下</td></tr>
<tr><td>5</td><td>《反不正当竞争法》第十七条</td><td>实际损失 / 侵权获益</td><td>一倍以上
五倍以下</td></tr>
<tr><td rowspan="3">6</td><td rowspan="3">《食品安全法》第一百四十八条</td><td>价款</td><td>十倍</td></tr>
<tr><td>损失</td><td>三倍</td></tr>
<tr><td colspan="2">赔偿金额不足一千元的，为一千元</td></tr>
<tr><td rowspan="3">7</td><td rowspan="3">《药品管理法》第一百四十四条</td><td>价款</td><td>十倍</td></tr>
<tr><td>损失</td><td>三倍</td></tr>
<tr><td colspan="2">赔偿金额不足一千元的，为一千元</td></tr>
<tr><td rowspan="2">8</td><td rowspan="2">《专利法》第七十一条</td><td>实际损失 / 侵权获益 / 专利许可使用费倍数</td><td>一倍以上
五倍以下</td></tr>
<tr><td>难以确定</td><td>三万元以上
五百万元以下</td></tr>
<tr><td rowspan="2">9</td><td rowspan="2">《著作权法》第五十四条</td><td>实际损失 / 侵权获益 / 权利使用费</td><td>一倍以上
五倍以下</td></tr>
<tr><td>难以确定</td><td>五百元以上
五百万元以下</td></tr>
<tr><td rowspan="2">10</td><td rowspan="2">《种子法》第七十二条</td><td>实际损失 / 侵权获益 / 该植物新品种权许可使用费倍数</td><td>一倍以上
五倍以下</td></tr>
<tr><td>难以确定</td><td>五百万元以下</td></tr>
<tr><td>11</td><td>《生态环境侵权纠纷案件惩罚性赔偿解释》第九、十条</td><td>人身损害赔偿金 / 财产损失数额</td><td>不超过二倍</td></tr>
</table>

由于人文遗迹的侵权行为可能导致人文遗迹与环境功能存在潜在且周期性的损失，现有技术可能无法精准检测损害后果。因此，人文遗迹民事公益诉讼惩罚性赔偿金作为一种兜底式的救济方式，适宜采用浮动倍数的计算方式，以人文遗迹的人文价值、周边环境受到损害至修复完成期间服务功能丧失导致的损失，以及永久性损害造成的损失数额（计算基数）的数倍以上至数倍以下作为惩罚性赔偿金的衡量幅度，不设上限和下限，由法官根据具体案情进行自由裁量。

在确定最终适用的倍数范围时，法院需要综合考量多种因素的影响，并进行相应的系数调整，以避免过高或过低的赔偿额。除了侵权人的主观恶性程度、危害后果程度、经济状况等因素外，还应根据案件事实、行为违法性质、人文遗迹种类、侵权行为的情节和程度、侵权人获益状况、认知水平以及是否采取积极补救措施等因素进行综合考量。当某些因素对惩罚性赔偿金数额产生积极影响时，应结合惩罚性赔偿的惩罚和威慑功能来支持相应的惩罚性赔偿金数额；而当某些因素对惩罚性赔偿金数额产生特殊强烈影响时，也应支持采用更高的倍数[1]，以确保赔偿金额能够恰当地反映侵权行为的严重性和社会公共利益的保护。[2]

（二）责任聚合时的不同责任如何处理

在刑事附带民事环境公益诉讼中，通常先在刑事诉讼审理时确认

1. 朱晓峰：《论〈民法典〉对惩罚性赔偿的适用控制》，《暨南学报》（哲学社会科学版）2020 年第 11 期。
2. 钟瑞友、王波、路志鹏：《环境民事公益诉讼中的惩罚性赔偿制度探究》，《中国检察官》2023 年第 15 期。

犯罪事实再进行民事诉讼审理。但由于对人文遗迹的损害评估和证据采集需要更长时间，往往会导致刑事及民事诉讼分开审理，甚至有些案件并没有提起附带民事诉讼。《行政处罚法》建立了“没收违法所得＋罚款”二元财产罚架构，同时《环境保护法》第五十九条规定了按日连续处罚制度。然而，这些制度适用范围小、类别少，人文遗迹民事侵权案件无法适用按日连续处罚，大多数行为人在行政执法程序中被处以的罚款金额不高，行政罚款无法实现惩罚功能。[1]

因此，只有综合适用人文遗迹行政处罚、刑事制裁和惩罚性赔偿金，才能够增强对人文遗迹损害行为的威慑力[2]，才能达到处罚恶意侵权人、救济人文遗迹损害的作用。多元责任体系可能导致侵权人承担过重或不成比例的责任，但这只是法律技术问题。[3]《生态环境惩罚性赔偿解释》第十条规定：“因同一行为已经被处以罚款或被判处罚金，侵权人不可以主张免除惩罚性赔偿责任，但在确定惩罚性赔偿金数额时可以综合考虑。”也就是说行政罚款、刑事罚金可以和惩罚性赔偿金并处。这是由于人文遗迹侵权案件通常涉及不同性质的法律关系，因为同一破坏行为可能既触犯刑法又触犯民法，或者既触犯环境保护法又触犯文物保护法，因此会出现民刑交叉、民行交叉、刑行交叉等导致的多种处罚并存的现象。[4]

---

1. 吴卫星、何钰琳：《论惩罚性赔偿在生态环境损害赔偿诉讼中的审慎适用》，《南京社会科学》2021 年第 9 期。
2. 刘艳红：《民法典绿色原则对刑法环境犯罪认定的影响》，《中国刑事法杂志》2020 年第 6 期。
3. 程玉：《内外关系视角下生态环境侵权惩罚性赔偿制度的完善》，《南京工业大学学报》（社会科学版）2023 年第 3 期。
4. 王继恒：《决胜绿色法庭：生态文明建设司法保障机制研究》，中国社会科学出版社 2021 年版，第 166 页。

引入惩罚性赔偿制度的目的不是为了替代行政罚款、刑事罚金，也不是要重复追究侵权人责任。[1] 因此，在确定惩罚性赔偿金数额时，要将行政处罚和刑事处罚作为考量惩罚性赔偿诉求与数额的重要因素。不能泛化适用惩罚性赔偿导致“一事数罚”，需甄别和厘清几项责任的适用条件、赔偿范围和承担顺位。既要充分重视惩罚性赔偿的惩罚和威慑功能，也要关注这种功能的适度性和科学性，防止畸高畸低、泛化或滥用。[2] 在行政处罚或刑罚已经实现威慑目的、能够实质性地惩罚恶意侵权人时，就无需适用惩罚性赔偿。若行政罚款与刑事罚金在先，前期经过行政罚款、刑事罚金、补偿性赔偿等方式不足以实现对人文遗迹侵权人的制裁、威慑与预防功能，也无法弥补人文遗迹和人文价值的损失，或者在未适用行政罚款和刑事罚金的情况下，可以考虑在比例原则、罚过相当原则的前提下，在人文遗迹民事公益诉讼中借由惩罚性赔偿以实现其功能[3]，适用恰当的抵扣规则全面、综合分配其承担的各项责任。[4] 现行立法已经严格限制适用惩罚性赔偿的构成要件，设定了较高的门槛，所以在考虑相关考量因素后按照合理计算方法确定惩罚性赔偿金数额，既不会加重侵权人负担，也不会罚过不相当。

1. 单平基：《环境民事公益诉讼惩罚性赔偿的适用及规制》，《政法论坛》2023 年第 6 期。
2. 最高人民检察院、最高人民法院、农业农村部等关于《探索建立食品安全民事公益诉讼惩罚性赔偿制度座谈会会议纪要》。
3. 钟瑞友、王波、路志鹏：《环境民事公益诉讼中的惩罚性赔偿制度探究》，《中国检察官》2023 年第 15 期。
4. 吴卫星、何钰琳：《论惩罚性赔偿在生态环境损害赔偿诉讼中的审慎适用》，《南京社会科学》2021 年第 9 期。

（三）与私益诉讼惩罚性赔偿如何衔接

破坏人文遗迹行为是指对古迹、建筑群、遗址等人文遗迹进行破坏的行为[1]，这种行为涉及“人—人文遗迹—人”之间的互动性。[2]侵权人实施的破坏人文遗迹的行为具有二元性，既包含在民法上的个人行为，也涉及环境法上“人—人文遗迹—人”的互动行为，这种行为可能导致人文遗迹的人文价值以及景观多样性或生态环境价值受损，也可能通过人文遗迹对其所有人的私人财产、人身或精神造成损害。我国的人文遗迹所有权归属分为国家所有、集体所有和私人所有三类，大多数人文遗迹属于国家所有，在新中国成立后部分近现代重要革命史迹成为农村集体所有的财产，许多古建筑，如各地留存着的古代祠庙、古祠堂、古民居等也属于集体所有。此外，一些少数民族聚居村落的公共建筑物，如藏羌碉楼等，也属于集体所有。私人也有权拥有一些纪念建筑物及古建筑等人文遗迹。[3]因破坏人文遗迹行为而受损害的主体既包括在私法上的个人，也包括在环境法上的人类，特选取五个案例来分析（见表 10-4）。有时，这种行为可能同时对“个人”“人文遗迹”以及“人类”造成损害（如案例 1、2、5），侵害了村集体对人文遗迹的所有权以及该人文遗迹本身具有的文化和历史价值；有时则只对“人文遗迹”和“人类”造成损害，而没有对具体的“人”造成损害（如案例 3、4）。此时人文遗迹侵权案件呈现出了

1. 最高人民法院环境资源审判庭编著：《最高人民法院生态环境侵权禁止令保全措施惩罚性赔偿司法解释的理解与适用》，法律出版社 2023 年版，第 186 页。
2. 吕忠梅主编：《环境法学概要》，法律出版社 2016 年版，第 102 页。
3. 王云霞主编：《文化遗产法学：框架与使命》中国环境出版社 2013 年版，第 138—150 页。

公益与私益相互交织的复合型特征，[1]保护人文遗迹也应当同时保护民法上个人的人身、财产等权益以及人文遗迹本身及周边环境的公共利益。因此，人文遗迹侵权具有二元性，其原因行为、损害后果、救济主体和价值目标都具有二元性。

表 10-4　破坏人文遗迹受损害主体种类案例

序号	案　号	案件具体事由
1	〔2018〕晋 0427 刑初 135 号	使用工具盗窃某村某庙清代遗构斗拱等古建筑构件十余件，造成某村某庙破坏严重。
2	〔2021〕赣 1027 刑初 8 号	盗窃某村门楼上石匾，造成该石匾掉落摔断。同月又偷盗另一村门楼上石匾，造成石匾摔断以及门楼整体性垮塌，出售至今未追回。
3	最高人民法院发布 15 起依法保护文物和文化遗产典型案例之九	使用登山手杖在省级文物保护单位摩崖石壁处进行刻划。不听其他游客提醒、劝阻，仍执意在该石壁处刻留“丽水陈国”字样。
4	最高人民法院发布 15 起依法保护文物和文化遗产典型案例之十	某公司工厂建筑及道路位于全国重点文物保护单位范围及建设控制地带内，两次行政处罚仍未停建，后又扩建。对古长城遗迹以及周边生态环境造成损害。
5	首例不可移动文物方面的环境公益诉讼（马固村）	某区政府对原马固村整体搬迁，除宗祠、关帝庙外，其他 5 处不可移动文物被拆除。

我国的司法实践通常认为环境民事公益诉讼和私益诉讼是相互独立的诉讼，因此不宜合并审理，以此避免拖延诉讼并提高诉讼效率。

1. 吴如巧、雷嘉、郭成：《论环境民事公益诉讼与私益诉讼的共通性——以最高人民法院相关司法解释为视角的分析》，《重庆大学学报》（社会科学版）2019 年第 5 期。

考虑到公益与私益诉讼之间存在很大程度的共通性以及私益诉讼原告的经济条件与举证能力相对不足等原因，环境民事公益诉讼设置了方便私益诉讼原告的“搭便车”制度，允许私益诉讼原告在诉讼中主张直接适用公益诉讼生效裁判中有利的认定。[1] 然而，公益私益分离式救济模式过于强调公共利益与私人利益的差异，司法解释相关规定也只考虑公益诉讼提起在先，私益诉讼提起在后的情形，并未将私益诉讼提起在先以及两者同时提起等情形纳入考虑范畴，人文遗迹民事公益诉讼与私益诉讼之间仍存在脱节。

在现实中，人文遗迹案件往往涉及较大的赔偿金额，侵权人的赔偿能力也有限，导致在公益诉讼与私益诉讼分开审理的情况下，尽管法律和司法解释均明确了“优先承担民事责任”的原则，我国人文遗迹司法实践中仍只注重救济受损人文遗迹公益，缺乏对同一侵权行为造成的人文遗迹私益损害的足够关注，忽视了人文遗迹因素的二元性。[2] 有学者对现有生态环境侵权惩罚性赔偿判决的适用范围作了分析统计，发现人民法院支持公益侵权的惩罚性赔偿甚至突破了法不溯及既往原则，而法院对私益侵权中适用惩罚性赔偿存在一定的忌惮，表明人文遗迹私益的救济力量相对薄弱。所以如果在人文遗迹公益诉讼在先作出判决且获得履行，对受损的人文遗迹公益优先进行救济，那些因同一人文遗迹侵权行为造成的、尚未进入司法程序的人文遗迹

1.《规范环境公益案件审理　切实维护环境公共利益——最高人民法院环境资源审判庭负责人就〈关于审理环境民事公益诉讼案件适用法律若干问题的解释〉答记者问》，中国法院网，https://www.chinacourt.org/article/detail/2015/01/id/1529356.shtml，2024-04-17。

2. 陈广华、缪宗崇：《环境民事公益诉讼和私益诉讼融合研究》，《河南社会科学》2021 年第 11 期。

私益损害可能面临救济能力不足的情况，则违反了现有法律及司法解释对“优先承担民事责任”原则的规定。[1]另外，实践中还普遍存在将私益损害杂糅进公益诉讼进行救济的情形，这就导致人文遗迹侵权的二元性被混同。[2]

那么，两者如何衔接呢？如果事先已经适用了私益惩罚性赔偿，那么，在之后人文遗迹民事公益诉讼中，应先根据法律规定和相关考量因素合理确定惩罚性赔偿金数额，再扣除在先私益诉讼中已由侵权人承担的数额。这样的折抵规则可以更好地保护人文遗迹公共利益，确保人文遗迹损害得到有效修复和补偿。如果人文遗迹公益惩罚性赔偿先行适用，在后审理的人文遗迹私益诉讼即便符合惩罚性赔偿适用条件，也无需再适用惩罚性赔偿。因为私益惩罚性赔偿金的主要目的是激励私主体维护环境公益，而在先适用的公益惩罚性赔偿已经充分实现该目的，此时私主体也不再具备获得惩罚性赔偿的正当性。另外，先行审理的公益诉讼已经向社会公众揭示了侵权人的违法事实和证据，这降低了私益诉讼的举证难度，可能会引发大量私益诉讼。在先的公益诉讼已经降低了私益诉讼的成本，传统的补偿性赔偿已经足以弥补受害者的损失，若再适用环境私益惩罚性赔偿，将会对侵权人产生实质上的不公。[3]

---

1. 秦天宝：《我国环境民事公益诉讼与私益诉讼的衔接》，《人民司法（应用）》2016 年第 19 期。
2. 何江：《生态环境侵权惩罚性赔偿的二元性展开》，《法商研究》2023 年第 6 期。
3. 高利红：《生态环境损害惩罚性赔偿严格审慎原则之适用》，《政治与法律》2023 年第 10 期。

（四）惩罚性赔偿金如何管理和使用

各地对环境公益诉讼中损害赔偿及惩罚性赔偿金的管理和使用方式存在差异。一些地区尝试创新使用公益信托形式，委托第三方公益基金会或信托管理进行生态修复，而另一些地区则将这些资金纳入地方政府财政管理预算，开设专项资金专门账户进行统一核算和管理。此外，法院对惩罚性赔偿金的归属也存在不一致的情况，有的判决将资金存入法院账户，而有的则存入检察院指定账户。

人文遗迹民事公益诉讼惩罚性赔偿是为了人文遗迹领域的公共利益保护而设立的。除了利用惩罚性赔偿金发挥惩罚和威慑作用来遏制人文遗迹侵权行为外，在执行中也要特别注重惩罚性赔偿金的公益功能。在人文遗迹民事公益诉讼胜诉后执行惩罚性赔偿金时，应该将公益保护作为指导原则，将惩罚性赔偿金用于修复和救济受侵害的人文遗迹公共利益。因此，将赔偿金上缴国库不能体现其特有的公益属性。同样地，将赔偿金交给因侵权人侵权行为而受损害的特定群体也只是对私人的救济，不符合赔偿金的公益性质。此外，作为请求主体的检察机关应该在司法层面维护公共利益，而不是直接参与对公共利益的修复和保护，因此将赔偿金交给检察机关也不是最佳选择。符合法定起诉条件的环保组织虽然直接参与对公共利益的保护，但作为公益性社会组织，在保管和使用巨额惩罚性赔偿金上可能存在中立性和独立性不足的问题，对人文遗迹的保护也可能存在专业性不足的问题。

因此，对于人文遗迹民事公益诉讼中惩罚性赔偿金的分配和管理，应当建立以政府人文遗迹保护管理机构为主导、第三方专业机构实际运营，以检察机关监督为主、社会公益组织和社会公众共同监督的人文遗迹惩罚性赔偿金管理模式。[1]可以参照《探索建立食品安全民事公益诉讼惩罚性赔偿制度座谈会会议纪要》，探索将惩罚性赔偿金纳入专门公益基金账户，采用第三方公益信托方式进行统一管理，以确保专款专用，用于统筹人文遗迹保护与周边环境修复工作。在各组织和机构之间建立信息沟通机制，将惩罚性赔偿金的使用项目和金额进行公示，方便公众监督[2]，以保证正当性、合理性与实效性为前提。

---

1. 张陈果：《环境民事公益诉讼损害赔偿金去向的经验归纳与制度构建》，《暨南学报》（哲学社会科学版）2022 年第 9 期。
2. 万世花：《法经济学视域中民事公益诉讼与惩罚性赔偿分立之证成》，《中财法律评论》2023 年，第 77—103 页。

第十一章
生态产品维护保障的资金源：慈善信托下的生态环境损害赔偿金

生态产品维护保障需要资金支持，而生态环境损害赔偿金是其重要来源。本章指出，环境损害赔偿责任的承担，除经过磋商通过协议商定之外，多数环境损害赔偿责任的分配是司法判决的结果。环境公益诉讼产生的赔偿金的性质、归属、使用方案等均为立法空白，司法实践中的各类处理方式也积弊甚多。如何合理、合法、最大化地利用该笔资金反哺生态环境，已成为急需解决的难题。在我国《慈善法》修正后公布的基础上，构建慈善信托制度下的公益基金会成为可行的路径，也能为当下环境损害赔偿金的最优化利用提供合理方式。

生态产品要实现其价值，有着不同的途径。有的生态产品可以通过市场来实现其价值，比如碳汇交易制度。人们通过购买碳汇，需要种植树木，实现了森林面积的增长，碳汇体现了生态产品的价值。有的则可以通过行政程序、司法程序要求破坏生态环境的主体进行赔偿，从而运用赔偿金进行生态修复，生态环境损害赔偿金也体现了生态产品的价值。这种方式要实现生态产品的价值，关键是生态环境损害赔偿金得到合理的使用。本章主要分析通过信托方式管理生态环境损害赔偿金的可行性，使生态损害赔偿金发挥恢复生态系统服务的作用。

一、引言

联合国于2015年提出了17项可持续发展目标（Sustainable Development Goals），其中第12项目标“可持续的消费和生产”（Sustainable Consumption and Production）要求之一便是：在化学品和所有废物的整个生命周期内对其进行无害化管理，并大幅减少其在空气、水和土壤中的释放量，以最大限度地减少其对人类健康和环境的不利影响。[1]党的二十大报告也再次明确，“必须牢固树立和践行绿水青山就是金山银山的理念”。在环境问题频发的当下，通过对造成环境污染的主体提起环境诉讼并判罚赔偿金是在司法领域践行绿色发展和保护环境的基本方式。一些环境诉讼案件的判决赔偿金额较大，例如“泰州市环保联合会诉泰兴锦汇等6家企业案”涉及的赔偿金额高达1.6亿元；“绿发会诉宁夏腾格里沙漠污染公益诉讼案”的调解赔偿金额更是高达5.69亿元+600万元。[2]如此巨额的生态损害赔偿金的归属

1. Target 12.4 of Sustainable Development Goals: By 2020，achieve the environmentally sound management of chemicals and all wastes throughout their life cycle，in accordance with agreed international frameworks，and significantly reduce their release to air，water and soil in order to minimize their adverse impacts on human health and the environment.
2. 参见林煜：《我国生态环境损害赔偿资金制度的困境与出路》，《中国环境管理》2019年第4期。

问题、使用问题，立法中并未给出统一的规范。[1]各地司法实践存在不一致，如在执收的主体方面，存在生态环境损害赔偿权利人（政府）及其委托部门执收、检察机关执收、法院执收等情形；在执收的账户方面，又存在财政专户、公益诉讼资金账户、国库、环境资源修复资金专用账户、人民检察院公共利益损害赔偿基金专户、人民法院刑事代管款账户、国库生态环境损害赔偿资金账户等。[2]这一混乱局面带来一系列弊端，其中最为显著的即无法使环境损害赔偿资金集约化，进而无法形成合力以专门解决特定案件的环境修复难题，最终导致资金使用的低效率和环境修复的不充分。[3]如何实现环境损害赔偿资金的高效化利用，以实际行动维护好生态环境、践行联合国可持续发展目标、守好“绿水青山”，慈善信托无疑是可行的方式之一。

1. 如《生态环境损害赔偿管理规定》第三十条“赔偿义务人造成的生态环境损害无法修复的，生态环境损害赔偿资金作为政府非税收入，实行国库集中收缴，全额上缴本级国库，纳入一般公共预算管理。赔偿权利人及其指定的部门或机构根据磋商协议或生效判决要求，结合本区域生态环境损害情况开展替代修复”，《生态环境损害赔偿资金管理办法（试行）》第六条“赔偿权利人负责生态环境损害赔偿资金使用和管理。赔偿权利人指定的相关部门、机构负责执收生态环境损害赔偿协议确定的生态环境损害赔偿资金；人民法院负责执收由人民法院生效判决确定的生态环境损害赔偿资金。生态环境损害赔偿资金作为政府非税收入，实行国库集中收缴，全额上缴赔偿权利人指定部门、机构的本级国库，纳入一般公共预算管理”。两者关于“上缴国库”的表述存在明显不同。
2. 参见丁丰、林艳、吴茜：《“固碳增汇”视域下生态环境损害赔偿资金的管理使用》，《中国检察官》2022 年 9 月 5 日。
3. 参见刘木木：《云南生态环境系统“地震”：4 个月内 16 人被通报严重违纪违法，涉两名副厅长多名局长》，《成都商报》2021 年 11 月 17 日。

二、当前生态环境损害赔偿金管理之弊

环境损害赔偿金，指经由人民法院生效判决、裁定、调解书等确定的由环境损害赔偿义务人缴纳的因其环境损害行为而需要缴纳的具有公益性质的资金。该资金的使用应主要针对特定案件中受损生态环境的修复工作；在生态环境无法修复的情况下，应开展替代性恢复，以实现生态环境及其服务功能的等量恢复。[1]因此，无论该笔资金由何种主体管理，均应以个案生态环境修复为首要目标。

针对当前司法实践中环境损害赔偿金的若干种执行账户进行分类，如表 11-1 所示：

表 11-1　司法实践中环境损害赔偿金的若干种执行账户

执行账户类别	案　　号
交付至国库	〔2016〕皖 1204 民初 2959 号、〔2016〕粤 01 民初 107 号、〔2019〕粤民终 2169 号
交付至法院指定账户	〔2018〕渝 04 民初 523 号、〔2014〕连环公民初字 2 号、〔2018〕冀 05 民初 35 号
交付至检察院账户	〔2017〕吉 02 民初 32 号、〔2020〕浙 11 民初 55 号
交付至财政局专项账户	〔2017〕渝 01 民初 773 号、〔2021〕浙 1126 刑初 98 号、〔2021〕浙 08 民特 6 号
交付至地方生态损害赔偿资金管理账户	〔2016〕吉 02 民初 146 号、〔2019〕浙 1127 刑初 59 号
交付至环境公益诉讼资金账户	〔2018〕苏民终 1316 号、〔2012〕昆环保民初字第 7 号

1.《生态环境损害赔偿管理规定》第九条。

续表

执行账户类别	案　　号
交付至环保组织或信托公司账户	〔2016〕京 04 民初 73 号
并未注明资金去向	〔2019〕渝 03 民初 2770 号、〔2020〕辽 14 民特 6 号

从司法判例来看，生态环境损害赔偿金的管理方式基本可分为政府管理、司法机关管理、环境公益诉讼基金管理、环保组织 / 信托公司管理四大类别。当前情况下，管理方式的不统一必然产生种种弊端：

第一，在政府管理的模式下，虽然政府及其行政机关作为资金管理主体具有一定的合理性，但是这种权力架构的集中会导致资金使用上的障碍，例如，行政机关作为资金管理主体，容易受限于繁复的行政审批流程和对行政绩效的过度追求，这会带来资金使用上的迟滞。同时，政府工作人员往往缺乏环境修复的专业性，该资金在非专业运作下未必能够妥善地解决个案环境问题。另一个不可忽视的障碍是，行政机关作为管理主体可能会在处理跨不同行政区域的生态环境损害问题上遇到挑战。这是因为生态环境损害通常受到该区域自然地理环境的影响，可能越过行政边界。[1]

第二，在司法机关管理的模式下，法院 / 检察院虽能在一定程度上加强对资金使用的监督、完善透明化机制，但仍然无法补齐环境修复专业性的短板。例如，《无锡市环保公益金管理暂行办法》规定："由无锡市中级人民法院统一负责环保公益金的收缴，资金收缴后上缴市财政专项资金账户，严格实行收支两条线管理；规范资金使用流

1. 参见楚道文、李申：《生态环境损害赔偿资金管理的主体制度》，《福州大学学报》（哲学社会科学版）2020 年第 6 期。

程，先由市中级人民法院提出申请，报市财政局审核同意后，再报市政府批准后才能拨付。”该规定下，生态环境公益金的使用介入了法院 / 检察院这一主体，有利于过程的透明化，促进资金使用的审慎决策。但是，法院 / 检察院工作人员同样不具有环境保护的专业性，很难制定出“因案制宜”的详细环境保护计划。同时，在当前“案多人少”的法院 / 检察院内部矛盾上，是否还要专门成立某个部门来管理该资金也是一大难题。因此，该方案似乎也并非此问题上的最优解。

第三，在环境公益诉讼基金管理的模式下，生态环境损害赔偿金进入环境公益诉讼基金账户，该资金便与基金账户中的过往资金混同，无法起到类似信托一样的风险分割功能。[1] 一个最典型的例证是，环境公益诉讼基金有时需要为诉讼费用支付困难的原告先行承担诉讼费用。[2] 在这种情形下，原本针对特定案件生态环境修复而判处的资金有另作他用之可能。因此，环境公益诉讼基金管理模式下，也无法真正做到“专款专用”，修复特定案件的生态环境。

第四，在“环保组织 / 信托公司”管理模式下，由民间主体管理生态损害赔偿金有利于资金的合理快速使用：一方面，环保组织在环境保护方面具有一定专业知识，且这种模式可以有效避免将资金纳入政府财政，使资金使用更加灵活透明。另一方面，若由信托公司进行管理，还能促进该笔资金的保值增值。贵州省清镇市法院曾采用类似做法，将赔偿金交由中国生物多样性保护与绿色发展基金会（简称

1. 参见王建军、燕翀、张时飞：《慈善信托法律制度运行机理及其在我国发展的障碍》,《环球法律评论》2011 年第 4 期。
2. 参见胡永观：《环境公益诉讼基金法律制度研究》,《2015 年全国环境资源法学研讨会（年会）论文集》2015 年 7 月 17 日。

"绿发会"）代管，起到了较好的效果。[1]然而，这种模式也存在局限性。环境公共利益与社会成员的个体利益在利益内容上具有差异性，具体而言，环境公共利益并非社会个体成员环境利益的简单累加，而是环境本身具有的、为大众共享的利益，[2]而我国大多数环保组织是由公众自发设立的，他们的公益性普遍较弱，将具有明显社会公益性质的生态环境损害赔偿金交由此类公益性质偏弱的组织，存在一定的不合理性，这种不合理性在信托公司中表现更为明显；且后者营利属性较强，也易产生资金滥用的道德风险。[3]

综合来看，无论是政府管理、司法机关管理、环境公益诉讼基金管理还是"环保组织 / 信托公司"管理，均无法实质性地回应特定案件的生态环境恢复诉求。此类管理模式或是囿于繁复的行政程序导致的低效率，或是缺乏资金使用监督机制，或是缺乏环境修复的专业性，或是在修复生态环境方面针对性不足，以上的种种缺陷亟待新的实践方式予以弥补。

三、新的路径：慈善信托下的环境保护基金会

最高人民法院在一些规范性文件中提出建立环境公益诉讼专项基

1.《2019 年度人民法院环境资源典型案例》，中华人民共和国最高人民法院网，https://www.court.gov.cn/zixun-xiangqing-228361.html，2023-04-02。

2. 参见张辉：《论环境民事公益诉讼的责任承担方式》，《法学论坛》2014 年第 6 期。

3. 王磊莹、张晓云：《四川信托股东挪用资金细节曝光：最早溯至 2013 年，这些项目涉及其中》，http://finance.ce.cn/bank12/scroll/202204/06/t20220406_37464413.shtml，2023-04-01。

金。《最高人民法院关于全面加强环境资源审判工作为推进生态文明建设提供有力司法保障的意见》规定："探索设立环境公益诉讼专项基金，将环境赔偿金专款用于恢复环境、修复生态、维护环境公共利益。"[1]《最高人民法院关于审理环境公益诉讼案件的工作规范（试行）》第三十六条："人民法院判令被告支付的生态环境修复费用以及生态环境服务功能损失赔偿金等款项，可以由环境公益诉讼专项基金或者专项资金账户等受领。"上述规定虽提及设立生态环境基金，但对于如何具体运作该基金却未见详述。《慈善法》规定的慈善信托制度可以成为管理基金的具体模式。

2016年制定的《慈善法》第五章规定了慈善信托制度。[2]该法明确慈善信托是公益信托，是"委托人基于慈善目的，依法将其财产委托给受托人，由受托人按照委托人意愿以受托人名义进行管理和处分，开展慈善活动的行为"。[3]以生态环境损害赔偿金进行生态修复也是一种公益活动，或者说慈善活动，因此，从法条文义上看，通过公益信托制度对生态环境损害赔偿金的管理模式予以统一标准化处理，是一种可行的路径。

事实上，将慈善信托制度引入生态环境损害赔偿金管理的做法，已有先例和构思，如在2016年"自然之友环境研究所与现代汽车（中国）投资有限公司大气污染责任纠纷案"中，被告将环境修复款120万元以慈善信托的方式委托给长安信托国际股份有限公司进行管

1. 参见2021年修订的《最高人民法院关于全面加强环境资源审判工作为推进生态文明建设提供有力司法保障的意见》，第十四条。
2. 2023年全国人大常委对《慈善法》进行了修改，对慈善信托制度进一步进行了完善。
3. 参见2023年《慈善法》第四十四条。

理，用于该案环境修复。[1]此外，最高人民法院在其2022年6月5日发布的《2021年度人民法院环境资源审判典型案例》中刊载了江西省宜春市中级人民法院〔2021〕赣民终572号民事调解案，该案中被告将其交付的40万元替代性生态环境修复资金以慈善信托的方式委托给了江西思华基金会从事替代性修复工作。同时，一些学者观点认为，可以以政府作为生态环境损害赔偿金的管理人，第三方机构专门化基金作为受托人，对该笔资金从事专门化运作。[2]还有学者提出，不仅需要成立专注于环境案件司法赔偿金领域慈善信托事业的独立法人基金会，还可以将该模式上升至国家层面，成立全国统一的生态环境司法修复资金管理机构，并在各省、市设立其分支机构，接受法院、检察院等机关的慈善信托，具体负责各地环境公益诉讼案件所判决的生态环境修复资金的管理使用。[3]

慈善信托作为起源于国外的一项制度，在历经长期的实践考验之后，仍能保持相当范围的适用，证明该制度具有社会适用的现实性。但在实践中，慈善信托的运用与上文提出的"将该笔资金以公益信托的方式委托给独立法人基金会"的设想，有所差异。

在以上案例中，对于将环境损害司法赔偿金委托给信托公司的做法，其法理基础存在以下几方面的欠缺：首先，环境损害赔偿金具有明显的公益性质，尽管信托公司具有促进资金保值增值的优势，但将

1. 北京市朝阳区自然之友环境研究所与现代汽车（中国）投资有限公司大气污染责任纠纷一审民事调解书，北京市第四中级人民法院〔2016〕京04民初73号民事调解书。
2. 参见张陈果：《环境民事公益诉讼损害赔偿金去向的经验归纳与制度构建》，《暨南学报》（哲学社会科学版）2022年第9期。
3. 参见胡淑珠：《从制裁到治理：环境公益诉讼案件生态环境修复执行机制研究》，《中国应用法学》2023年第1期。

生态环境公益性质的资金委托给从事金融行业的私人信托公司，将削弱该笔资金的生态环境修复等公益属性。其次，信托公司广泛参与投资活动，在具备较强盈利能力的同时，也难免面临较大的亏损风险。因此，将资金委托给信托公司，存在风险性。

对于主张将环境损害司法赔偿金统一收归政府国库或地方财政，再由政府通过慈善信托交由第三方基金的做法，尽管具有一定法律上的依据，[1] 但仍然存在明显缺陷。首先，上文已述，将资金收归国库或地方财政后，政府即便将该笔资金诉诸慈善信托，其仍然实质管理该资金，资金使用仍缺乏透明度；且资金运作往往难以摆脱层层审批的行政手续之束缚，不利于资金的高效使用。其次，环境损害赔偿金具有多重属性（下文详述），将该笔资金"一刀切"地交由政府管理，在法理层面缺乏合理性。

建立独立法人的环境保护基金会，再通过慈善信托的方式将资金委托给该基金会的做法，既能凸显环境损害赔偿金的公益性质，又能促进该笔资金的专业高效化使用。既有案例可以体现出其在实践上的可操作性，[2] 但缺乏系统的合理性论证，因而受到一定质疑。

四、"基金会 + 信托"之合理性探讨

最高人民法院前副院长江必新也曾就生态环境损害赔偿金的管理

1.《生态环境损害赔偿资金管理办法（试行）》第六条。

2. 相关案例如江西省浮梁县人民检察院诉浙江海蓝化工集团有限公司环境污染民事公益诉讼案，江西省浮梁县人民法院〔2020〕赣 0222 民初 796 号民事判决书。

问题提出建议，其中提及建立以省一级为单位乃至全国性的生态环境损害赔偿基金，以及探索公益信托的资金管理模式。[1] 综合来看，上述观点虽提及设立生态环境基金，但对于如何具体运作该基金却未见详述；而将慈善信托与环境基金会相结合的做法及其合理性问题，更是当前理论及实务中未曾触及的问题。故而也是本章论证之核心。

（一）慈善信托与环境损害赔偿金结合之合理性

根据《信托法》第二条，信托是指委托人基于对受托人的信任，将其财产权委托给受托人，由受托人按委托人的意愿以自己的名义，为受益人的利益或者特定目的，进行管理或者处分的行为。同时，《信托法》第六章对公益信托进行了专章规定。然而，虽然我国法律引进了信托制度，但现实中不仅普通的民事信托颇为罕见，[2] 更鲜有慈善信托的案例。

慈善信托作为一项起源于英美的制度，以其能够使资金保值增值、具备灵活简易的程序和更高的透明度，而受到慈善事业的青睐。但近年来，其发展正在逐渐式微，这主要是源自受托人信义义务的履行失败。[3] 学者曼内・杰弗里（Manne Geoffrey）认为，在非营利性组织（如基金会）中，受托人负责管理和运营组织。然而，由于非营利性组织的特殊性质，如缺乏股东机制和市场机制，受托人往往没有足够的激励来确保组织的有效管理和运营。因此，仅仅依靠受托人的信

1.《最高人民法院办公厅关于印发江必新副院长在全国法院环境公益诉讼、生态环境损害赔偿诉讼审判工作推进会上讲话的通知》（法办〔2019〕347 号），该通知在最高人民法院官网并未找到，见：https://www.mabeizhan.cn/h-nd-2281.html，2023-04-02。

2. 参见赵廉慧：《信托法解释论》，中国法制出版社 2015 年版，第 5 页。

3. 参见刘迎霜：《我国公益信托法律移植及其本土化　一种正本清源与直面当下的思考》，《中外法学》2015 年第 1 期。

义义务来监督非营利性组织已被证明是不够有效的。此外，受托人有时可能会出现自身利益与组织利益不一致的情况，这可能会导致组织遭受损失。[1]可见，如果能够督促受托人有效履行其信义义务，则慈善信托制度就更能发挥其应有的作用。

在环境损害赔偿金基金会管理模式下，我国现有的实践通常为直接将该笔资金转至基金账户下，而非设立慈善信托。[2]就环境损害赔偿金的管理而言，引进慈善信托，并将其与基金会这一慈善法人相结合具有合理性，这表现为：

第一，保障资金的稳定性和安全性。足额的生态损害赔偿金是生态环境修复的重要基础，当前，许多慈善机构存在管理不规范，导致资金的流失；而慈善信托制度具有“破产隔离功能”[3]，慈善信托一旦设立，则信托资产与受托人的自有资产分账管理，有利于确保资金的稳定性和保全性，从而避免资金混同和流失。将资金以信托的方式委托给慈善基金会而非专门从事市场化金融运作的信托公司，也有利于降低资金风险、保障资金安全。因为前者系非营利法人，其在资金运作方面采取审慎态度。[4]同时，对慈善法人进行“双重监管”，信托业务因其资金运作性质，接受国家金融监督管理总局（原银保监会）的

---

1. See Manne G A, *Agency Costs and the Oversight of Charitable Organizations*, Wisconsin Law Review, 1999, 227.
2. 最高人民法院：《指导案例 129 号：江苏省人民政府诉安徽海德化工科技有限公司生态环境损害赔偿案》，北大法宝，https://www.pkulaw.com/gac/f4b18d978bc0d1c703c304823cf7933850c9bac5774b9f4abdfb.html，2023-04-01。又如贵州省高级人民法院：《华环保联合会诉贵州黔桂天能焦化有限责任公司大气污染责任纠纷一案调解协议》，贵州省高级人民法院网，http://www.guizhoucourt.gov.cn/fgxy/27699.jhtml，2023-04-01。
3. 参见周贤日：《慈善信托：英美法例与中国探索》，《华南师范大学学报》（社会科学版）2017 年第 2 期。
4. National Council of Nonprofits, *What is a Nonprofit?* https://www.councilofnonprofits.org/what-is-a-nonprofit.

监管；慈善法人因其公益性质，接受民政部门的监管。《慈善信托管理办法》将两种制度相结合，[1]将更有利于对慈善信托事业的监督与合规化运行。

第二，比其他模式更为灵活。在个案中，基金会可以设计具体的专款专用方案，并留有调整和平衡的空间，对特定案件的环境损害进行针对性修复。这是法院/检察院专账、直接上缴国库和行政机关专账等模式所不具备的优势。将市场化运作与慈善事业相结合，通过资金的投资和管理，实现慈善事业的可持续发展和社会效益的最大化。两者的结合更有利于慈善信托事业的合规化运行。

第三，能够产生盈余和周转。若基金规模足够庞大，或直接在国家层面设立环境公益信托基金，有利于在某区域环境损害事件突发时及时拨款并迅速采取补救行动，将损失降至最小，进而提升我国环境保护的风险应对能力。在先行支付环境修复的必要费用之后，可再由相关主体提起环境公益诉讼，所得赔偿款项再回流至基金。相反，若任由环境损害事件发生，在环境损害结果既已发生之后，再通过提起环境诉讼的方式取得赔偿金用于环境修复，则未免为时已晚。

在环境慈善信托制度下，股东机制和市场机制的引入并非促使受托人履行信义义务的必要条件，在环境损害赔偿金管理领域一味强调市场机制，将不可避免地带来种种弊端。规范该笔资金的使用、厘清受托人的权责界限，可以通过制定详细的受托人监察规范、激励制度来达成。因此，域外实践中体现出的慈善信托制度弊端，在我国环境

1.《慈善信托管理办法》第六条："国务院银行业监督管理机构及其派出机构、国务院民政部门及县级以上地方各级人民政府民政部门根据各自法定职责对慈善信托实施监督管理。"

损害赔偿金管理领域则可被有效克服。此外，若基金规模成型，也可进行先行支付以及时采取环境补救措施，进而提升整体的环境风险应对能力；这更加印证了该制度引进的合理性。

（二）慈善信托基金会受托赔偿金之合理性

慈善信托制度固然有其优势，但该优势尚无法充分佐证基金会作为生态损害赔偿金慈善信托受托人的合理性，基金会的法律性质和赔偿金的法律性质均有待进一步明确。

1. 环境保护基金会的法律性质的合理性

环境保护基金会作为非营利性组织，在法律上可以定义为财团法人，[1] 财团法人是指具有特定目的，依照法律设立的“以资金的集合”作为其构成的机构。在财团法人的法律框架下，环境保护基金会具有其特点。第一，法人资格：环境保护基金会是依法成立的财团法人，具有法人资格，可以依法独立承担民事责任，具有独立的法律地位。第二，组织形式：环境保护基金会多采取非营利性组织的形式，如基金会、协会等。在财团法人的法律框架下，环境保护基金会需要遵守相关的组织形式规定。第三，组织目的：作为非营利性组织，环境保护基金会的组织目的是推动和开展环境保护事业、保护生态环境和自然资源、提高公众环境保护意识等。第四，财务管理：环境保护基金会的经费主要来自社会捐赠、遗赠等方式，在某些情形下，也可以与慈善信托相结合，经费来源于信托资金，需要遵守相关的财务管理规定，并遵循财务管理规范和审计合规要求。第五，税收优惠：在财

---

1. 参见赵磊、崔利宏：《基金会与公益信托关系探析——兼论公益事业组织形式的选择》，《西南民族大学学报》（人文社科版）2008 年第 9 期。

团法人的法律框架下，环境保护基金会享有一定的税收优惠政策。例如，符合条件的捐赠可以获得税收减免优惠等。第六，法律责任：作为一家非营利性组织，环境保护基金会需要遵守相关的法律法规，并承担相应的法律责任。例如，如果违反相关的税收法规或严重违背慈善信托受托人的信义义务，可能会面临罚款乃至刑事诉讼等法律后果。

值得注意的是，慈善基金会与信托公司不同，虽然两者都是独立法人，但前者系财团法人，后者系一般法人；前者多以代表社会公益为宗旨，而后者多以营利为宗旨，但在营利的同时，也面临亏损风险。因此，对于环境损害判赔资金而言，慈善基金会的模式更能满足其足额保存之目的。

2. 生态损害赔偿金归属之合理性

根据《生态环境损害赔偿资金管理办法（试行）》第二条规定，本文所指称之“经由人民法院生效司法文书确定之环境损害赔偿金”，严格来说包含两个部分，即生态环境修复资金和生态损害赔偿资金。[1] 生态环境修复资金和生态损害赔偿资金具有不同的法律性质，前者重在修复和维护受损环境本身，后者重在惩罚和环境损失补足。我国《民法典》第一千二百三十五条对此作出详细规定：“违反国家规定造成生态环境损害的，国家规定的机关或者法律规定的组织有权请求侵

1.《生态环境损害赔偿资金管理办法（试行）》第二条：“本办法所称生态环境损害赔偿资金，是指生态环境损害事件发生后，在生态环境损害无法修复或者无法完全修复以及赔偿义务人不履行义务或者不完全履行义务的情况下，由造成损害的赔偿义务人主动缴纳或者按照磋商达成的赔偿协议、法院生效判决缴纳的资金。经生态环境损害赔偿磋商协议确定或者人民法院生效法律司法文书确定，由赔偿义务人修复或者由其委托具备修复能力的社会第三方机构进行修复的，发生的生态环境损害修复费用不纳入本办法管理。”

权人赔偿下列损失和费用：（一）生态环境受到损害至修复完成期间服务功能丧失导致的损失；（二）生态环境功能永久性损害造成的损失；（三）生态环境损害调查、鉴定评估等费用；（四）清除污染、修复生态环境费用；（五）防止损害的发生和扩大所支出的合理费用。”在此项规定中，第（一）、（二）项具有明显的赔偿性质；第（四）、（五）项则应归属于环境修复资金的范畴，此外，根据《生态环境损害赔偿管理规定》第九条，替代性修复资金也应当归属于环境修复资金范畴。

同时，《民法典》第一千二百三十五条规定中的第（三）项生态环境损害调查、鉴定评估等费用虽然应当由生态赔偿义务人承担，但并不应当纳入生态环境修复资金或生态环境损害赔偿资金的范畴。原因在于，生态环境具有明显的国家性质或公共性质，该资金运用的期待结果也当然是有益于国家利益或公共利益；而生态环境损害调查、鉴定等评估费用系直接支付给相关第三方调查人、鉴定人或机构，具有明显的私益性质，因而不应与生态环境修复资金或生态环境损害赔偿资金混为一谈，也不应当纳入“生态损害赔偿金”的范畴，进而不应通过慈善信托交由基金会这一明显具有公益性质的机构管理。此外，有学者认为，《民法典》规定的环境损害惩罚性赔偿可适用于环境私益诉讼，也可以适用于环境公益诉讼；[1] 在私益诉讼中惩罚性赔偿金归属私人原告，在公益诉讼中则归属于公益基金，用于生态修复。[2] 还有学者认为，生态环境侵权惩罚性赔偿费用的归属应当同时涵盖私

1.《民法典》第一千二百三十二条：“侵权人违反法律规定故意污染环境、破坏生态造成严重后果的，被侵权人有权请求相应的惩罚性赔偿。”

2. 参见杨丽梅：《环境侵权诉讼中惩罚性赔偿的适用》，《人民法院报》2018 年 11 月 28 日。

益与公益。[1]

从性质上来看，不应将惩罚性赔偿金纳入公益范畴。根据《民法典》第一千二百三十二条的规定，惩罚性赔偿的请求权属于被侵权人，《民法典》作为私法，此处提及的“被侵权人”当然应指向私人主体；也即，只有私人主体才有环境损害惩罚性赔偿的请求权。在一般情形下，这里的私人主体多为遭受环境损害的个体公民，盖由于公民在面对污染单位、企业时较为弱势，故赋予其请求惩罚性赔偿的权利，这在《消费者权益保护法》《劳动合同法》中均可得到佐证。[2]而且，从司法解释来看，即便设定惩罚性赔偿的基础并非源自个体公民的弱势地位，相关公益性组织也无法取得该笔惩罚性赔偿金的请求权——根据《最高人民法院关于审理生态环境侵权纠纷案件适用惩罚性赔偿的解释》第二条和第十二条规定，在有关自然人、法人或者非法人组织遭受环境损害侵权时，相关公益性质的组织也只是代表其请求惩罚性赔偿，公益性组织无法取得惩罚性赔偿请求权。[3]因此，惩罚性赔偿不应纳入公共范畴，也不应纳入生态损害赔偿金的范畴。

综合来看，生态环境损害赔偿金应仅包括生态环境修复资金或生

1. 参见黄大芬、华国庆：《生态环境公益损害赔偿资金统筹监管研究》，《学术探索》2022年第4期。
2. 如《中华人民共和国消费者权益保护法》第五十五条、《中华人民共和国劳动合同法》第八十二条。
3.《最高人民法院关于审理生态环境侵权纠纷案件适用惩罚性赔偿的解释》第二条：“因环境污染、生态破坏受到损害的自然人、法人或者非法人组织，依据民法典第一千二百三十二条的规定，请求判令侵权人承担惩罚性赔偿责任的，适用本解释。”第十二条：“国家规定的机关或者法律规定的组织作为被侵权人代表，请求判令侵权人承担惩罚性赔偿责任的，人民法院可以参照前述规定予以处理。但惩罚性赔偿金数额的确定，应当以生态环境受到损害至修复完成期间服务功能丧失导致的损失、生态环境功能永久性损害造成的损失数额作为计算基数。”

态环境损害赔偿资金，而不包括环境损害调查、鉴定评估等费用和惩罚性赔偿费用。此类基于生态环境损害赔偿金的法律性质而将其以慈善信托的方式委托给基金会的模式具有合理性。

对于生态环境修复资金，有学者认为，该笔资金的支付系环境损害赔偿义务人"生态修复义务"项下的履行方式，是在其自身不能履行生态修复义务时通过委托第三方专业机构进行环境修复而给付的资金；而生态环境修复义务仅要求达到环境修复之结果，至于以何种手段达到该结果则在所不问。因此该笔环境修复资金应当属于环境损害赔偿义务人自由支配的资金，不纳入公共领域。[1] 不应将生态环境修复资金完全纳入环境损害赔偿义务人自由支配范畴的原因在于：环境损害赔偿义务人已经因其不当行为造成环境损害，尽管法院判决其承担环境修复义务，但是有何理由信赖其能够充分履行该环境修复义务？环境能否成功修复，这关系到国家利益、公共利益，而驱动其积极履行环境修复义务的唯一因素是法院判决，其本身是否有能力履行该义务，是否有可靠的渠道委托具备相应资质的第三方专业机构来履行该义务，均不得而知。其修复受损环境的可信赖性早在其实施环境破坏行为的一刻起便已存疑；国家利益、公共利益能否被妥善维护，也不得而知。况且，环境修复义务是否履行完毕，如仅依靠事后相关机构进行评估鉴定，而未充分引进修复过程中的公共监督机制进行评估鉴定，则易导致行贿受贿等暗箱操作的发生；若环境修复义务经虚假鉴定后被认为履行完毕，但实际只是敷衍了事，便又会带来更为复杂的

1. 参见王社坤、吴亦九：《生态环境修复资金管理模式的比较与选择》，载《南京工业大学学报》（社会科学版）2019 年第 1 期。

问题。因此，生态环境修复义务的履行事关国家利益、社会福祉，不应纳入生态环境修复义务人个人责任的范畴，而应纳入公共领域。事实上，实务中便有法院绕开“环境修复义务”而直接判决被告给付修复资金的情形，[1] 该做法便是生态环境修复义务“公共化”的典型例证。

生态环境损害赔偿资金主要用于弥补生态环境受到损害至修复完成期间服务功能丧失导致的损失，以及生态环境功能永久性损害造成的损失，并不直接用于受损环境的修复，系对生态服务的损失补足。由于生态服务面向社会，该资金便具有明显的公共属性，因而宜纳入公共范畴。

无论是生态环境修复资金，还是生态环境损害赔偿资金，两者共同作为生态损害赔偿金的子集，均具有明显的公共属性。因此，其管理、分配、使用应当以提升社会福祉为目标，并受社会公众监督。在国家由政府代表的情况下，自然应当由具有非营利性和公益性的民间法人组织代表社会，以慈善信托的方式接受资金委托，忠实履行资金管理之义务，接受信托监察机构和人民群众的监督，公开透明地运用该笔资金，在妥善使用生态环境修复资金的同时，高效管理生态环境损害赔偿资金。有学者提出，生态环境损害，分为生态环境要素的损害和生态功能的损害，前者的客体如生物、大气、土壤的损害，属于国家财产，后者的客体如“海洋生态”的损害，属于公共利益。因而环境损害赔偿金具有二重性，应当把两类不同性质的资金分别交由不同主体管理。[2] 该观点系自然资源国家所有权说和政府管理职能说

1. 参见最高人民法院环境资源审判庭：《最高人民法院关于环境民事公益诉讼司法解释理解与适用》，人民法院出版社 2015 年版，第 340 页。
2. 参见楚道文、李申：《生态环境损害赔偿资金管理的主体制度》，《福州大学学报》（哲学社会科学版）2020 年第 6 期。

的结合。前者主张，环境资源，无论是生态环境要素还是生态环境功能，均由国家行使所有权；后者主张，环境资源归社会公众所有，由政府代行管理职能。[1] 而该学者的观点似在问题之下又设立生态环境要素和生态环境功能的分支，即在统一判赔的生态环境修复资金和生态环境损害赔偿金之下又分别设立国家管理的资金和社会管理的资金，无疑将问题复杂化。且不论资金分配之后的统一调度和管理的问题，单就资金分配比例的计算规则而言，已是重大立法难题。事实上，环境修复的过程本就一以贯之，在修复生态环境要素的同时，生态环境功能也随之改善。

综上所述，生态环境损害赔偿金作为生态环境修复金和生态环境损害赔偿金的集合，具有公共性质，关系到社会福祉。理想状态下，以慈善信托的方式将该资金委托给代表社会利益的非营利性基金会组织，既能充分代表和切实保障社会公益，又能将该资金的运用妥善置于信托法所规定的监督机制之下，实现该资金的高效合理运用，在修复生态环境要素的同时，改善生态服务质量，处理好国家利益和社会利益的关系。

（三）类似的域外模式

1. 美国——危险物质超级信托基金

美国国会于1980年通过《环境应对、赔偿和责任综合法》（Comprehensive Environmental Response，Compensation，and Liability Act，CERCLA），设立了“危险物质超级信托基金”（Hazardous Substance

1. 参见徐祥民、巩固：《环境损害中的损害及其防治研究——兼论环境法的特征》，《社会科学战线》2007年第5期。

Superfund Trust Fund)。[1] 在无法找到环境损害责任方，或其无法支付环境损害赔偿费用的情况下，该基金的设立可以为联邦政府提供资金以修复受污染的环境。该基金起初具有对特定项目的征税权，[2] 但该征税权于 1995 年失效。此后，其资金主要来源于美国财政部。该基金以信托方式受托并运作资金（基金运作模式见图 11-1）。

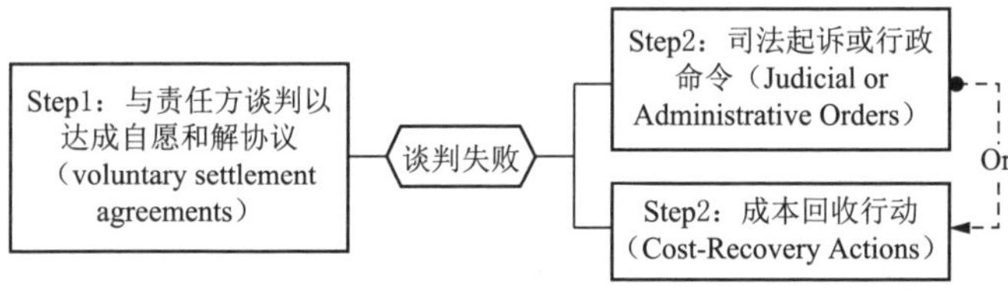

图 11-1 “危险物质超级信托基金”的运作模式

在“危险物质超级信托基金”的运作模式下，一旦发生环境污染事件，若无法确定责任人或责任人无力承担环境损害赔偿责任，则由该基金“先行支付”资金以从事修复清理活动（cleanup）。该笔资金被称作“无主份额”（orphan shares），由美国国家环境保护局事后向责任人追偿。[3] 具体而言，美国国家环境保护局无论采用何种模式，追偿所得的资金（环境修复资金或惩罚性赔偿金）均存储入“危险物质超级信托基金”账户。对于达成自愿和解协议的情形，还允许美国国家环境保护局在该基金内设立专项账户专门用于修复个案生态环

1. 26 U.S.C. § 9507.
2. 26 U.S.C. § 4611、26 U.S.C. § 4661、26 U.S.C. § 4671.
3. See Barkett，John M，Orphan Shares，Natural Resources & Environment，vol.23、no.1，pp.46–48(2008).

境。[1] 自 1990 财年首次设立第一个账户以来，美国国家环境保护局已经收到近 40 亿美元的和解资金，并将这些资金存入超过 1000 个超级基金专用账户中。[2] 此外，资金的用度还受制于美国国家环境保护局，美国财政部秘书也须每年向美国国会报告基金在上一财政年度以及未来 5 个财政年度的财务状况和运营结果。[3]

2. 荷兰——空气污染基金会

1990 年，荷兰根据《环境管理法》建立了空气污染基金会，该基金会针对空气污染损害进行赔偿，由环境部理事会决定基金的架构及行政事项，由环境部部长负责具体管理并就其管理事项每年向国会报告。[4] 任何人如因突发性空气污染蒙受损失，而该损失按理不应由或不应完全由其本人承担，且其通过私益诉讼无法得到救济，可向基金会提出赔偿要求。基金会在向受损人支付的金额范围内，取得该受损人就其遭受的损失对第三方享有的权利。[5]

同美国超级信托基金类似，荷兰的空气污染基金会也采取“先赔付，后追偿”的模式，并由有关行政主体负责监管。

3. 国际公约

除他国国内实践，有关国际公约也广泛采纳基金制度，专用于在环境赔偿义务人或有关缔约国赔偿责任缺位、超出保险额度或其他情况下支付以修复受损环境。（见表 11-2）

---

1. 42 U.S.C. § 9622 (b)(3).
2. See EPA's Office of Enforcement and Compliance Assurance website, http://www.epa.gov/oecaerth/cleanup/superfund/spec-acct.html.
3. 26 U.S.C. § 9602(a).
4. Section 15.24，15.28 of the Netherlands' Environmental Management Act.
5. Section 15.25，15.26 of the Netherlands' Environmental Management Act.

表 11-2　国际公约采纳的基金制度

基金类别	概　　览
国际油污赔偿基金（IOPC）及其补充基金	在船主已超过其责任限额或没有资金担保该责任的情况下，为油轮持久性油类泄漏造成的油污损害提供赔偿[1]
危险有害物质基金（HNS fund）	在船主的赔偿责任缺失或不到位的情况下，对海上运输有害和有毒物质造成的损害提供赔偿[2]
核损害补充赔偿公约（CSC）	赔偿核损害，包括生命损失或人身伤害、财产损失和由此造成的经济损失；恢复受损环境的措施费用；因使用环境而获得的经济利益的收入损失；预防措施费用；此类措施造成的进一步损失或损害以及任何其他经济损失[3]
巴塞尔协定下技术合作信托基金（Technical Cooperation Trust Fund under Basel Protocol）	在紧急情况下提供临时协助，最大限度地减少危险废物和其他废物越境转移或处置这些废物过程中发生的事故造成的损害[4]
国际海底区域环境补偿基金（Environmental Compensation Fund for the international seabed area）	执行任何必要措施，在承包者或担保国不承担责任的情况下支出费用以防止、规制或补救区域内活动对区域造成的任何损害[5]

以国际海底区域环境补偿基金为例，该基金由国际海底管理局理事会根据财务委员会的建议设立，由国际海底管理局秘书长在每一年结束后的 90 个工作日内，编制基金收入和支出的审计表，提交给

1. See International Oil Pollution Compensation Funds，Guidelines for presenting claims for environmental damage，para.1.1 (2018).
2. Article 13 of International Convention on Liability and Compensation for Damage in Connection with the Carriage of Hazardous and Noxious Substances by Sea.
3. Article 1 (f) of Convention on Supplementary Compensation for Nuclear Damage.
4. Article 14 (2) of Basel Convention on the Control of Transboundary Movements of Hazardous Wastes and their Disposal.
5. Draft Regulation 53 (a) of Draft Exploitation Regulations on exploitation of mineral resources in the Area.

各缔约国。[1]在运作上，其与美国超级信托基金类似，在环境损害事件发生之后，若根据《联合国海洋法公约》第一百三十九条第二款的规定，担保国不承担赔偿责任，在承包者没有完全履行其赔偿责任的情况下，由国际海底区域环境补偿基金进行先行支付，以补足未尽赔偿之损害。[2]在赔偿完毕之后，其便取得向有关主体的求偿权（recourse），通过谈判或诉讼程序的求偿所得便成为其基金池的一部分。[3]

无论是他国国内实践还是国际实践，设立专项基金或基金内的专项账户以及时修复环境的做法已较为普遍。尤其是美国的"危险物质超级信托基金"，其作为非营利法人，隶属于联邦政府，无论资金来源于美国财政部还是美国环境保护局的追偿行动，均以信托的方式运作，这充分实现了环境修复资金与政府自有资金的独立，有利于环境修复资金的高效运作及保值增值。同时，采取"先赔付，后追偿"的模式，发挥资金的流动性及时弥补受损环境，在充分保护环境的同时，也大大提升了资金使用效率。此外，基金的运行并非完全独立自主，也受到有关行政机关、国会的制约，这又对基金的运作起到充分监督作用。总之，该基金会的运作模式与本文慈善信托基金会的设想存在耦合。

1. Draft Regulation 52 of Draft Exploitation Regulations on exploitation of mineral resources in the Area.
2. See Seabed Disputes Chamber, Responsibilities and obligations of States sponsoring persons and entities with respect to activities in the Area Advisory opinion, ITLOS Reports 2011, para.205.
3. Draft Regulation 54 (c) of Draft Exploitation Regulations on exploitation of mineral resources in the Area.

五、赔偿金信托的制度建构

（一）主体定位

一般而言，慈善信托下存在委托人、受托人、受益人、监察人四方主体。对于几方主体在赔偿金信托制度中的具体设置有以下构想：

1. 委托人——法院

生态损害赔偿金系由法院生效司法文书确定，或产生于环境公益诉讼，或产生于环境损害赔偿诉讼或环境刑事诉讼，法院在其中扮演着重要的推动者角色。由法院直接在生效司法文书中确定将赔偿金以公益信托的方式委托给基金会组织最为高效也最为透明。有学者提出，根据两层信托理论，经由生效司法文书确定的生态环境损害赔偿金系非意定信托，受托人是政府，此为第一层信托；再由政府作为委托人，将该笔资金通过信托的方式委托给信托机构，此为第二层信托。故应当由政府作为委托主体从事慈善信托。[1] 基于上文分析，生态损害赔偿金具有明显的公共属性，若将该笔资金悉数交由政府管理，则政府便可依其意志自由决定是否利用该资金从事慈善信托事业，其中并无资金运用透明化程序，若部分资金被政府“截留”，则难免落入资金使用效率低下的窠臼。况且，政府代行的系国家所有权，无法充分代表社会公共利益。相对而言，依法成立并置于公众监

1. 参见竺效、蒙禹诺：《论生态损害赔偿资金的信托管理模式——以环境公益维护为视角》，《暨南学报》（哲学社会科学版）2018 年第 5 期。

督之下合法运行的民间组织能更好地代表社会公共利益。因此，该笔资金宜直接通过法院的生效司法文书以慈善信托的方式委托给民间基金会组织，这既避免了将资金经由政府账户转入基金会账户的“二道工序”，又能通过“生效司法文书”这一与生俱来便具备公信力、权威性、透明化的载体，提升资金运用透明度。如此一来，生态损害赔偿金将在“众目睽睽”之下被足额地运用于慈善信托事业。江西省高院曾发布的6起生态环境修复执行典型案例中，法院便委托公益性基金会——江西思华生态环境保护基金会管理并使用案涉生态修复资金、组织实施生态环境修复，成效良好。[1]

2. 受托人——慈善基金会

有学者提出，可以以信托公司作为该慈善信托的受托人，或者由慈善基金会作为接受捐赠人，再以其名义以慈善信托的方式委托信托公司。[2]该观点存在不妥，首先，信托公司系私法人，从定位上看并不能代表社会公共利益。其次，信托公司为从事金融运作之专业机构，其在能够促进信托资金保值增值的同时，也面临较大的亏损风险。而生态环境损害赔偿金具有明显的社会公益性质，生态环境能否得到妥善修复，公共利益能否得到足额赔偿，与资金的数额息息相关；在个案生态修复资金已经由赔偿义务人足额支付的情况下，资金运作应当以“保值”而非“增值”为首要目标，因此，信托公司不宜作为赔偿金慈善信托之首选受托人。此外，在慈善基金会以捐赠接受

1.《江西高院发布六起环境公益诉讼涉生态环境修复执行典型案例》，2022年6月6日，江西政法网，https://www.jxzfw.gov.cn/2022/0606/2022060641539.html。

2. 参见王玉国、杨晓东：《慈善信托在中国的发展和业务模式分析》，《西南金融》2017年第5期。

人的名义将接受捐赠的资金以慈善信托的方式委托给信托公司的做法中，资金经过了二次转账。在首次捐赠之后，资金便就归属于接受捐赠的慈善基金会，并与其固有资金混同；这又无法摆脱传统捐赠制度下的种种弊病，[1] 无法充分发挥慈善信托的优势。因此，受托人宜由慈善基金会直接担任。

3. 最终受益人——不特定的社会公众

生态环境修复，事关社会公共利益，当然应当以不特定多数人作为慈善信托的受益人。有学者认为，应当以慈善基金会作为最终受益人。[2] 该观点存在不妥，生态环境损害赔偿金的使用客体为生态环境，重在生态环境的修复和损失补足，而生态环境属于公共利益范畴，由社会不特定人共享该利益；因此，受托资金形式上由生态环境基金会所有，实则归属于不特定人，应当以不特定人为最终受益人。该学者将慈善基金会作为最终受益人，则等同于将资金捐献给慈善基金会，至于如何使用该资金，则属于该基金会的内部事务。这一做法实质上便又等同于传统的慈善捐献制度，与引进慈善信托的目的相悖。

4. 信托监察人——多主体联合

应同时以国家金融监督管理总局（原银保监会）、民政部门、检察院、地方政府、作为环境公益诉讼原告的环保组织、批准成立慈善信托的公益事业管理机构、会计师事务所 / 律师事务所等多方主体作为生态环境损害赔偿金的监察人。第一，根据《慈善信托管理办法》的规定，慈善信托因其信托性质和公益性质，既受国家金融监督

1. 参见苏如飞：《我国公益捐赠税收制度的运行及完善》，《地方财政研究》2012 年第 6 期。
2. 参见孟庆瑜、徐艺霄：《生态环境修复基金制度构建的实证分析与理论设想》，《河北学刊》2021 年第 2 期。

管理总局（原银保监会）监管，又受民政部门监管，因此，两主体具有监督资金管理使用的法定职责。第二，检察院既是多数情形下的环境公益诉讼原告，[1]也是法律监督机关，其当然有权就赔偿金的使用进行监督。第三，地方政府作为行使国家环境资源所有权的主体，当然也有权就包含生态环境要素修复资金在内的赔偿金使用进行监督。第四，环保组织在某些情况下能够成为环境公益诉讼的原告，[2]其作为原告，便对环境公益诉讼中的赔偿金具有法律上的利益，因此也有权就资金使用问题进行监督。第五，根据《信托法》第六十二条，公益事业主管机构负责批准有关公益信托的设立，[3]对于环境公益信托，其设立需要经过有关环境主管部门的批准，因此，环境主管部门作为此处的公益事业主管机构有权就赔偿金的使用进行监督。第六，由于资金的使用涉及大量审计、合规等问题，因此，宜引入会计师事务所、律师事务所等机构进行监督。

通过以上制度设计，既能使生态损害赔偿金的管理和使用高效化、专门化，又能将其置于多方主体的监督之下，实现资金运用的合规化、合理化。

（二）挑战与制度回应

尽管“信托 + 基金会”的模式在生态损害赔偿金管理方面具有明显的优势。但该模式在当今我国实践中尚未被广泛应用，就连单纯公

1. 参见秦鹏、何建祥：《论环境行政公益诉讼的启动制度——基于检察机关法律监督权的定位》，《暨南学报》（哲学社会科学版）2018 年第 5 期。
2.《中华人民共和国环境保护法》第五十八条。
3.《信托法》第六十二条：“公益信托的设立和确定其受托人，应当经有关公益事业的管理机构批准。未经公益事业管理机构的批准，不得以公益信托的名义进行活动。”

益信托模式的应用，也极为罕见。[1] 除了社会公众普遍对信托概念的接受度不足外，更深层次的原因来自制度层面，这包括：

第一，主管部门权责不清。基于上文分析，慈善信托既受国家金融监督管理总局（原银保监会）监管，又受民政部门监管，还受相关公益事业主管机构主管。各监管机构之间的权责划分不够明确，容易带来监管层面的“踢皮球”，使监管权怠于行使，不利于慈善信托的长久发展。

第二，生态损害赔偿金的使用问题有待进一步明晰。和生态环境修复资金不同，赔偿金系损失补足性质，并非专为修复环境；对于公共利益的受损程度该如何评估？如何使用该资金才能补足公共利益？这亟待相关规范和实践予以回应。

第三，尽管有多方主体作为慈善信托的监察人，但法律并未就受托人的信义义务作出详细安排，受托人的权力滥用情形仍有可能发生。与发展较为成熟的公司法人相比，慈善信托模式仍处于合同法的规制之下，将公司法当中的高管信义义务应用到慈善信托之中，可能会带来制度上的不兼容。

对于以上问题，或可提出以下解决思路：

首先，《慈善法》修正后公布、实施，说明我国对慈善信托制度的引进持积极态度；对此，应当进一步完善立法，划清慈善信托主管部门的权责界限。譬如，由民政部门负责慈善信托基金会的设立、登记、备案等问题，由国家金融监督管理总局（原银保监会）负责监督

1. 参见赵磊、崔利宏：《基金会与公益信托关系探析——兼论公益事业组织形式的选择》，《西南民族大学学报》（人文社科版）2008 年第 9 期。

慈善信托业务当中的投资理财等问题，由相关公益事业主管机构负责监督慈善信托资金在公益事业当中的具体运用问题。

其次，对于未被用于生态修复的生态损害赔偿金，或者根据近似原则积极用于类似公益项目，[1]或者作为基金用于环境公益诉讼费用支出，抑或在生态环境损害责任人无力承担生态环境损害判赔费用时先行垫付，起环境责任保险之效。[2]但无论如何，均不能用于私人目的。

第三，对于受托人信义义务问题，虽然我国当前并未出台相应的具体规范，但根据学者保罗·杰普森（Paul Jepson）的观点，要促使受托人忠实履行其信托义务，需要建立坚实的问责制度。尽管不同的问责制度需要根据不同环境非政府组织（Environmental Non-government Organization，ENGO）的实际情况和公众的期望设计，但是它们都具有一定的共性。一种是受托人行为上的透明度和公开性，该架构包括制定政策和流程的透明度、组织结构的公开性、财务报告的公开性、机构绩效评估的公开性等，这有利于增强公众对组织的信任和认可。另一种是内部和外部监管，内部监管机制包括内部程序规制、审计规制等，以确保组织内部的透明度和公正性；外部监管机制包括政府监管、行业监管、社会监督等，以确保组织在公众利益方面的合法性和道德性。问责制度除了以上两种常规类型，还可根据环境非政府组织的实际情况和公众期望进行设计。例如，在环境非政府组织与公众的互动中，可以让公众以投票的形式参与对环境非政府组

1. 参见蔡卓衡：《论近似原则在慈善信托中的适用》，《华北电力大学学报》（社会科学版）2021 年第 5 期。
2. 参见王干、蔡相辉：《环境法典编纂背景下的生态损害赔偿制度建构理路》，《江西社会科学》2022 年第 12 期。

织的监督、评估和意见反馈。[1] 信托制度在西方由来已久，对其制度经验予以合理借鉴不失为一条可行之策。譬如，通过强行要求受托人履行全过程公开义务；同时，引进绩效评估机制对受托人进行定期评估以执行激励机制，在向其施加较高公开义务的情况下，赋予其更多激励方案下的期待利益；此外，引进投票管理制度，即由受益人对资金使用进行投票，由于在生态损害赔偿金管理的角度下，受益人系不特定，因此可让特定区域因生态环境破坏而遭受损失的主体进行登记投票。

六、赔偿金信托的未来展望

在未来，或许可以探寻将“信托 + 基金会”模式上升为国家层面，建立国家层面中央化的生态环境保护基金会，再以省、市为单位建立起全国性分支机构，将该制度普及全国。该制度方案有以下优势：

有利于促进“信托 + 基金会”模式的统一化运行。资金的用度遵循从中央到地方的统一调配，这将避免资金管理混乱的局面。譬如，英国就慈善信托问题专门设立慈善信托委员会，由该委员会进行统一监管，由其他相关机构（如检察机关）辅助监管。该模式或许能为我国吸收借鉴。

1. See Paul Jepson，Governance and accountability of environmental NGOs，Environmental Science & Policy，Volume 8，Issue 5，pp.515–524 (2005).

有利于提升资金运用效率。全国横纵向的慈善信托基金会网络的形成，能够实现区域性合作，促进不同行政区域生态环境损害赔偿金的合理调配，提升整体生态环境治理能力。此外，该模式还能够将生态损害赔偿金同协商下的生态损害赔偿金、国家财政拨款、环境公益诉讼资金等其他资金统一整合，形成资金合力，用于在面对环境损害突发事件时先行支付、及时采取补救行动，进而有利于提升全国范围重大突发环境问题的合力应对能力。

有利于更高层次的透明度和公信力的形成，经由专门设立自上而下全国统一管理的慈善信托基金会体系，赔偿金慈善信托机构的公信力也随之形成，从而也相应地承担更多的公开义务，提升资金使用的透明化程度。

事实上，该方案已有学者提出。[1]

既有的生态环境赔偿金管理模式无法解决当下环境修复资金不足、环境保护低效率的难题。探索一条“信托＋基金会”的治理模式既有合理性，又有合法性，尽管该模式推行还存在制度性障碍，但可以通过大力完善相关法律法规，厘清主体之间的权责界限，借鉴他国的有益经验予以完善。若能够建立从中央到地方、全国统一性质的慈善信托基金会，则当下生态损害赔偿金使用难题的解决未来可期。

---

1. 胡淑珠：《从制裁到治理：环境公益诉讼案件生态环境修复执行机制研究》，《中国应用法学》2023 年第 1 期。

主要参考文献

一、著作

（一）中文著作

1. 毕蓝：《美国的故事：美国之父》，九州出版社 2018 年版。

2. 曹远征：《大国大金融：中国金融体制改革 40 年》，广东经济出版社 2018 年版。

3. 陈鼓应：《老子注译及评介（修订增补本）》，中华书局 1984 年版。

4. 杜赞奇：《文化、权力与国家》，江苏人民出版社 1996 年版。

5. 傅国华、许能锐主编：《生态经济学》，经济科学出版社 2014 年版。

6. 郭冬梅：《生态产品公共产品供给保障的政府责任机制研究》，法律出版社 2017 年版。

7. 胡晓：《体验文化：社会化·生态化·智慧化》，清华大学出版社 2020 年版。

8. 黄娅琴：《惩罚性赔偿研究——国家制定法和民族习惯法双重视角下的考察》，法律出版社 2016 年版。

9. 贾康、苏京春：《中国的坎：如何跨越“中等收入陷阱”》，中信出版社 2016 年版。

10. 李忠等：《践行“两山”理论建设美丽健康中国：生态产品价值实现问题研究》，中国市场出版社 2021 年版。

11. 厉以宁:《中国经济双重转型之路》,中国人民大学出版社 2013 年版。
12. 梁漱溟:《东西方文化及其哲学》,商务印书馆 1999 年版。
13. 刘学:《重构平台与生态——谁能掌控未来》,北京大学出版社 2017 年版。
14. 卢风:《从现代文明到生态文明》,中央编译出版社 2009 年版。
15. 卢现祥等主编:《法经济学》,北京大学出版社 2007 年版。
16. 吕忠梅:《环境损害赔偿法的理论与实践》,中国政法大学出版社 2013 年版。
17. 吕忠梅主编:《环境法学概要》,法律出版社 2016 年版。
18. 马浩:《从竞争优势到卓越价值:赢得持久超常经营绩效》,北京大学出版社 2021 年版。
19. 马建堂:《生态产品价值实现路径、机制与模式》,中国发展出版社 2019 年版。
20. 苗东升:《系统科学精要(第 4 版)》,中国人民大学出版社 2016 年版。
21. 全国人大常委会法制工作委员会法规备案审查室编著:《规范性文件备案审查案例选编》,中国民主法制出版社 2020 年版。
22. 司春林:《创新型企业研究:网络化环境,商业模式与成长路径》,清华大学出版社 2016 年版。
23. 宋京双:《大学生创新创业教育“金课”教程》,清华大学出版社 2021 年版。
24. 孙跃:《应用型人才培养体系建构研究》,华中科技大学出版社 2021 年版。
25. 汪新波:《环境容量产权解释》,首都经济贸易大学出版社 2010 年版。
26. 王继恒:《决胜绿色法庭生态文明建设司法保障机制研究》,中国社会科学出版社 2021 年版。
27. 王云霞主编:《文化遗产法学:框架与使命》,中国环境出版社 2013 年版。
28. 王振民、屠凯:《大宪章的现代法政价值》,载《大宪章》。
29. 魏宏森、曾国屏:《系统论:系统科学哲学》,清华大学出版社 1995 年版。
30. 吴国盛:《什么是科学》,广东人民出版社 2016 年版。
31. 吴卫星:《环境权理论的新展开》,北京大学出版社 2018 年版。
32. 习近平:《习近平谈治国理政》第 2 卷,外文出版社 2017 年版。

33. 谢守美：《基于知识生态理论的企业竞合关系对知识流动效率的影响研究》，武汉理工大学出版社 2021 年版。
34. 薛艳华：《重大法学文库中国环境公益诉讼制度构造研究》，中国社会科学出版社 2021 年版。
35. 阎照祥：《英国政治制度史》，人民出版社 2012 年版。
36. 杨雪梅：《创新创业教育论》，清华大学出版社 2017 年版。
37. 姚远：《高校创新创业教育生态系统构建研究——以“立德树人”为引领》，四川大学出版社 2019 年版。
38. 尤建新：《产业创新生态系统——理论与案例》，清华大学出版社 2017 年版。
39. 俞荣根：《儒家思想通论》，商务印书馆 2018 年版。
40. 张德昭、李树财：《生态经济学的哲学基础》，科学出版社 2013 年版。
41. 张维迎、盛斌：《企业家：经济增长的国王》，世纪出版集团、上海人民出版社 2014 年版。
42. 张五常：《经济解释》（卷一：科学说需求），中信出版社 2019 年版。
43. 张五常：《经济解释》（卷二：收入与成本），中信出版社 2019 年版。
44. 张五常：《经济解释》（卷四：制度的选择），中信出版社 2019 年版。
45. 张五常：《经济解释》（卷五：国家的经济理论），中信出版社 2019 年版。
46. 赵桂慎主编：《生态经济学》，化学工业出版社 2021 年版。
47. 赵廉慧：《信托法解释论》，中国法制出版社 2015 年版。
48. 中共中央文献研究室：《习近平关于社会主义生态文明建设论述摘编》，中央文献出版社 2017 年版。
49. 周训芳：《环境权论》，法律出版社 2003 年版。
50. 朱福惠、王建学主编：《世界各国宪法文本汇编 · 亚洲卷》，厦门大学出版社 2012 年版。
51. 朱应平：《宪法人权条款的司法适用技术规范研究》，中国民主法制出版社 2016 年版。

（二）中文译著

1. ［美］A. 迈里克 · 弗里曼：《环境与资源价值评估——理论与方法》，曾贤刚译，中国人民大学出版社 2002 年版。

2. ［澳］查尔斯·伯奇、［美］约翰·柯布：《生命的解放》，邹诗鹏、麻晓晴译，中国科学技术出版社 2015 年版。

3. ［澳］柯武刚、［德］史漫飞、［美］贝彼得：《制度经济学：财产、竞争、政策》，柏克、韩朝华译，商务印书馆 2018 年版。

4. ［德］弗里德希·亨特布尔格等：《生态经济政策——在生态专制和环境灾难之间》，葛竞天等译，东北财经大学出版社 2005 年版。

5. ［德］斯蒂芬·沃依格特：《制度经济学》，史世伟、黄莎莉、刘斌、钟诚译，中国社会科学出版社 2020 年版。

6. ［法］埃米尔·布特米：《斗争与妥协：法英美三国宪法纵横谈》，北京大学出版社 2018 年版。

7. ［荷］西奥·范德克伦德特：《增长的动力》，刘文祥、方伶俐译，中信出版集团 2020 年版。

8. ［美］Keith Sawyer：《创造性：人类创新的科学》，师保国等译，华东师范大学出版社 2013 年版。

9. ［美］E.S. 萨瓦斯：《民营化与公私部门合作伙伴关系》，周志忍译，中国人民大学出版社 2006 年版。

10. ［美］P.A. 萨缪尔森、W.D. 诺德豪斯：《经济学：下》，梁小民译，中国发展出版社 1992 年版。

11. ［美］巴克托、考夫曼：《培养学生的创造力》，陈非等译，华东师范大学出版社 2013 年版。

12. ［美］达龙·阿西莫格鲁、戴维·莱布森、约翰·A. 李斯特：《微观经济学》，温义飞译，中信出版社 2021 年版。

13. ［美］戴利、埃利森：《新生态经济：使环境保护有利可图的探索》，郑晓光、刘晓生译，上海科技教育出版社 2005 年版。

14. ［美］赫尔曼·戴利、乔舒亚·法利：《生态经济学：原理和应用》，金志农等译，中国人民大学出版社 2013 年版。

15. ［美］道格拉斯·C. 诺思：《制度、制度变迁与经济绩效》，杭行译，格致出版社 2014 年版。

16. [美] 德隆 · 阿西莫格鲁、詹姆斯 · 罗宾逊:《国家为什么会失败》，李增刚译，湖南科学技术出版社 2015 年版。
17. [美] 杜赞奇:《文化、权力与国家》，江苏人民出版社 1996 年版。
18. [美] 冯 · 贝塔朗菲:《一般系统论：基础、发展和应用》，林康义、魏宏森译，清华大学出版社 1987 年版。
19. [美] 冯 · 诺伊曼、摩根斯坦著:《博弈论与经济行为》，王建华、顾玮琳译，北京大学出版社 2018 年版。
20. [美] 黄宗智:《华北的小农经济与社会变迁》，中华书局 2000 年版。
21. [美] 科斯:《企业、市场与法律》，盛洪、陈郁译，格致出版社 2014 年版。
22. [美] 兰斯 · 戴维斯、[美] 道格拉斯 · 诺思:《制度变迁与美国经济增长》，张志华译，上海格致出版社 2019 年版。
23. [美] 蕾切尔 · 卡森:《寂静的春天》，马绍博译，天津人民出版社 2018 年版。
24. [美] 罗纳德 · H. 科斯:《企业、市场与法律》，陈昕编、盛洪、陈郁译，格致出版社 2014 年版。
25. [美] 曼昆:《经济学原理：第 7 版，微观经济学分册》梁小民、梁砾译。
26. [美] 塞缪尔 · 亨廷顿:《文明的冲突》，周琪等译，新华出版社 2007 年版。
27. [美] 索耶:《创造性：人类创新的科学》，师保国译，华东师范大学出版社 2013 年版。
28. [美] 希尔:《生态价值链：在自然与市场中建构》，胡颖廉译，中信出版社 2016 年版。
29. [美] 亚伯拉罕 · 马斯洛:《动机与人格》，许金声等译，中国人民大学出版社 2012 年版。
30. [美] 约瑟夫 · 熊彼特:《经济发展理论》，何畏、易家详等译，商务印书馆 1990 年版。
31. [日] 青木昌彦:《制度经济学入门》，彭金辉、雷艳红译，中信出版集团 2017 年版。

32. [英] W.I. 詹宁斯:《法与宪法》，龚祥瑞、侯健译，生活·读书·新知三联书店 1997 年版。

33. [英] 弗里德利希·冯·哈耶克:《法律、立法与自由》(第三卷)，邓正来、张守东、李静冰译，中国大百科全书出版社 2022 年版。

34. [以色列] 尤瓦尔·赫拉利:《今日简史——人类命运大议题》，林俊宏译，林俊宏译，中信出版社集团 2018 年版。

二、期刊

1. 白卫国:《日本森林管理对我国的启示》,《林业资源管理》2012 年第 4 期。

2. 蔡卓衡:《论近似原则在慈善信托中的适用》,《华北电力大学学报》(社会科学版) 2021 年第 5 期。

3. 曾刚:《单一到多元的银行体系变迁》,《中国金融》2019 年第 13 期。

4. 曾贤刚、虞慧怡、谢芳:《生态产品的概念、分类及其市场化供给机制》,《中国人口·资源与环境》2014 年第 7 期。

5. 陈广华、缪宗崇:《环境民事公益诉讼和私益诉讼融合研究》,《河南社会科学》2021 年第 11 期。

6. 陈海嵩:《我国环境监管转型的制度逻辑——以环境法实施为中心的考察》,《法商研究》2019 年第 5 期。

7. 陈家刚:《协商民主：概念、要素与价值》,《中共天津市委党校学报》2005 年第 3 期。

8. 陈家刚:《协商民主引论》,《马克思主义与现实》2004 年第 3 期。

9. 陈洁、李剑泉:《瑞典林业财政制度及其对我国的启示》,《世界林业研究》2011 年第 5 期。

10. 陈锦波:《法治中国建设进程中的思维方式演进——一个社会系统论的视角》,《内蒙古社会科学》(汉文版) 2019 年第 6 期。

11. 陈敬东、潘燕飞、刘奕羿:《生态产品价值实现研究——基于浙江丽水的样本实践与理论创新》,《丽水学院学报》2020 年第 1 期。

12. 陈倩、毕亚琴:《产学研三位一体理念下高校创新创业教育生态系统研究》,《锦州医科大学学报》(社会科学版)2022年第1期。

13. 陈挺等:《生态补偿的国际案例及借鉴》,《宏观经济管理》2016年第3期。

14. 陈幸欢:《生态环境损害赔偿司法认定的规则厘定与规范进路——以第24批环境审判指导性案例为样本》,《法学评论》2021年第1期。

15. 陈怡安、赵雪苹:《制度环境与企业家精神:机制、效应及政策研究》,《科研管理》2019年第5期。

16. 陈宜瑜、吕宪国:《湿地功能与湿地科学的研究方向》,《湿地科学》2003年第1期。

17. 成思危:《论创新型国家建设》,《中国软科学》2009年第12期。

18. 程秀兰:《多学科视野中幼儿园教育"小学化"现象透视》,《教育研究》2014年第9期。

19. 程玉:《内外关系视角下生态环境侵权惩罚性赔偿制度的完善》,《南京工业大学学报》(社会科学版)2023年第3期。

20. 程媛媛:《文化生态位视角下高校创新创业教育生态系统优化研究》,《镇江高专学报》2022年第1期。

21. 楚道文、李申:《生态环境损害赔偿资金管理的主体制度》,《福州大学学报》(哲学社会科学版)2020年第6期。

22. 达林太、滕有正、孟慧君:《征税方式对草原畜牧业的影响》,《内蒙古大学学报》(人文社会科学版)2003年第1期。

23. 代亚婷等:《基于均衡价值论的生态产品定价与补偿标准研究》,《中国环境管理》2021年第4期。

24. 单平基:《环境民事公益诉讼惩罚性赔偿的适用及规制》,《政法论坛》2023年第6期。

25. 丁丰、林艳、吴茜:《"固碳增汇"视域下生态环境损害赔偿资金的管理使用》,《中国检察官》2022年9月5日。

26. 丁子成:《社会资本融入生态补偿机制研究》,《合作经济与科技》2021年第23期。

27. 董玮、秦国伟:《对森林开征资源税的理论依据、现实基础与制度设计》,

《税务研究》2021 年第 5 期。
28. 杜群、都仲秋:《环境权利的人权演进及其法治意蕴——以国际人权法为视角》,《中国政法大学学报》2023 年第 6 期。
29. 杜运周、刘秋辰、程建青:《什么样的营商环境生态产生城市高创业活跃度？——基于制度组态的分析》,《管理世界》2020 年第 9 期。
30. 段刚龙等:《基于“三融合”的高校创新创业教育生态系统建设研究》,《高等理科教育》2021 年第 6 期。
31. 樊笑英:《自然资源资产负债表中的生态价值体现》,《中国国土资源经济》2019 年第 3 期。
32. 方印、柯莉:《生态产品价值市场化实现：需求导向、定价方式及制度配置》,《价格月刊》2022 年第 11 期。
33. 傅振邦、何善根:《瑞士绿色水电评价和认证方法》,《中国三峡建设》2003 年第 9 期。
34. 高程、王金亮、刘广杰:《区域生态资产价值评估研究——以抚仙湖流域为例》,《环境科学导刊》2018 年第 2 期。
35. 高利红:《生态环境损害惩罚性赔偿严格审慎原则之适用》,《政治与法律》2023 年第 10 期。
36. 高晓龙等:《生态产品价值实现研究进展》,《生态学报》2020 年第 1 期。
37. 高玉娟、王媛、宋阳:《中国与哥斯达黎加森林生态补偿比较及启示》,《世界林业研究》2021 年第 6 期。
38. 巩固:《环境权热的冷思考——对环境权重要性的疑问》,《华东政法大学学报》2009 年第 4 期。
39. 谷月昆、赵丹:《以国土空间生态修复助力绿色高质量发展——国土空间生态修复实施路径思考》,《北京规划建设》2021 年第 5 期。
40. 郭继强:《“内卷化”概念新理解》,《社会学研究》2007 年第 3 期。
41. 郭苏文、吴徐雯:《地票制度对农民财产性收入的影响研究》,《农业经济》2020 年第 7 期。
42. 韩利楠:《论惩罚性赔偿与行政罚款的适用规则》,《湖湘法学评论》2022 年第 4 期。

43. 何江:《生态环境侵权惩罚性赔偿的二元性展开》,《法商研究》2023 年第 6 期。
44. 何隆德:《澳大利亚生态环境保护的举措及经验借鉴》,《长沙理工大学学报》(社会科学版)2014 年第 6 期。
45. 何苗:《中国与欧洲公众环境参与权的比较研究》,《法学评论》2020 年第 1 期。
46. 何雄就、徐懿然:《公私合作伙伴关系的困境与出路》,《南通大学学报》(社会科学版)2017 年第 3 期。
47. 贺腾飞、刘文英:《创新创业教育高地建设的现实困境与发展策略》,《国家教育行政学院学报》2022 年第 8 期。
48. 贺武华、董旭:《创新创业教育发展:价值理念、生态系统及其实践优化——兼评〈中国高校创新创业教育质量评价研究〉》,《当代教育文化》2022 年第 5 期。
49. 侯俊华、彭珍、秦顺乔:《新媒体环境下高校创新创业教育生态系统的建设研究》,《齐齐哈尔大学学报》(哲学社会科学版)2022 年第 7 期。
50. 侯鹏等:《生态资产评估及管理研究进展》,《生态学报》2020 年第 24 期。
51. 侯宇:《美国公共信托理论的形成与发展》,《中外法学》2009 年第 4 期。
52. 胡淑珠:《从制裁到治理:环境公益诉讼案件生态环境修复执行机制研究》,《中国应用法学》2023 年第 1 期。
53. 黄大芬、华国庆:《生态环境公益损害赔偿资金统筹监管研究》,《学术探索》2022 年第 4 期。
54. 黄群慧:《"新国企"是怎样炼成的——中国国有企业改革 40 年回顾》,《China Economist》2018 年第 1 期。
55. 黄如良:《生态产品价值评估问题探讨》,《中国人口·资源与环境》2015 年第 3 期。
56. 黄顺魁:《生态资源属性对不同生态补偿方式的影响》,《现代管理科学》2016 年第 12 期。
57. 黄中显:《土地生态价值和经济价值的法律协调》,《理论月刊》2009 年第 9 期。

58. 季卫东、齐海滨:《系统论方法在法学研究中的应用及其局限——兼论法学方法论问题》,《中国社会科学》1987 年第 1 期。
59. 蒋大林等:《生态保护红线及其划定关键问题浅析》,《资源科学》2015 年第 9 期。
60. 蒋大兴:《隐退中的“权力型”证监会——注册制改革与证券监管权之重整》,《法学评论》2014 年第 2 期。
61. 金铂皓等:《生态产品供给的内生动力机制释析——基于完整价值回报与代际价值回报的双重视角》,《中国土地科学》2021 年第 7 期。
62. 康京涛:《生态环境损害惩罚性赔偿的逻辑理路与适用规则——基于功能主义视角的分析》,《中南大学学报》(社会科学版)2023 年第 1 期。
63. 雷健等:《欧盟可持续金融发展研究及借鉴》,《时代金融》2020 年第 31 期。
64. 黎元生:《生态产业化经营与生态产品价值实现》,《中国特色社会主义研究》2018 年第 4 期。
65. 黎祖交:《关于建立生态产品价值实现机制的几点思考》,《绿色中国》2021 年第 5 期。
66. 李爱年、陈程:《生态整体观与环境法学方法论》,《时代法学》2008 年第 4 期。
67. 李步云、黎青:《从“法制”到“法治”二十年改一字——建国以来法学界重大事件研究(26)》,《法学》1999 年第 7 期。
68. 李繁荣、戎爱萍:《生态产品供给的 PPP 模式研究》,《经济问题》2016 年第 12 期。
69. 李宏伟、薄凡、崔莉:《生态产品价值实现机制的理论创新与实践探索》,《治理研究》2020 年第 4 期。
70. 李怀:《制度生命周期与制度效率递减——一个从制度经济学文献中读出来的故事》,《管理世界》1999 年第 3 期。
71. 李建德:《论“制度成本”》,《南昌大学学报》(社会科学版)2000 年第 1 期。
72. 李世东:《世界著名生态工程——中国“退耕还林还草工程”》,《浙江林业》2021 年第 8 期。
73. 李世福:《世界价格理论研究成果综述》,《太原师范学院学报》(社会科学版）2007 年第 1 期。
74. 李亚员、刘海滨、孔洁珺:《高校创新创业教育生态系统建设的理想样态——基于 4 个国家 8 所典型高校的跨案例比较分析》,《高校教育管理》2022 年第 2 期。
75. 李艳芳、张舒:《生态环境损害惩罚性赔偿研究》,《中国人民大学学报》2022 年第 2 期。
76. 李义松、刘永丽:《我国环境公益诉讼制度现状检视及路径优化》,《南京社会科学》2021 年第 1 期。
77. 李英、陈凯星、李晓:《价值实现视域下国有林区森林生态资产运营的经济学诠释》,《生态经济》2014 年第 4 期。
78. 李宗克:《国家治理中的外部性问题及其对策》,《中国延安干部学院学报》2018 年第 5 期。
79. 梁春艳、谭雅华:《生态环境损害赔偿制度研究》,《石家庄学院学报》2023 年第 1 期。
80. 林启艳、陈江:《生态创业研究：定义、影响因素和风险规避机制》,《铜陵学院学报》2015 年第 5 期。
81. 林煜:《我国生态环境损害赔偿资金制度的困境与出路》,《中国环境管理》2019 年第 4 期。
82. 刘峰、段艳、邓艳:《我国水权交易价格形成机制研究》,《中国水利》2014 年第 20 期。
83. 刘格格、葛颜祥:《社会资本对水源地农户生态补偿参与行为影响分析——以山东省东平湖为例》,《山东农业大学学报》(社会科学版）2021 年第 2 期。
84. 刘航:《碳普惠制：理论分析、经验借鉴与框架设计》,《中国特色社会主义研究》2018 年第 5 期。
85. 刘江宜、牟德刚:《生态产品价值及实现机制研究进展》,《生态经济》2020 年第 10 期。
86. 刘侃、杨礼荣:《排放权交易制度的国内外比较分析》,《中国机构改革与管理》2019 年第 3 期。

87. 刘世定、邱泽奇:《"内卷化"概念辨析》,《社会学研究》2004 年第 5 期。
88. 刘霞:《培养生态公民:建设生态文明的教育担当》,《教育发展研究》2019 年第 12 期。
89. 刘艳红:《民法典绿色原则对刑法环境犯罪认定的影响》,《中国刑事法杂志》2020 年第 6 期。
90. 刘焱序、傅伯杰、赵文武等:《生态资产核算与生态系统服务评估:概念交汇与重点方向》,《生态学报》2018 年第 23 期。
91. 刘迎霜:《我国公益信托法律移植及其本土化一种正本清源与直面当下的思考》,《中外法学》2015 年第 1 期。
92. 刘长兴:《环境损害惩罚性赔偿的公法回应》,《政治与法律》2023 年第 10 期。
93. 鲁楠、陆宇峰:《卢曼社会系统论视野中的法律自治》,《清华法学》2008 年第 2 期。
94. 吕忠梅、刘超:《环境权的法律论证——从阿列克西法律论证理论对环境权基本属性的考察》,《法学评论》2008 年第 2 期。
95. 吕忠梅:《"生态环境损害赔偿"的法律辨析》,《法学论坛》2017 年第 3 期。
96. 吕忠梅:《论公民环境权》,《法学研究》1995 年第 6 期。
97. 吕忠梅:《再论公民环境权》,《法学研究》2000 年第 6 期。
98. 马国强:《生态投资与生态资源补偿机制的构建》,《中南财经政法大学学报》2006 年第 4 期。
99. 马跃、冯连勇:《中国试点碳排放权交易市场有效性分析》,《运筹与管理》2022 年第 8 期。
100. 毛如柏:《中国环境法制建设对环保投资和环保产业的影响》,《北京大学学报》(哲学社会科学版)2010 年第 2 期。
101. 孟庆瑜、徐艺霄:《生态环境修复基金制度构建的实证分析与理论设想》,《河北学刊》2021 年第 2 期。
102. 牟永福:《政府购买生态服务的合作模式——基于京津冀协同发展的视角》,《领导之友》2017 年第 21 期。
103. 欧阳志云、王如松、赵景柱:《生态系统服务功能及其生态经济价值评价》,《应用生态学报》1999 年第 5 期。
104. 欧阳志云等:《生态系统生产总值核算:概念、核算方法与案例研究》,《生态学报》2013 年第 21 期。
105. 潘家华:《生态产品的属性及其价值溯源》,《环境与可持续发展》2020 年第 6 期。
106. 蒲志仲:《资源产权制度与价格机制关系研究》,《价格理论与实践》2006 年第 6 期。
107. 钱颖一:《市场与法治》,《经济社会体制比较》2000 年第 3 期。
108. 秦才欣、陈海红、钱东福:《基于公共产品理论的基本医疗服务政策演变分析》,《中国卫生政策研究》2021 年第 10 期。
109. 秦立建、胡波、苏春江:《对社会保险费征管的公共政策外部性理论审视——基于中小企业发展视角》,《税务研究》2019 年第 1 期。
110. 秦鹏、何建祥:《论环境行政公益诉讼的启动制度——基于检察机关法律监督权的定位》,《暨南学报》(哲学社会科学版)2018 年第 5 期。
111. 秦天宝:《我国环境民事公益诉讼与私益诉讼的衔接》,《人民司法(应用)》2016 年第 19 期。
112. 秦维红:《论竞争是人的本性》,《北京大学学报》(哲学社会科学版)2002 年第 5 期。
113. 秦颖、曾贤刚、许志华:《基于 PPP 模式推动生态产品供给侧改革》,《干旱区资源与环境》2018 年第 4 期。
114. 丘水林、靳乐山:《生态产品价值实现的政策缺陷及国际经验启示》,《经济体制改革》2019 年第 3 期。
115. 曲广娣:《论法律体系的概念及其构建的一般条件——综合系统论和分析法学视角》,《中国政法大学学报》2015 年第 3 期。
116. 任俊华、李朝辉:《儒家“天人合一”三才论的自然整体观》,《理论学刊》2006 年第 5 期。
117. 盛明科、李代明:《地方生态治理支出规模与官员晋升的关系研究——基于市级面板数据的结论》,《中国行政管理》2018 年第 4 期。
118. 施生旭:《高校大学生创新创业创造教育研究》,《集美大学学报》(教育科学版）2021 年第 2 期。
119. 施振荣：《微笑曲线》，《三联竞争力》2010 年第 4 期。
120. 石弘颖、眭国荣：《基于生态系统理论的高校创新创业共同体研究》，《技术与创新管理》2022 年第 4 期。
121. 宋小宁：《我国生态补偿性财政转移支付研究——基于巴西的国际经验借鉴》，《价格理论与实践》2012 年第 7 期。
122. 苏如飞：《我国公益捐赠税收制度的运行及完善》，《地方财政研究》2012 年第 6 期。
123. 孙庆刚、郭菊娥、安尼瓦尔·阿木提：《生态产品供求机理一般性分析——兼论生态涵养区“富绿”同步的路径》，《中国人口·资源与环境》2015 年第 3 期。
124. 孙佑海、张净雪：《生态环境损害惩罚性赔偿的证成与适用》，《中国政法大学学报》。
125. 唐万林、禹雪中：《国外水电环境认证制度对我国的借鉴意义》，《长江流域资源与环境》2007 年第 1 期。
126. 田贵良等：《多种水权交易模式下的价格形成机制研究》，《价格理论与实践》2018 年第 2 期。
127. 王斌：《生态产品价值实现的理论基础与一般途径》，《太平洋学报》2019 年第 10 期。
128. 王承堂：《论惩罚性赔偿与罚金的司法适用关系》，《法学》2021 年第 9 期。
129. 王干、蔡相辉：《环境法典编纂背景下的生态损害赔偿制度建构理路》，《江西社会科学》2022 年第 12 期。
130. 王菡：《高校创新创业教育生态系统构建与运行机制研究》，《北京邮电大学学报》（社会科学版）2022 年第 1 期。
131. 王慧玲：《大学生创业教育生态转型的探索与发展》，《湖北第二师范学院学报》2017 年第 11 期。
132. 王建军、燕翀、张时飞：《慈善信托法律制度运行机理及其在我国发展的障碍》，《环球法律评论》2011 年第 4 期。
133. 王莉、郭玲：《环境民事公益诉讼适用惩罚性赔偿制度的正当性及适用规则调适》，《海峡法学》2023 年第 3 期。
134. 王灵波：《公共信托理论在美国自然资源配置中的作用及启示》，《苏州大学学报》（哲学社会科学版）2018 年第 1 期。
135. 王诺：《“生态整体主义”辩》，《读书》2004 年第 2 期。
136. 王启轩、任婕：《我国流域国土空间规划制度构建的若干探讨——基于国际经验的启示》，《城市规划》2021 年第 2 期。
137. 王前进等：《生态补偿的经济学理论基础及中国的实践》，《林业经济》2019 年第 1 期。
138. 王社坤、吴亦九：《生态环境修复资金管理模式的比较与选择》，《南京工业大学学报》（社会科学版）2019 年第 1 期。
139. 王锡锌：《公共决策中的大众、专家与政府以中国价格决策听证制度为个案的研究视角》，《中外法学》2006 年第 4 期。
140. 王小钢：《生态环境损害赔偿诉讼的公共信托理论阐释——自然资源国家所有和公共信托环境权益的二维构造》，《法学论坛》2018 年第 6 期。
141. 王亚华、陈相凝：《探寻更好的政策过程理论：基于中国水政策的比较研究》，《公共管理与政策评论》2020 年第 6 期。
142. 王勇：《刑附民公益诉讼案件惩罚性赔偿的民事适用及其刑事调和》，《政法论坛》2023 年第 3 期。
143. 王玉国、杨晓东：《慈善信托在中国的发展和业务模式分析》，《西南金融》2017 年第 5 期。
144. 吴凤平等：《中国水权交易政策对提高水资源利用效率的地区差异性评估》，《经济与管理评论》2022 年第 1 期。
145. 吴汉东、刘鑫：《改革开放四十年的中国知识产权法》，《山东大学学报》（哲学社会科学版）2018 年第 3 期。
146. 吴如巧、雷嘉、郭成：《论环境民事公益诉讼与私益诉讼的共通性——以最高人民法院相关司法解释为视角的分析》，《重庆大学学报》（社会科学版）2019 年第 5 期。
147. 吴卫星、何钰琳：《论惩罚性赔偿在生态环境损害赔偿诉讼中的审慎适用》，《南京社会科学》2021 年第 9 期。

148. 吴卫星：《环境权内容之辨析》，《法学评论》2005 年第 2 期。
149. 吴卫星：《环境权入宪的比较研究》，《法商研究》2017 年第 4 期。
150. 吴卫星：《环境权在我国环境法典中的证成与展开》，《现代法学》2022 年第 4 期。
151. 吴卫星：《我国环境权理论研究三十年之回顾、反思与前瞻》，《法学评论》2014 年第 5 期。
152. 吴要武：《70 年来中国的劳动力市场》，《中国经济史研究》2020 年第 4 期。
153. 吴宇：《论生态环境侵权中惩罚性赔偿的适用——基于环境私人执法的视角》，《荆楚法学》2022 年第 6 期。
154. 吴仲平、周公旦：《公共产品理论视角下公共图书馆社会合作路径选择》，《图书馆》2020 年第 10 期。
155. 西桂权、付宏、王冠宇：《中国与发达国家的科技创新能力比较》，《科技管理研究》2018 年第 23 期。
156. 夏群、宋之帅：《高校创新创业教育生态系统高质量建设研究》，《常州工学院学报》2022 年第 3 期。
157. 夏松洁：《外部性理论视域下的农村宅基地"三权分置"》，《人民论坛》2018 年第 28 期。
158. 向玲玲：《〈民法典〉背景下环境民事公益诉讼适用惩罚性赔偿研究》，《河北企业》2023 年第 5 期。
159. 谢高地等：《一个基于专家知识的生态系统服务价值化方法》，《自然资源学报》2008 年第 5 期。
160. 邢斌文：《论法律草案审议过程中的合宪性控制》，《清华法学》2017 年第 1 期。
161. 邢鸿飞、曾丽渲：《论公私法分离的"二元"环境侵权惩罚性赔偿》，《学海》2022 年第 4 期。
162. 徐梦佳、王燕、邹长新：《生态保护红线区生态资产价值评估》，《生态与农村环境学报》2018 年第 6 期。
163. 徐伟明、何燕：《公民素质教育融入大学生日常思想政治教育的路径建构》，《汕头大学学报》（人文社会科学版）2018 年第 5 期。

164. 徐祥民、巩固:《环境损害中的损害及其防治研究———兼论环境法的特征》,《社会科学战线》2007 年第 5 期。
165. 徐祥民、张锋:《质疑公民环境权》,《法学》2004 年第 2 期。
166. 徐祥民:《对“公民环境权论”的几点疑问》,《中国法学》2004 年第 2 期。
167. 徐以祥、刘海波:《生态文明与我国环境法律责任立法的完善》,《法学杂志》2014 年第 7 期。
168. 徐以祥:《论我国环境法律的体系化》,《现代法学》2019 年第 3 期。
169. 薛飞、周民良:《用能权交易制度能否提升能源利用效率?》,《中国人口·资源与环境》2022 年第 1 期。
170. 严立冬、屈志光、方时姣:《水资源生态资本化运营探讨》,《中国人口·资源与环境》2011 年第 12 期。
171. 杨朝霞:《环境公益诉讼制度的诉因检视:从解释论到立法论——以“生态”与“环境”的辨析为中心》,《中国政法大学学报》2021 年第 5 期。
172. 杨朝霞:《论环境权的性质》,《中国法学》2020 年第 2 期。
173. 杨继瑞、周莉:《优化营商环境:国际经验借鉴与中国路径抉择》,《新视野》2019 年第 1 期。
174. 杨立新:《〈民法典〉惩罚性赔偿规则的具体适用》,《荆楚法学》2022 年第 1 期。
175. 杨秀汪、李江龙、郭小叶:《中国碳交易试点政策的碳减排效应如何?——基于合成控制法的实证研究》,《西安交通大学学报》(社会科学版)2021 年第 3 期。
176. 于海:《生态系统理论下高校创新创业教育机构建设路径研究》,《中国轻工教育》2022 年第 2 期。
177. 虞新胜:《生态利益实现的制度困境及其破解》,《长白学刊》2021 年第 4 期。
178. 袁另凤:《我国排污权交易发展历程及展望》,《合作经济与科技》2021 年第 1 期。
179. 岳伟、陈俊源:《环境与生态文明教育的中国实践与未来展望》,《湖南师范大学教育科学学报》2022 年第 2 期。

180. 张阿芬、肖京武:《发达国家林业税收政策及启示》,《海外税收》2004年第4期。
181. 张宝:《生态环境损害政府索赔权与监管权的适用关系辨析》,《法学论坛》2017年第3期。
182. 张彩江、李章雯、周雨:《碳排放权交易试点政策能否实现区域减排?》,《软科学》2021年第10期。
183. 张陈果:《环境民事公益诉讼损害赔偿金去向的经验归纳与制度构建》,《暨南学报》(哲学社会科学版)2022年第9期。
184. 张晨等:《法国大区公园经验对钱江源国家公园体制试点区跨界治理体系构建的启示》,《生物多样性》2019年第1期。
185. 张锋、孙萧宇:《环境公益诉讼惩罚性赔偿制度适用研究——兼评〈最高人民法院关于审理生态环境侵权纠纷案件适用惩罚性赔偿的解释〉》,《山东法官培训学院学报》2022年第2期。
186. 张光文:《关于自然资源价格的形成及体系的探讨》,《现代经济探讨》2001年第6期。
187. 张广利、陈丰:《制度成本的研究缘起、内涵及其影响因素》,《浙江大学学报》(人文社会科学版)2010年第2期。
188. 张辉:《论环境民事公益诉讼的责任承担方式》,《法学论坛》2014年第6期。
189. 张继恒:《经济法视域下的惩罚性赔偿之规范建构》,《经济法论坛》2023年第1期。
190. 张凯:《市场导向下不同水权交易模式价格形成机制研究》,《水资源开发与管理》2021年第4期。
191. 张蕾:《基于创新素养提升的大学生创新创业生态系统运行路径研究》,《中国职业技术教育》2021年第28期。
192. 张丽佳、周妍、苏香燕:《生态修复助推生态产品价值实现的机制与路径》,《中国土地》2021年第7期。
193. 张利平、夏军、胡志芳:《中国水资源状况与水资源安全问题分析》,《长江流域资源与环境》2009年第2期。

194. 张林波、虞慧怡、郝超志等:《生态产品概念再定义及其内涵辨析》,《环境科学研究》2021 年第 3 期。
195. 张林波等:《生态产品内涵与其价值实现途径》,《农业机械学报》2019 年第 6 期。
196. 张世英:《中国古代的“天人合一”思想》,《求是》2007 年第 7 期。
197. 张文显:《法治与国家治理现代化》,《中国法学》2014 年第 4 期。
198. 张翔:《环境宪法的新发展及其规范阐释》,《法学家》2018 年第 3 期。
199. 张英、成杰民、王晓凤等:《生态产品市场化实现路径及二元价格体系》,《中国人口·资源与环境》2016 年第 3 期。
200. 张梓太、程飞鸿:《索赔与问责:生态环境损害赔偿制度设计的两难选择》,《中国应用法学》2019 年第 1 期。
201. 赵晶晶、葛颜祥:《流域生态补偿模式实践、比较与选择》,《山东农业大学学报》(社会科学版)2019 年第 2 期。
202. 赵磊、崔利宏:《基金会与公益信托关系探析——兼论公益事业组织形式的选择》,《西南民族大学学报》(人文社科版)2008 年第 9 期。
203. 赵鹏:《惩罚性赔偿的行政法反思》,《法学研究》2019 年第 1 期。
204. 赵同谦等:《中国森林生态系统服务功能及其价值评价》,《自然资源学报》2004 年第 4 期。
205. 赵源、余必龙:《土地关系的变革是深化农村经济改革的重要步骤》,《农业经济问题》1987 年第 8 期。
206. 郑启伟:《生态产品价值实现的关键问题》,《浙江经济》2019 年第 21 期。
207. 郑少华、王慧:《环境侵权惩罚性赔偿的司法适用》,《上海大学学报》(社会科学版)2022 年第 3 期。
208. 郑沃林、胡新艳:《基于渝川地票制度的土地创新管理制度思考》,《中国农业大学学报》2019 年第 10 期。
209. 郑贤君:《全国人大宪法和法律委员会的双重属性——作为立法审查的合宪性审查为立法审查的合宪性审查》,《中国法律评论》2018 年第 4 期。
210. 钟瑞友、王波、路志鹏:《环境民事公益诉讼中的惩罚性赔偿制度探究》,《中国检察官》2023 年第 15 期。

211. 周宏、李国平、林晚发：《生态价值评估方法与补偿标准应用情况研究》，《调研世界》2014 年第 11 期。

212. 周文霞、李硕钰、冯悦：《大学生就业的研究现状及大学生就业困境》，《中国大学生就业》2022 年第 7 期。

213. 周贤日：《慈善信托：英美法例与中国探索》，《华南师范大学学报》（社会科学版）2017 年第 2 期。

214. 周骁然：《论环境民事公益诉讼中惩罚性赔偿制度的构建》，《中南大学学报》（社会科学版）2018 年第 2 期。

215. 周雪光：《权威体制与有效治理：当代中国国家治理的制度逻辑》，《开放时代》2011 年第 10 期。

216. 周妍、张丽佳、翟紫含：《生态保护修复市场化的国际经验和我国实践》，《中国土地》2020 年第 9 期。

217. 朱广新：《论生态环境侵权惩罚性赔偿构成条件的特别构造》，《政治与法律》2023 年第 10 期。

218. 朱谦：《论环境权的法律属性》，《中国法学》2001 年第 3 期。

219. 朱晓峰：《论〈民法典〉对惩罚性赔偿的适用控制》，《暨南学报》（哲学社会科学版）2020 年第 11 期。

220. 竺效、蒙禹诺：《论生态损害赔偿资金的信托管理模式——以环境公益维护为视角》，《暨南学报》（哲学社会科学版）2018 年第 5 期。

221. 邹朝晖、周玉、蔡少彬：《基于“生态券”的生态用地占补平衡机制研究》，《中国土地》2020 年第 12 期。

后记

作为长期从事公法学习和研究的我，探讨一个似乎是经济学主题的生态产品价值实现，看起来貌似远离了自己的专业范围。在强调学科交叉的时代，这又好像符合时代的潮流。我一直对纯粹的法学教义学方法的研究持警惕态度。原因是教义学虽然讲求逻辑的严密，但有时难免会从逻辑中找出问题，又用理想来解答问题。这就使得现实被有意无意地忽略，人的行为规律分析、人与人之间关系的探讨难以形成让社会科学界都接受的理论。更为重要的是，在法治化的口号下，在国家权力的加持下，教义学有时罔顾推动人类社会进步的成功规则，用逻辑创造了让人眼花缭乱的规制条款，其结果看起来很美，但其后果却无法预料。法学是否社会科学就变得有疑问，其更像一门人文学科。本来以法律解释为中心的法学至少在法律适用上还有较大的意义，但随着生成式人工智能的发展，法学的这项功能也面临挑战。然而，在德国公法范式占统治地位的学术界，在法律之外看法律的法社会学只能处于边缘地位。生态产品价值实现的主题不会让教义学者感兴趣，我于是尝试分析一二。

对法学教义学的疑虑只是一个结果，并非运用其他学科的方法研究法律现象的原因。真正的原因在于自己并未系统经过法学教义学方法的训练，多数的法律知识都来源于自学。我的本来专业是现在基本消失的经济信息工程，这个专业在当年非常时髦，其实无非一个计算机软硬件、经济学、管理学、信息技术的杂烩，通过这个专业的学习只是了解了一点基本知识和术语。后来进入武汉大学学习宪法学与行政法学，最感兴趣的是制度经济学，其理念根源就是来源于对这个专业只鳞片甲的了解。机缘巧合的是，我在武汉大学的硕士导师桂宇石先生对经济学特别是金融的兴趣远超法学。当我的导师桂宇石先生让我编写《中国宪法经济制度》时，很自然地把经济学与法学在中国宪法经济制度的研究中结合起来。更深层的原因是，21 世纪初，宪法教义学还不是那么流行，武大从宪法外研究宪法的传统还很强势。当年周叶中等老师推荐阅读的书单也基本以政治学等其他学科为主，特别是商务印书馆汉译名著的作品。当我第一次到武大图书馆借书的时候，最感到震惊的是书籍的破烂程度。有些书已经没有了封面，然后用牛皮纸代替封面；有些书里面有着各种的记号，不知是多少人违反了不允许留痕的规定。后来我与三位同学组成了一个读书小组，他们同样不是学习法律出身，所以我们读的书都特别广泛。当我们聚在武大门口的小咖啡厅，点一壶茶水，一起聊的书基本都不是典型的宪法教义学的书籍。

翻看法学期刊的论文，发现如何强化管制的论文越来越多。对于生态环境问题，政府的管制必不可少。然而从长期发展的角度而言，以域外经验观察，生态产品的价值实现、生态系统功能的有效发挥，政府的管制只是起到了很小的作用，主要的力量来源于两个方面：第一，生态观念的觉醒。只有公民普遍对生态环境问题重视，身体力行地维护生态环境，特别是形成了对生态产品的需求，生态环境的改善才有了足够的动力。第二，市场的力量。在自由市场中，企业家为了满足对生态产品的需求，通过不断地创造性破坏形成新的符合生态环境要求的产品，生态环境问题才得到了根本改变。对政府的迷信和对市场的忽视，不仅不会改善生态环境，还会使营商环境恶化，最终使政府管制改善生态环境的财政资源枯竭，这是必须予以警惕的。

本研究还有很多不足，需要今后在以下方面进行改进：

第一，结合心理学等社会科学的研究成果进行量化分析。生态产品价值实现表面上是一个经济问题，其背后却是人们行为规则的转变，需要制度创新的支持。科学研究的基础是一项实证性分析，仅仅通过逻辑的推演难以得到科学性规律。探寻生态产品价值实现的规律，需要量化实证分析，才可能找到其相关关系和因果关系，进一步形成新的理论。在今后的研究中，可以运用心理学的试验方法、社会学调查统计的方法来得到相关数据，运用统计软件建模，进行回归分析。

第二，对生态产品价值实现的关键制度进行深入的分析。在制度经济学看来，人类社会的发展和进步，与制度的形态密切相关。不同的制度下，会有不同的行为模式和绩效。“李约瑟之问”表明，中国古代之所以没有出现科学和突破性创新，关键是其制度。制度变迁有路径依赖，制度存在制度基因，这些制度基因可以遗传和变异，也可以与其他制度基因相结合，形成新的制度。生态产品的价值实现中，有着独特的中国制度基因，比如敬畏自然、天人合一等，这些制度基因为人类社会生态文明的发展做出了贡献。在今后的研究中，可以重点关注中国制度基因的历史和实践，总结生态产品价值实现的制度变迁的规律和理论。

第三，从法学的角度对生态产品价值实现进行研究。从学术界的成果看，这一领域的研究主要集中于经济学、生态学等学科，用法学的方法研究较少。法学的独特方法是教义学，也就是对法律规范进行解释。这种解释方法虽然在别的学科看来不具有科学性，但依然有其独特的价值。法学方法以公平正义法理和尊重和保障人权理念为逻辑起点进行演绎解释。这些公平正义的法理和人权观念是人类社会的共同规律，是人类社会行为规则的总结，奠定了现代人类社会发展的基础。生态产品价值实现也应该遵循这些原则和理念，在这些理念的指导下探索相关制度。在今后的研究中，需要用法教义学的方法研究生态产品价值实现的法治基础，推动从机械型法治到生态型法治的转变。

作为一名老师，学生的成长对自己更为欣慰，我也时常用桂宇石老师评价秦前红老师的话鞭策自己。在本书的写作过程中，研究生孙凯强、彭雪宸、史胜男、刘小凤、王柏川等做出了较大的贡献，很多内容是我同他们合作的成果。姜晓川老师也付出了辛勤的汗水，向她表示深深的感谢。

图书在版编目(CIP)数据

生态产品价值实现 : 制度体系与法律保障 / 张扩振著. -- 上海 : 上海人民出版社, 2024. -- ISBN 978-7-208-19269-0

Ⅰ. D922.680.4

中国国家版本馆 CIP 数据核字第 2024U329T8 号

责任编辑 马瑞瑞　金　铃
封扉设计 人马艺术设计·储　平

生态产品价值实现:制度体系与法律保障
张扩振 著

出　　版 上海人民出版社
（201101　上海市闵行区号景路 159 弄 C 座）
发　　行 上海人民出版社发行中心
印　　刷 上海商务联西印刷有限公司
开　　本 890×1240　1/32
印　　张 12
插　　页 2
字　　数 270,000
版　　次 2024 年 11 月第 1 版
印　　次 2024 年 11 月第 1 次印刷
ISBN 978-7-208-19269-0/D·4432
定　　价 58.00 元